谨以此书献给尊敬的吴梦麟先生

北京京企中轴线保护公益基金会资助

中轴线史脉系列丛书

董绍鹏
刘文丰
陈媛鸣 ◎ 著

北京先蚕坛史萃与研究

学苑出版社

图书在版编目（CIP）数据

北京先蚕坛史萃与研究 / 董绍鹏，刘文丰，陈媛鸣著. —北京：学苑出版社，2023.6
ISBN 978-7-5077-6651-6

Ⅰ.①北… Ⅱ.①董…②刘…③陈… Ⅲ.①蚕业—祭祀遗址—研究—北京②蚕业—文化史—研究—中国 Ⅳ.①K878.64②S88-092

中国国家版本馆 CIP 数据核字（2023）第 071212 号

作　　者：	董绍鹏　刘文丰　陈媛鸣
出 版 人：	洪文雄
责任编辑：	魏　桦　周　鼎
出版发行：	学苑出版社
社　　址：	北京市丰台区南方庄 2 号院 1 号楼
邮政编码：	100079
网　　址：	www.book001.com
电子信箱：	xueyuanpress@163.com
联系电话：	010-67601101（营销部）、010-67603091（总编室）
印 刷 厂：	英格拉姆印刷(固安)有限公司
开本尺寸：	710mm×1000mm　1/16
印　　张：	20.25
字　　数：	371 千字
版　　次：	2023 年 6 月第 1 版
印　　次：	2023 年 6 月第 1 次印刷
定　　价：	128.00 元

《中轴线史脉系列丛书》编委会

主　　任：陈名杰
副主任：范　宝
成　员：薛　俭　王晓红　张　璟

本 书 顾 问：吴梦麟　朱祖希　周苏琴
研 究 指 导：吴梦麟　朱祖希　周苏琴
书 稿 审 核：吴梦麟　朱祖希　周苏琴　徐志长　陈晓苏
策　　　　划：董绍鹏
书稿出版校对：董绍鹏

工作内容分配：

上编明清部分史料查对：董绍鹏　刘文丰

上编明清部分史料录入核对：陈媛鸣

上编民国部分史料查对：刘文丰

上编民国部分史料录入核对：陈媛鸣

下编研究部分撰写：董绍鹏　刘文丰　陈媛鸣

前　言

北京先蚕坛，是明清皇家所谓九坛八庙之一，是专门祭享中华民族女性人文先祖西陵氏嫘祖的祭坛。

作为体现中华民族传统农业社会经济思想"男耕女织"中"女织"的祭祀文化体现，我们理解它的本质还是恭祭有恩于中华民族的先人，体现感恩心理，同时由沿袭周代开始的天子之后礼仪化实操桑蚕养殖和缫丝纺织丝帛活动，在实现原始本意为天子国家祭祀提供祭服布料的同时，也为臣民进行纺织生产做了好的表率，以为天下先。因此，它与先农之祀和天子行耕耤礼的目的一样，无非就是再一次加强农业是衣食之本、是头等大事的意识，也加强了统治者自身时刻铭记这一意识，认识到衣食足是作为安定统治秩序、实现江山永祚目的的绝佳路径。应该说，几千年的历史印证了上述所言。

由于历史原因，明代先蚕之祭十分短暂，祭祀之所短暂时间前后有两次变化。清代乾隆帝初年建清朝的先蚕坛，功能建筑完备，但几十年来因为改作他用，极少为人们了解，对文史研究者来说也谈不上系统研究，没有什么第一手资料，存世的文章也大都只是蜻蜓点水式的介绍。

我们的工作，应该说具有抛砖引玉的作用。作为作者的我们在2014年出版了通俗性很强的《北京先蚕坛》，首先为世人重新打开了记忆之门，把这一处重要的历史文化遗产再一次展现在人们面前，也成为激励我们继续这一研究的根本动力，因此我们申请了北京市社科规划办课题，决心把明清时期这里的历史文献资料归纳整理出来，同时把在梳理中发现的可供研究的问题，用我们的努力——进行诠释。这也就是这个课题的立项目的。为此，形成本课题结题成果的结构，即：成果分为上下编，上编是史料编，是我们花费大量心血从明清官方颁布文献中摘录出的史料，还有一些民间笔记中的描述；下编是我们在梳理文献过程中对发现的一些问题进行诠释的研究文章。我们感觉，通过梳理史料文献的编纂，筛出问题进行研究，具有不错的效果。

  本成果结构编排也参照了作者曾经的出版物《北京先农坛史料选编》，史料编每个分类中的文献按照时间顺序排列，研究编中的每个分类下的文章也体现出时间顺序。

  感谢成果的每一个作者，感谢指导老师们的工作。

  这个成果能为北京文史研究、史地研究、坛庙文化研究做点贡献，是我们衷心希望的。

董绍鹏

2023 年 1 月

目　录

上编　史料编 / 001

明清部分 / 003

一、营建沿革、规制、面积、度支 / 005

二、祭礼（祭祀通例、皇后躬桑礼、祭先蚕礼、缫丝礼）/ 021

三、祭祀记载 / 075

四、祭祀乐（祭乐、躬桑辞、乐制、乐器）/ 096

五、祭祀器用、躬桑器用、服饰 / 101

六、卤簿 / 118

七、祝文、诏、谕、奏、诗文 / 122

民国部分 / 139

一、档案 / 141

二、专述 / 148

三、官方文件 / 149

下编　研究编 / 151

一、建筑研究 / 153

  北京先蚕坛的建置沿革 / 153

  先蚕坛建筑形制初探 / 172

  北京先蚕坛瘗坎方位试论 / 184

  民国时期先蚕坛的使用与修缮状况 / 191

二、礼仪研究 / 201
　　先蚕西陵氏嫘祖与先蚕坛祭享源流考 / 201
　　从国家之祀到私家之祀——略说唐代先蚕祭享对后世的影响 / 231
　　明清后妃亲蚕述略 / 239

三、器物研究 / 247
　　《孝贤纯皇后亲蚕图卷》先蚕祭器形制浅析 / 247
　　《孝贤纯皇后亲蚕图卷》冠服制式初考 / 257

四、其他研究 / 271
　　先蚕祭祀部分相关职能部门简述 / 271

外两篇 / 277
　　清代先蚕坛祭祀用乐 / 279
　　台湾先蚕坛档案史料举要 / 288

附　图 / 303

后记 / 313

上编 史料编

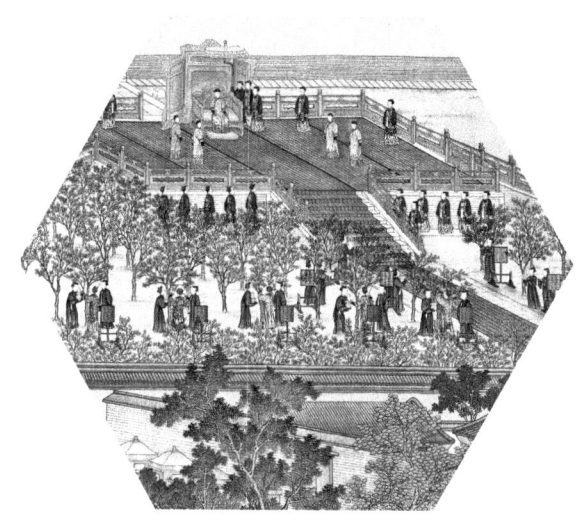

明清部分

一、营建沿革、规制、面积、度支

（嘉靖）九年二月，建先蚕坛于北郊。其坛制杀先农什一，建具服殿、蚕室、茧馆，俱如古制，仍营织室于西内，以终蚕事。十年三月，建土谷祇、先蚕坛于西苑。初，部议北郊亲蚕不便，至是召大学士张孚敬、尚书李时，诣西苑相地建土谷坛，乃并建先蚕坛于仁寿宫侧，而毁北郊蚕室采桑所。

《国朝典汇》卷十八

国初无亲蚕礼。

嘉靖九年，肃皇帝敕礼部每岁季春皇后亲蚕于北郊。先是，吏科都给事中夏言请行亲蚕厂、公桑园。令有司种桑柘，以备宫中蚕事。其具仪以闻。于是大学士张璁等因请于安定门外建先蚕坛，准先农坛制。坛傍设采桑坛，仿籍田制。其别殿如南郊斋宫制，少减其数。即斋宫旁起蚕房，为浴蚕所。皇后采桑三条，后三公夫人采五条，列侯九卿夫人采九条。仍择民妇受桑浴蚕于内，以终事。诏如议行。詹事府詹事霍韬言，皇后出郊，难以越宿，且郊外别建蚕室，则宫嫔命妇未得亲见蚕事，势难久行。乞择近地便。初，礼部议于皇城内南城西苑中，有太液琼岛之水。且唐制亦在苑中，宋亦于宫中，亦从礼部初议便。于是礼部尚书李时等言，大明门出至安定门外道路远，今日凤辇或由东华、玄武二门出，无碍于古礼。臣等条为四事以请：一、增治茧之礼。茧成后，今内臣自北郊捧献宫中，仍于宫中隙地，量立蚕茧织室，行三盆之礼，以终蚕事。二、定坛壝之向。先蚕坛北向，采桑坛东向，如唐开元之制。三、定采桑之器。唐制，尚功奉金钩。夫亲蚕以识女工之艰难，金钩侈矣。宜令造办筐钩，止如民间器用，毋过雕饰。四、择掌坛之官。中宫出郊礼仪，令内臣谨愿者掌之，以肃宫闱之禁。上嘉纳之曰："皇后有事先蚕，宜于玄武门出。仪卫令内使陈列。兵卫官军一万员名，五千围于坛所，五千护于道。仍择西苑隙地，织室坛制，准先农而杀其十之一，数用偶，不必建斋宫，止建具服殿、蚕室、茧馆，俱如古制。"于是筑亲蚕坛于安定门外。

《明典礼志》卷十二

国初无亲蚕礼。

肃皇帝始敕礼部，以每岁季春，皇后亲蚕于北郊，后改于西苑，未久即罢。

亲蚕坛，筑于安定门外，皇后率公主及内外命妇躬往采桑，而择内西苑隙地盖造织堂，以终蚕事。十年，以出入不便，改筑坛于西苑。坛高二尺六寸，四出陛，广二丈六尺，甃以砖石。又为瘗坎于坛右方，深取足容物。东为采桑台，方一丈四寸，高二尺四寸，三出陛，铺甃如坛制。台之左右树以桑。坛东为具服殿，三间。前为门一座，俱南向。西为神库、神厨，各三间。右宰牲亭一座。坛之北为蚕室，五间、南向。前为门三座，高广有差。左右为厢房，各五间，之后为从室各十，以居蚕妇。设蚕宫署于宫左偏，置蚕宫令一员、丞二员，择内臣谨恪者为之，以督蚕桑等务。

《明会典》卷五十一

先蚕坛，嘉靖中始建在安定门外，后改于西苑。

坛石包砖砌，方广二丈六尺，高二尺六寸，四出陛。坛东为采桑台，用砖石，方一丈四寸，高一尺四寸，南、东、西三出陛。

《明会典》卷一百八十七

嘉靖九年，建先蚕坛于北郊，皇后亲祀，公主及内外命妇陪祀。毕，诣采桑台，行采桑礼。十年，改筑坛于内苑。以仲春上巳日行事。二十七年罢。

《钦定四库全书》本《太常续考》卷八

亲蚕坛筑于安定门外，皇后率公主及内外命妇躬往采桑。而择内西苑隙地盖造织堂，以终蚕事。十年，以出入不便，改筑坛于西苑。坛高二尺六寸，四出陛，广六尺四寸，甃以砖石。又为瘗坎于坛右，方深取足容物。东为采桑台，方一丈四寸，高二尺四寸，三出陛，铺甃如坛制。台左右树以桑。坛东为具服殿三间，前为间一座俱南向。西为神库、神厨各三间，右宰牲亭一座。坛之北为蚕室五间，南向。前为门三座，高广有差。左右为厢房，各五间。之后为从室各十间，以居蚕妇。设蚕公署于宫左偏。置蚕宫令一员、丞二员，择内臣谨恪者为之，以督蚕桑等务。

《礼部志稿》卷十三

亲蚕

嘉靖举行亲蚕

国初无亲蚕礼。嘉靖九年，肃皇帝敕礼部，每岁季春，皇后亲蚕于北郊。先是，史科都给事中夏言请行亲蚕、立公桑园。令有司种桑柘以备宫中蚕事。又敕礼部曰："耕桑重事古者帝亲耕，后亲蚕，以劝天下。朕在宫中，每有称慕。自今岁始，朕亲耕、皇后亲蚕，其具仪以闻。"于是大学士张璁等因请于安定门外建先蚕坛。准先农坛制，旁设采桑坛，仿藉田制。其别殿如南郊斋宫，制少减其数。即斋宫，旁起蚕房，为浴蚕所。皇后采桑三条后，三公夫人采五条，列侯九卿夫人采九条。仍择民妇授桑浴蚕于内以终事。诏如议行。詹事府詹事霍韬言，皇后出郊，难以越宿，且郊外别建蚕室，则宫嫔命妇未得亲见蚕事，势难久行，乞择近地便。上曰："尔谙礼制，何有此言？出郊古礼，非可以远近计，若在禁内，不可垂法。"已而户部亦言安定门外近西可用，而水源不通，无浴蚕所。初，礼部议于皇城内南城西苑中有大液琼岛之水，且唐制亦在苑中采亦于宫中。请从礼部初议便。上曰："周礼之制，耕蚕分南北郊，唐人固陋不可法。"乃谕礼部曰："疑谋勿成，中心未决之事，不必其成，亲蚕礼，朕心决之久矣。韬奏一出，必有借彼为言，破政害事。礼乐制度自天子出，今非朕者有五，曰我太祖范则已定，汝何增加，一也。列圣不议，汝何擅创，二也。皇后午门不敢出，而可远出北郊，三也。太祖岂不知此，何待汝为，非作聪明而何，四也。宫中有累朝未闻之语，或有蹙额者，五也。舍此，必以福祸有恐。今以此刻布中外，各令以所见具陈于是礼部尚书李时等言大明门出至安定门外道路远，今日凤辇或由东华、玄武二门出，无碍于古礼。臣等条为四事以请：一、增治茧之礼。茧成后，令内臣自北郊捧献宫中，仍于宫中隙地量立蚕茧织室，行三盆之礼，以终蚕事。二、定坛墠之向。先蚕坛北向，采桑坛东向，如唐开元之制。三、定采桑之器。唐制，尚功奉金钩。夫亲蚕以识女工之艰难，金钩侈矣。宜令造办筐钩止，如民间器用，毋过雕饰。四、择掌坛之官。中宫出郊，礼仪令内臣谨愿者掌之，以肃宫闱之禁。上嘉纳之曰："皇后有事先蚕，宜于玄武门出，仪卫令内使陈列兵卫官军一万员名。五千围于坛所，五千护于道。仍择西苑隙地织室，坛制准先农而杀其十之一，数用隅。不必建斋宫，止建具服殿、蚕室、茧馆，俱如古制。于是筑亲蚕坛于安定门外。十年，以出入不便，三月己丑，上幸西苑，召大学士张孚敬、尚书李时至大液池。令中官以舟渡二臣。谕以筑蚕坛相地，遂改筑坛于西苑。十四年，皇后亲蚕于内苑如仪。上曰："亲耕无贺，蚕其毋贺，女乐第用以宴，勿前导。"

《礼部志稿》卷九十五

先蚕坛，嘉靖中始建。在安定门外，后改于西苑。坛石包砖砌，方广二丈六尺，高二尺四寸，四出陛。

嘉靖九年正月，举耕蚕礼。

……

十年，召张孚敬、李时诣西苑相地，建土谷坛，并建先蚕坛于仁寿宫侧，毁北郊蚕坛。

《春明梦余录》卷十九

先蚕坛，嘉靖中始建，在安定门外，后改于西苑。坛石包砖砌，方广二丈六尺，高二尺四寸，四出陛。祭以岁仲春择日。皇后祭，用少牢，礼三献，乐六奏，去舞，公主、内外命妇陪祀。先期内尚仪奏祭祀，皇后内执事皆致斋。蚕宫令陈祭物，乐女生陈乐器。至日，皇后乘肩舆出宫，至西华门升重翟车，女官奉钩筐前行。至郊坛，皇后易礼服拜跪、瘗奠、饮酒、受胙如礼，毕，皇后易常服，遂视桑。

《天府广记》卷六

先蚕坛在西苑东北隅，制方，南向，一成。径四丈，高四尺，四出陛，各十级。西北为瘗坎。坛东南为先蚕神殿，三间，西向，朱扉，覆以绿瓦，崇基，三出陛。坛东为采桑台，方广三丈二尺，高四尺，南、东、西三出陛，各十级。前为桑园。后为具服殿，五间，南向，三出陛，各五级。配殿各三间，后殿五间，东西配殿各三间，均覆以绿琉璃瓦。每岁祭以季春吉巳。

浴蚕河在宫墙东，自外围北垣流入，由南垣出，设闸启闭。蚕署三间，蚕室二十七间，均西向。坛垣周百六十丈，西南隅正门三，左右门各一，西北隅角门一。垣南室二重，各五间，均南向。

《宸垣识略》卷八

亲蚕殿，在万寿宫西南。有斋宫、具服殿、蚕室、蚕馆，皆如古制。蚕坛方可二丈六尺，叠二级，高二尺六寸，陛四出，东、西、北俱树以桑柘。采桑台高一尺四寸，广一丈四尺。又有銮驾库五间，围墙八十余丈。

《金鳌退食笔记》

建土谷坛、先蚕坛于西苑。初议皇后亲蚕于北郊，自夏言首发之。至是，帝召张孚敬、李时诣西苑相地，建土谷坛，乃并建先蚕坛于仁寿宫侧，而毁北郊蚕室焉。

《明史纪事本末》卷五十一

按《春明梦余录》，嘉靖九年正月，举耕蚕礼。

尚书梁材言："宜建于皇城南内或西内，堪供蚕事，且便出入。"上曰："周礼，耕蚕分南北郊，其蚕于禁中。唐人便安之制耳，不可为法。"时上意方锐，深疑世儒因袭旧闻、固执己见，不达古先帝王典制，且户部原非其职，不必问，沉吟者累日，惟有会议一策可以归一。而深仗大学士张璁为主，礼部尚书李时亦决不敢异同，乃以言疏示璁，遂敕礼部曰："耕桑，王者重事。古者天子亲耕，皇后亲蚕，以劝天下，朕每称慕。自今岁始，朕躬祀先农行礼，其亲蚕礼仪，会官考求古制以闻。"璁等请于安定门外择坛，其制一准先农，少减其数。皇后三采桑，三公夫人五，列侯九卿夫人九。詹事霍韬言："亲蚕事，有名无实。皇后出郊，难以越宿，乞择近地便。"上曰："此礼万世不可易之，典卿素谙礼制，何有此言？"又谕礼部曰："疑谋勿成，其事在朕心决之久矣，得言奏，意合，并无毫末之疑。恐韬奏一出，必借彼为言，破害政事。夫言之奏，有云农桑之事，衣食万人，不宜独缺，耕蚕之礼，垂法万世，不宜偏废。此言已尽朕所纳者，以此今之非朕者谓制礼作乐，出自开创之君，太祖神谋圣虑，自有定见，何待汝为，亦非汝之所当行耳。"于是李时等请行于北郊条四事以上，酌治蚕之礼，定坛壝之向，制采桑之器，择掌坛之官。翟车出入，或从东华门，或从元武门。用谨厚内臣严肃宫禁。从之。命翟车出入由元武门。其坛制杀先农什一。建具服殿、蚕室、茧馆，俱如古制，既出采桑，仍西内营织室，以终蚕事。时又言："亲蚕之礼，出于创见一时，命妇仓促入坛，恐致愆度，请以所绘采桑图授之，俾各如式演习。"仍请定采桑之所，因名其所为采桑坛。

《古今图书集成》卷二三八

明初，先蚕未列祀典。世宗嘉靖时，都给事中夏言，请改各官庄田为亲蚕厂、公桑园。令有司种桑柘，以备宫中蚕事。九年，复疏言："耕蚕之礼，不宜偏废。"帝乃敕礼部具仪以闻。大学士张璁等请于安定门外建先蚕坛。帝亲定其制，坛方二丈六尺，叠二级，高二尺六寸，四出陛，东、西、北俱树桑柘，内设蚕宫令署。采桑台高一尺四寸，方十倍，三出陛。銮驾库五间，后盖织堂。三月，皇后亲蚕于北郊，祭先蚕氏，仪与宋政和礼同。四月，蚕事告成，行治茧礼。选蚕妇善缲丝及织者各一人。卜日，皇后出宫，导从如常仪。至织堂内，命妇一人行三盆手礼，布于织妇，以终其事。蚕宫令送尚衣织染监局造服。其祀先蚕，止用乐，不用舞，乐女生冠服俱用黑。十年，改筑先蚕坛于西苑仁寿宫侧，毁北郊蚕坛。四月，皇后行亲蚕礼于西苑。十六年，诏罢之。仍命进蚕具如常岁，遣女官祭先蚕。四十一年，并罢所司奏请。

《钦定续通典》卷五十

明初，先蚕未列祀典。世宗嘉靖九年，从夏言，言命考古制，行之。建坛于安定门外，帝亲定其制。坛方二丈六尺，叠二级，高二尺六寸，四出陛，东、西、北俱树桑柘，内设蚕宫令署。采桑台高一尺四寸，方十倍，三出陛。銮驾库五间，后盖织室。三月，皇后亲蚕于北郊，祭先蚕氏。四月，蚕事告成,行治茧礼,选蚕妇善缫丝及织者各一人。卜日,皇后出宫,导从如常仪。至织室内,命妇一人行三盆手礼,布于织妇,以终其事。蚕宫令送尚衣织染局造服。其祀先蚕,止用乐,不用舞,乐女生冠服用黑。后以皇后出入不便,改筑蚕坛于西苑。十年、十一年,皇后皆亲蚕。其后,因事辄不举,十六年,诏罢之。仍命进蚕具如常岁,遣女官祭先蚕。

《钦定续通志》卷一百十二

乾隆六年十二月乙巳,礼部太常寺等议覆:顺天府府尹蒋炳奏称,坛庙所设各役,例于顺天府所属州县,佥派殷实农民送太常寺应役,一年一换。今天坛等坛户、庙户、牺牲所夫、库夫等役共二百零六名。礼部议准内阁学士兼太常寺行走雅尔呼达原奏,令太常寺于京城之内召募。经太常寺及大、宛两县召募半年,俱各乏人,请仍由各州县召募申送。礼部议给坛户工食每名月支银三钱九分,实不敷用。各坛庙户、所设人数多可酌减,请查议核裁,即将所减银两、量增应役人等,等语。查关帝庙庙户五名,先蚕祠庙户二名,牺牲所所夫二十七名,毋庸裁减。……以上共裁五十六名,实留坛庙户一百十九名、库夫四名、所夫二十七名。即将所给工食银两、增给应役人等,每名每月计给工食银五钱三分,仍令顺天府所属州县召募申送应役。……永著为例。从之。

《清实录·高宗实录》卷一百五十六

乾隆九年四月戊申朔,以始建先蚕坛告成,议叙总理监修海望等加级纪录有差。

《清实录·高宗实录》卷二百十四

(乾隆三年三月十六日)

议政大臣工部尚书兼内务府总管加二级臣来保等谨题,为奏销用过钱粮事。查先经礼部文开本部具奏,改立先蚕祠宇正殿三间、东西配房各三间、后罩房五间、大门一座,交与工部建造等因奉旨,依议,钦此钦遵,移咨到部。随经派员外郎关保将应行建造房屋、墙垣丈尺做法、需用物料,详细查估呈报,照依修理外,工定例核算钱粮给发主事赫林、笔帖式和书春承造,并另行派出郎中柳国勋、额外主事钟梦麟随工专司查验。去后嗣据该员等呈报建造完竣，将用过钱粮数目造册，呈请题销前来。

该臣等查得，礼部奏准，建造先蚕祠宇正殿三间、东西配房各三间、后罩房五间、大门一座，以及各处墙垣地面，并油饰彩画等项，随经臣部派主事赫林、笔帖式和书春承造。其需用工料钱粮数目，逐一估计，按修理外工定例详加核算，共实需银二千二十一两四钱三分二厘七毫，钱三千五百二十一串六百九十六文。至油饰所需颜料等项，系咨取户部应用。今据建造完竣。该员等将用过钱粮数目造具细册，呈请题销。臣等除于兴工之日，即行派员随工专司查验外，复派员外郎哈郎阿、额外主事王允浩逐一详加查验所造工程，俱与原估做法丈尺相符。据该员等出具并无扶隐甘结呈报，所有实用过银二千二十一两四钱三分二厘七毫，钱三千五百二十一串六百九十六文，应准开销。谨将用过银钱数目，逐款分晰，恭缮黄册，进呈御览。

《清宫内务府奏销档》

乾隆七年八月二十六日，将先蚕坛烫样呈览，奉旨照样准做，钦此钦遵，随即率员踏勘，估得先蚕坛祭台、采桑台、蚕宫、织室、茧馆、神库、神厨、井亭、从室殿宇房座八十七间。天门、宫门、瘗坎、方河、桥闸十一座，并各处随墙门座、大墙、月台、海墁甬路，填筑海岸河道，起培地基以及拆修外围大墙等项，除需用颜料向户部领用，琉璃瓦料、杉木、架木、席竿向工部取用，绫绢纸张、铜锡物料，向广储司领用，亮铁槽活交武备院办造，并遵旨将建福宫、瀛台等处余剩木、石、砖瓦选用外，所有办买木、石、砖、灰、绳、麻、钉、铁、杂料等项，以及各作匠夫工价，约估银九万六千五百余两。再查得兔儿山前有旋磨台一座，经年久远，倾圮不堪，其中周围砖块甚多，并有补垫河帮石料，此项旧有砖石，不便任其弃置，今现在修建蚕坛，奴才愚见，请即将此项砖石拣选添用，约估银砖块值银四千三百余两，石料值银三千四十余两，除将前项约估银两扣除外，净应需银八万九千一百六十余两，请向广储司支领应用，以便今冬备料，明春兴修。谨将约估殿宇、房座需用物料工价银两数目，另缮清单，一并恭呈御览，为此谨具奏闻。

《清宫内务府奏销档》

（乾隆九年十一月十二日）

议政大臣领侍卫内大臣、工部尚书，兼理满洲火器营大臣，兼管镶红旗满洲都统、总管茶膳房事务、管理鹰鹞事务、信勇公加肆级祀录陆次臣哈达哈等谨题。为题销用过钱粮数目，事先准礼部知会，奏准先蚕坛内所供祭器及祭祀需用物件等项一并交与工部，委员会同太常寺，仿照先农坛数目式样斟酌敬办。臣部随派郎中格通额，会同太常寺赞礼郎明禄五格料估，复派郎中额尔登布、委署主事宝云敬谨办造完竣，并派员外郎马騋查验在案。今将用过钱粮细数，造册请销。

该臣等恭查先蚕坛内所供祭器及需用物件等项，经派郎中额尔登布、委署主事宝云敬谨办造。需用各项物料数目，造具细册请销。臣等详加查核，内除铜斤、绸缎、颜料等项系臣部宝源局并内务府、户部取用，所有办买各项物料并需用工价运价，臣等按照定例，逐一核减外，实准销银一千一百九十四两九钱壹分贰厘捌毫，钱壹千玖百壹拾叁串玖百柒拾贰文。谨将料工钱粮数目，逐款分晰，恭缮黄册，进呈御览，为此谨题请旨。

乾隆玖年拾壹月拾贰日

议政大臣领侍卫内大臣工部尚书兼理满洲火器营大臣兼管镶红旗满洲都统总管茶膳房事务管理鹰鹞事务御前大臣信勇公加肆级祀录陆次臣哈达哈

经筵讲官尚书记录柒次　臣汪由敦

经筵讲官左侍郎仍兼内阁学士礼部侍郎食一品俸加叁级纪录玖次　臣索柱

左侍郎兼办总管内务府事仍兼正红旗汉军副都统　臣赵弘恩

经筵讲官右侍郎教习庶吉士世袭骑都尉加肆级纪录拾壹次　臣德龄

右侍郎纪录贰次　臣吕炽

都水清吏司郎中　臣巴都善

郎中加壹级　臣伊靖阿

员外郎加壹级　臣马騋

员外郎　臣德魁

员外郎　臣陈亮世

员外郎　臣钱志霖

主事　臣郑廷楫

主事加壹级　臣薄岱

《清宫内务府奏销档》

先蚕坛在西苑东北隅。

[臣等谨按]先蚕坛，乾隆七年建，垣周百六十丈，南面稍西正门三楹，左右门各一。入门为坛一成，方四丈，高四尺，陛四出，各十级。三面皆树桑柘。西北为瘗坎。我朝自圣祖仁皇帝设蚕舍于丰泽园之左，世宗宪皇帝复建先蚕祠于北郊，嗣以北郊无浴蚕所，因议建于此。

坛东为观桑台。台前为桑园，台后为亲蚕门，入门为亲蚕殿。

[臣等谨按]观桑台高一尺四寸，广一丈四尺，陛三出。亲蚕殿内恭悬皇上御书，额曰"葛覃遗意"。联曰："视履六宫基化本，授衣万国佐皇猷。"

亲蚕殿后为浴蚕池，池北为后殿。

[臣等谨按]后殿恭悬皇上御书，额曰"化先无斁"，联曰："三宫春晓觇鸠雨，十亩新阴映鞠衣。"屏间俱绘蚕织图，规制如前殿。

宫左为蚕妇浴蚕河。南北木桥二，南桥之东为先蚕神殿，北桥之东为蚕所。

[臣等谨按]浴蚕河自外垣之北流入，由南垣出，设闸启闭。先蚕神殿西向，左右牲亭一、井亭一，北为神库，南为神厨。垣左为蚕署三间。蚕所亦西向，为屋二十有七间。

《钦定日下旧闻考》卷二十八

先蚕坛在西苑东北隅。先是，圣祖仁皇帝时，于丰泽园之左设立蚕舍，养蚕以缫以织。世宗宪皇帝允礼臣议建先蚕祠于北郊，比先农。

皇上御极之七年，命议亲蚕典礼。廷臣议以北郊蚕坛道远，皇后亲莅未便，且其地水源不通，无浴蚕所。考唐宋时，后妃亲蚕多在宫苑之中。明代亦改建于西苑，宜从旧制。上允其议，命所司相度建坛。兹地垣周百六十丈，南面稍西正门三，左右门各一。入门为坛一成，方四丈，高四尺，陛四出，各十级。三面树桑柘。西北为瘗坎。坛东为观桑台，高一尺四寸，广一丈四尺，陛三出。台前为桑园,台后为亲蚕门。入门为亲蚕殿,殿内御笔扁曰"葛覃遗意",联曰:"视履六宫基化本,授衣万国佐皇猷。"殿广五楹,东西配殿各三楹。殿后为浴蚕池。池北为后殿,殿内御笔,扁曰"化先无斁",联曰:"三宫春晓觇鸠雨,十亩新阴映鞠衣。"屏间俱绘蚕织图。后殿规制如前殿,均覆以绿琉璃瓦。宫左为蚕妇浴蚕河,自外垣之北流入,由南垣出,设闸启闭,南北木桥二。南桥之东为先蚕神殿,西向,覆以绿瓦,左右牲亭一,井亭一。北为神库,南为神厨。殿垣左为蚕署三间。北桥之东有屋二十七楹,西向,是为蚕所,皆符古制。

《国朝宫史》卷十六

乾隆元年,建先蚕祠于都城北郊,以季春吉日,遣太常寺堂官以太牢致祭。七年,建先蚕坛于西苑,定皇后亲蚕祀先蚕之礼。寻议建先蚕坛在西苑东北,坛东南为先蚕神殿,前为桑园,浴蚕河在宫墙之东。

《清朝通志》卷三十七

规制

一、先蚕坛在西苑之东北隅,制方,南向,一成,方四丈,高四尺。面砌金砖,环以白石。四出陛,各十级。南阶上下,鼎、炉各二。西北瘗坎一。

一、先蚕神殿三间,西向,在坛之东南,崇基,三出陛。左右宰牲亭、井亭各一。北为神库三间。南为神厨三间。缭垣一重。内外丹朣门一,西向,朱扉,覆以绿琉璃。

一、采桑台方广三丈二尺,高四尺。面砌金砖,围绕白石。东、南、西三出陛,各十级。在坛之东,阑以朱阑。前为桑园。

一、具服殿五间,南向。崇基,三出陛,各五级。东西配殿各三间,后殿五间。东西配殿各三间,四周回廊二十间,在坛之东北。宫墙自殿南,东、西转各北抵外垣。内外丹朣,东、西、南各门一,皆一间,均覆绿琉璃。

一、浴蚕河在宫墙东,自外围北垣流入,由南垣出。垣下各设闸启闭。直宫墙东门木桥一。又迤南,木桥一。

一、蚕署三间,蚕室二十七间,均在桥东,连檐通脊,西向,覆以绿琉璃。

一、墙垣周一百六十丈，内外丹腹。西南隅正门三间，左右门各一。西北隅角门一。均覆绿琉璃。

一、陪祀室在墙垣南门外之东南。公主、福晋室五间，命妇室五间，均西向，覆以筒瓦。缭垣一重，内外粉饰，门一，西向。

例案　乾隆元年，议准于安定门外建立先蚕祠。七年，议准古制天子亲耕南郊以供粢盛，后亲蚕北郊以供祭服，亲蚕之礼原与亲耕并重，是以前代举行，具载史册。明嘉靖九年，作先蚕坛于北郊，在安定门外，以出入道远，亲莅未便，且其地水源不通，无浴蚕所，遗址久废。考唐宋后妃亲蚕多在宫苑之中，明代亦改建于西苑。伏读圣祖仁皇帝《御制耕织图》序，于丰泽园北治田数畦，环以溪水，陇畔树桑，旁列蚕舍，育蚕之事，已详悉绘图。今相度蚕地，建立蚕坛、桑田、蚕宫、从室之处，内务府会同工部等衙门办理。九年，建先蚕坛于西苑之东北隅。制方，南向。一成，方四丈，高四尺。四出陛，各十级。西北瘗坎一。东南先蚕神殿三间，西向。左右宰牲亭、井亭各一。神库三间。神厨三间。东为采桑台，方广三丈二尺，高四尺。东、西、南三出陛，各十级。东北正殿五间，殿基三出陛，各五级。东西配殿各三间，后殿五间。东西配殿各三间，回廊二十间，卫以宫墙。南门一间。东西门各一间。浴蚕河在宫墙东，自外围北墙流入，由南墙出。各设水关启闭，直宫墙东门木桥一，又迤南，木桥一。桥东蚕室二十七间，西向。外围垣周一百六十丈。西南隅正门三间，左右门各一。西北隅角门一。围垣南陪祀公主、福晋室五间，命妇室五间。外垣一重门一，西向。

《钦定太常寺则例》卷六十三

（光绪十五年）

管理奉宸苑事务固伦额驸景寿等谨奏，奏为勘修蚕坛各工程所需银两请旨，由欠员项发给事奏奉宸苑折，勘修蚕坛各工程所需银两，请旨由欠员项下发给，由管理奉宸苑事务固伦额驸臣景寿等谨奏，为奏闻旨事。窃臣苑由内务府堂抄出，准礼部知照本部，共题本年三月十二日丁巳祭先蚕坛一疏，于光绪十五年二月十二日，题本月十四日奉旨皇后亲诣行礼，钦此钦遵。到部相应抄录原题行文各衙门，凡召应行应办及转行转传一应查照成案办理等因。未钞庄。据苑丞广林等报称，查得蚕坛内殿宇房间、门座、地面、海墁、甬路等项情形过重，实属有碍观瞻，丞应赶紧粘修为重。差呈报查勘办理，当经臣等派委司员逐一详加查看，与苑丞等此报均属相符。等用禀覆前来，伏思现届恭备祀坛，举行一切巨典，诚恐不是慎重。查蚕坛内殿宇、门座、地面以及拜台、采桑台，典礼攸关，均应即时粘修为速竣事，方昭政慎臣等再四熟商，撷赶紧量加粘修，以肃观瞻为重。祀典各项工程限期交迫，臣等谨拟诹吉开工，饬商赶紧修葺，庶免届时怠慢。其所需钱粮银两，臣苑无款，每等拟工竣后，造具传册，咨交内务府据照恭修天坛斋宫、钓鱼台等处。工成旨由欠员项下发给，蒙俞允，臣等即行钦遵办理，臣等查勘应行粘修各工情形，未敢擅便，谨恭折奏闻。伏乞皇上圣鉴，训示遵行，为此谨奏请。

《清宫内务府奏销档》

雍正十三年议准，京师于北郊择地建先蚕坛。每岁以季春巳日，遣礼部堂官一人承祭。直省各府州县，均于北郊设立先蚕坛，以季春巳日致祭，一切礼仪均依祭先农典礼。乾隆元年议准，停止建立先蚕坛，改立先蚕祠宇。至期，遣礼部堂官一人承祭。其各省蚕坛皆罢设。

光绪《清会典事例》卷三百十四

康熙年间，设蚕舍于丰泽园左。乾隆元年，建先蚕祠于安定门外。岁遣太常寺卿一人，祭以少牢。七年，改建先蚕坛于西苑之东北隅。垣周百六十丈。南面正门三楹，左右门各一。为坛一成，方四丈，高四尺，陛四出，各十级。西北为瘗坎。坛东为观桑台。台前为桑园。台后为亲蚕门，内为亲蚕殿。

光绪《清会典事例》卷四三九

（先蚕坛）明代亦改建于西苑。伏读圣祖仁皇帝《御制耕织图》序。于丰泽园北，治田数亩，环以溪水。陇畔树桑，旁列蚕舍。育蚕之事，已详悉绘图。今相度蚕地，建立蚕坛、桑田、蚕宫、从室之处，内务府会同工部等衙门办理。九年，建先蚕坛于西苑之东北隅。制方，南向，一成。方四丈，高四尺。四出陛，各十级。西北瘗坎一。东南先蚕神殿三间，西向。左右宰牲亭、井亭各一。神库三间。神厨三间。东为采桑台，方广三丈二尺，高四尺。东西南三出陛，各十级。东北正殿五间（为具服殿、为茧馆），殿基三出陛，各五级。东西配殿各三间。后殿五间（为织室），东西配殿各三间，回廊二十间。卫以宫墙。南门一间，东西门各一间。浴蚕河在宫墙东，自外围北墙流入，由南墙出，各设水闸启闭。当宫墙东门木桥一。又迤南木桥一。桥东蚕室二十七间，西向。外围垣周一百六十丈。西南隅正门三间，左右门各一。西北隅角门一。围垣南陪祀公主、福晋室五间，命妇室五间。外垣一重。门一，西向。

光绪《清会典事例》卷八六五

乾隆七年议准，古制，天子亲耕南郊，以供粢盛，后亲蚕北郊，以供祭服。亲蚕之礼，原与亲耕并重。是以前代举行，具载史册。明嘉靖九年，作先蚕坛于北郊，在安定门外，以出入道远，亲莅未便，且其地水源不通，无浴蚕所，遗址久废。考唐宋后亲蚕在宫苑之中，明代亦改建于西苑。伏读圣祖仁皇帝《御制耕织》图序，于丰泽园北治田数畦，环以溪水，陇畔树桑，旁列蚕舍。育蚕之事，已详悉绘图。今相度地基建立蚕坛、桑田、蚕宫、从室之处。由内务府会同工部等衙门办理。又覆准，改建先蚕坛于西苑之东北隅。垣围百六十丈。南面正门三楹，左右门各一。为坛一成，方四丈，高四尺，陛四出，各十级。西北为瘗坎。坛东为观桑台。前为桑园。台后为亲蚕门，内为亲蚕殿。

光绪《清会典事例》卷一一八六

康熙年间，设蚕舍于丰泽园左。

雍正十三年议准，京师于北郊择地建先蚕坛，每岁以季春巳日，遣官承祭。

乾隆元年，建先蚕祠于安定门外北郊，每岁季春巳日，遣太常寺卿一人以少牢致祭。

先是，雍正十三年，河东总督王士俊疏请奉祀先蚕。礼部议于北郊依先蚕坛典制建立先蚕坛。寻以侍郎图理琛奏，改立先蚕祠于安定门外，每岁季春巳日，遣太常寺堂官以少牢致祭。

七年，建先蚕坛于西苑，定皇后亲蚕、祀先蚕之礼。是年七月，大学士等奏言："古者，天子亲耕南郊，以供粢盛，后亲蚕北郊，以供祭服。我皇上亲耕耤田，以示重农至意。乾隆元年，议建先蚕祠宇，所以经理农桑之道，至为周备。今又命议亲蚕典礼。伏思躬桑亲蚕，历代遵行。但北郊蚕坛向在安定门外。前明嘉靖时，以后妃出入道远，亲莅未便，且其地水源不通，无浴蚕所，遗址久经罢废。伏读圣祖仁皇帝《御制耕织图》序云，于丰泽园之北，治田数畦，环以溪水，陇畔树桑，旁立蚕舍，是育蚕之事。圣祖仁皇帝亲加讲求。今逢重熙累洽，礼明乐备之时，亲蚕大典，自应遵旨举行。请建先蚕坛于西苑，至亲蚕典礼所应行斋祀、躬桑、授蚕、治茧等仪注，及选择蚕母、蚕妇受桑、布缫一切礼文事宜，应交礼部详议。"请旨，从之。寻议建先蚕坛在西苑东北，坛东南为先蚕神殿，前为桑园，浴蚕河在宫墙之东。礼部议上仪注，皇后亲蚕之年。豫日，设立先蚕西陵氏神位于蚕坛之上。前二日，皇后于正殿致斋。至日，以一太牢亲祀，行三献礼。翼日，皇后诣桑坛行躬桑礼。蚕事毕，蚕母率蚕妇择茧之圆洁者，贮筐恭献，以告蚕事之登。择吉，皇后复诣蚕坛亲临织室，行缫三盆手礼。遂布于蚕妇之吉者使缫，而朱绿元黄之，以供郊庙黼黻之用，从之。

先蚕坛在西苑之东北隅，垣周百六十丈。南面正门三楹，左右各一。为坛一成，方四丈，高四尺，陛四出，各十级。西北为瘗坎。坛东为观桑台，台前为桑园。台后为亲蚕门，内为亲蚕殿。每年季春之月，皇后亲享先蚕。由礼部豫札钦天监，选择三月吉巳日致祭，具题请旨皇后亲蚕。先期致斋二日。恭设斋戒牌铜人于交泰殿。届期，以太牢享先蚕之神。不读祝文，行三献礼。饮福受胙，并与皇帝亲享先农礼同。妃嫔、公主、福晋以下，文官三品、武官二品大臣命妇以上咸致斋。陪祭女官执事者典仪一人，赞引二人，传赞三人，奉香盘一人、奠帛一人、献爵一人、奉福酒、接福酒各一人、奉福胙、接福胙各一人（以上皆各备一人）。前引十人、相仪二人，补缺八人（诸执事有遗缺者补之），均于宫人内选充。如不敷用，于内府及八旗命妇能国语者充之，均由内务府遴选具奏。宫殿监督领侍，先期选委内监演礼，其应用祭品及享先蚕乐章均由各该衙门敬谨办理，并于内监中置蚕宫令一人、丞一人专司蚕坛茧馆诸务。

是年，户部侍郎三德疏旨亲蚕典礼与亲耕并重，前代制度未备，皇上敕建先蚕坛为旷世巨仪，诣将建坛址、宫殿规制及兴工告成日期，宣付史馆，以光盛典。诏从之。

《皇朝政典类纂》礼一至三

先蚕坛，乾隆九年，建西苑东北隅，制视先农。径四丈，高四尺，陛四出。殿三楹，西向。东采桑台，广三丈二尺，高四尺，陛三出。前为桑园台，中为具服殿、为茧馆，后为织室。有配殿，环以宫墙。墙东浴蚕河，跨桥二。桥东蚕署三，蚕室二十七，俱西向。外垣周百六十丈，各省先农坛高广视社稷，余如制。

《清史稿》志五十七

二、祭礼（祭祀通例、皇后躬桑礼、祭先蚕礼、缫丝礼）

岁春择日，皇后祭用少牢，礼三献，乐六奏，去舞。公主、内外命妇陪祀。先期，内尚仪奏祭祀，皇后内执事皆致斋。蚕宫令陈祭物，乐女生陈乐器。至日，皇后乘肩舆出宫，至西华门，升重翟车。女官奉钩筐前行出郊。至坛，皇后易礼服，拜跪、瘗奠、饮福、受胙如礼。毕，皇后易常服，诣采桑台采桑。三公命妇五采，列侯九卿命妇九采。蚕成，内命妇一人行三盆手礼，遂布于织妇，献织于蚕宫令。

礼部言亲蚕之礼出于创见。一时命妇仓促入坛，恐至愆度，请以所绘采桑图授之，各如式演习。至于北郊坛殿原图，外命妇房在内随侍房北，以有内壝隔别故也。今既省去内壝，当即改外命妇房在内随侍房，仍请定名采桑之所。上因其名采桑台，余皆如议。

礼部以蚕事告成，请行治茧礼。令蚕官于蚕妇中选能缫丝及能织者各十人。钦天监预定缫丝吉日。先期，蚕宫令送织妇入织堂。应用缫丝及织造器具，工部造用。至期，皇后出宫，警跸、侍从如常仪。至织堂，内命妇一人行三盆手礼。礼毕，遂布于织妇，以终其事。其所缫完，蚕宫令令织妇于织堂量织，堪用绢币。完日，蚕宫令径送尚衣、织染等，绢局具奏制造祭服诏如议，仍命查犒赏织妇例以闻。

《国朝典汇》卷十八

嘉靖九年定。

先期，钦天监择日以闻。顺天府具蚕母名数，奏，送蚕室内。工部具钩、箔、筐、架及一应养蚕什物，给送蚕母。顺天府将蚕种及钩筐一副进呈，讫，捧自西华门出，置彩舆，鼓乐送至蚕室。蚕母浴种，伺蚕生，先饲以待。

先一日，蚕宫令丞设皇后采桑位于采桑台，东向；执钩筐者位于稍东；设公主及内命妇位于皇后位东；设外命妇位于采桑台东陛之下，南北向，以西为上。

至日，四更。宿卫陈兵卫。女乐工备乐。司设监备仪仗及重翟车。蚕宫令备钩筐，俱候于西华门外。内执事女乐生并司赞六尚女官等，皆乘车先至坛内候。

将明，内侍诣坤宁宫，奏请皇后诣先蚕坛所。皇后服常服。导引女官导皇后出宫门，乘肩舆。侍卫警跸如常仪。公主及内命妇应入坛者，各服其服以从。至西华门，内侍奏请降舆，升重翟车。兵卫、仪仗、女乐前导。女官捧钩筐行于车前。皇后至具服殿，少憩，易礼服，祭先蚕。

祭毕，更常服。司宾引外命妇先诣采桑台位，南北向。女侍执钩筐者各随于后。尚仪入，奏，请诣采桑位。导引女官导皇后至采桑位，东向。公主以下各就位，南北向。执钩者跪进钩，执筐者跪奉筐，受桑。

皇后采桑三条，还，至坛南仪门坐，观命妇采桑。三公命妇以次取钩采桑五条，列侯九卿命妇以次采桑九条。采讫，各以筐授女侍。司宾引内命妇一人诣蚕室。尚功率执钩筐者从。尚功以桑授蚕母，蚕母受桑，缕切之，以授内命妇。内命妇食蚕，洒一箔，讫。司宾引内命妇还。尚仪前，奏："采桑礼毕。"

皇后还具服殿，候升座。尚仪奏：司宾率蚕母等行叩头礼。司赞："唱班，齐。"外命妇序列定。赞："四拜。"毕。赐命妇宴于殿内外，并赐蚕母酒食于采桑台傍。公主及内命妇殿内序坐。外命妇从采桑者及文武二品以上命妇于殿台上，三品以下于台下，各序坐。尚食进膳。司宾引公主及内命妇各就座。教坊司女乐奏乐、进酒，及进膳、进汤如仪。宴毕，彻案。公主以下并外命妇各就班。司赞赞："四拜。"尚仪跪，奏："礼毕。"

皇后兴，还宫。导从如前。

《明会典》卷五十一《亲蚕》

（嘉靖九年）

亲蚕，择吉日，致祭先蚕氏。

前期三日，内尚仪奏祭祀斋戒，皇后致斋三日，内执事致斋一日。

前期一日，蚕宫令具祝版，陈设笾豆、牲只、乐器。

陈设

仪注

正祭日未明，司设监备仪仗及重翟车，蚕宫令备钩筐一副，俱候于西华门外。将明，皇后出宫门乘肩舆，侍卫警跸如常。公主及内外命妇应入坛者，各着具服以从。至西华门，升重翟车。兵卫仪仗。前导女官捧钩筐行于车前。至具服殿，皇后易礼服至坛内，赞唱乐女生就位，执事官各司其事。导引女官导皇后至祭拜位。司赞奏："就位。"公主、内外命妇各以次就拜位。内赞唱："瘗毛血，迎神。"乐作。乐止，司赞奏："四拜。"（公主、内外命妇同）内赞唱："奠帛，行初献礼。"作乐。执事官捧帛爵于神位前各奠，讫。乐暂止。司赞奏："跪。"皇后跪，公主以下同跪。内赞唱："读祝。"讫，乐复作。司赞奏："兴。"皇后兴，公主以下同兴。乐止。内赞唱亚献礼、终献礼。乐作。执事捧爵于神位前奠，跪。讫，乐止。执事女官进立坛东，西向。唱："赐福胙。"司赞奏："跪。"皇后跪，执事女官捧福酒胙跪进于皇后右。奏："饮福酒。"讫。奏："受胙。"讫，奏："兴。"皇后兴。奏："两拜。"公主以下同。内赞唱："彻馔。"乐作。乐止。内赞唱："送神。"乐作。奏："四拜。"公主以下同。乐止。内赞唱："读祝。"官捧祝，执事官捧帛馔各诣瘗位。乐止。皇后退拜位之东立。捧祝帛馔官过。讫。司赞奏："礼毕。"还具服殿更常服，诣采桑台，行采桑仪。

《钦定四库全书》本《太常续考》卷八

亲蚕

国初无亲蚕礼

肃皇帝始敕礼部以每岁季春皇后亲蚕于北郊，后改于西苑，未久即罢。

嘉靖九年定，先期钦天监择日以闻。顺天府具蚕母名数奏送蚕室内。工部具钩箔筐架及一应养蚕物件给送蚕母。顺天府将蚕种及钩筐一副进呈讫。捧自西华门出置彩舆中，鼓乐送至蚕室，蚕母浴种，伺蚕生先饲以待。先一日，蚕宫令、丞设皇后采桑位于采桑台，东向。执钩筐者位于稍东。设公主及内命妇位于皇后位东。设外命妇位于采桑台东阶之下，南北向，以西为上。至日四更，宿卫陈兵卫，女乐工备乐，司设监备仪仗及重翟车，蚕宫令备钩筐，俱候于西华门外。内执事女乐生并司赞六尚女官等皆乘车先至坛内候。将明内侍诣坤宁宫，奏请皇后诣先蚕坛所。皇后服常服，导引女官导皇后出宫门，乘肩舆侍卫警跸如常仪。公主及内命妇应入坛者，各服其服以从，至西华门，内侍奏请降舆，升重翟车，兵卫、仪仗、女乐、前导女官捧钩筐行于车前。皇后至具服殿少憩，易礼服祭先蚕。[仪具祠祭司]祭毕更常服，司宾引外命妇先诣采桑台位，南北向。女侍执钩筐者各随于后，尚仪入奏，请诣采桑位。导引女官导皇后至采桑位，东向。公主以下各就位，南北向。执钩者跪进钩，执筐者跪进筐，受桑。皇后采桑三条，还至坛南仪门，坐观命妇采桑。三公命妇以次取钩采桑五条，列侯九卿命妇以次采桑九条，采讫，各以筐授女侍。司宾引内命妇一人诣蚕室。尚功率执钩筐者从尚功以桑授蚕母，蚕母受桑，缕切之，以授内命妇。内食妇食蚕洒一箔讫。司宾引内命妇还。尚仪前奏采桑礼毕。皇后还具服殿，候升座。尚仪奏司宾率蚕母等行叩头礼讫。司赞唱班齐，外命妇序列定赞四拜毕，赐命妇宴于殿内外，并赐蚕母酒食于采桑台傍。公主及内命妇殿内序坐，外命妇从采桑者及文武二品以上命妇于殿堂上，三品以下于台下各序坐。尚食进膳。司宾引公主及内命妇各就座。教坊司女乐奏乐，进酒及进膳进汤如仪。宴毕，彻案，公主以下及外命妇各就班。司赞赞四拜，尚仪跪奏礼毕。皇后兴，还宫，导从如前。

《礼部志稿》卷十三

先蚕［后罢］

嘉靖九年，初建先蚕坛于北郊。岁春择日，皇后躬祀先蚕行亲蚕礼。十年，改筑坛于内廷致祭行亲蚕礼。

一、斋戒。前期三日，尚仪奏致斋三日。内执事并司赞六尚等女官及应入坛者各斋二日。

一、省牲羊二、豕一、鹿一、兔一。

一、正祭。先一日，蚕官令陈乐女生位于坛南。设皇后拜位于坛下，北向。次公主，次内命妇，次外命妇，拜位俱异位重行，北向。设内赞位于坛南。设司赞位于皇后拜位之东西。设司宾位于外命妇班之北，东西相向。皇后至坛所，入具服殿少憩。司宾先引外命妇列于先蚕坛下，东西相向，以北为上。尚仪诣皇后前，奏请皇后易服，出殿门将至坛，内赞唱乐女生就位，执事官各司其事。导引女官导皇后至拜位。司赞奏就位，次公主，次内命妇，又次外命妇，各就拜位内。赞唱瘗毛血迎神，乐作，乐止。司赞奏四拜[公主以下同]。内赞唱奠帛。行初献礼。乐作，执事官捧帛爵跪于神位前。各奠讫，乐暂止。内赞唱读祝，司赞奏跪，皇后跪[公主以下同]。读祝女官跪于神位前右，读讫，乐作。司赞奏兴，皇后兴[公主以下同]，乐止。内赞唱行亚献礼。乐作。执事官捧爵跪奠于神位前，讫，乐止。内赞唱行终献礼。[仪同亚献]执事女官进立于坛，东西向，唱赐福胙。司赞奏跪，皇后跪。执事女官以福酒跪进于皇后右。奏饮福酒，皇后饮讫。执事女官以胙跪进于皇后右。奏受胙，皇后受讫。司赞奏兴，皇后兴。司赞奏二拜。[公主以下同]内赞唱彻馔，乐作。执事女官诣神位前，彻馔讫，乐止。内赞唱送神。乐作，司赞奏四拜，[公主以下同]乐止。内赞唱，读祝官捧祝。执事官捧帛馔，各诣瘗位。乐作，乐止。司赞唱礼毕。皇后还具服殿，更常衣行亲蚕礼。

凡太常寺执事人役，先一日入坛，具祝版祭品香帛。本日晚，送交蚕宫令，转送执事女官。其厨役等项，不许以铺排名色，擅入坛内。祭毕。蚕宫令祭品交还太常寺。

凡乐女生奏乐，止用歌，不用舞。凡陪祀文官四品以上、武官三品以上命妇，各造给陪祀牌一面，牌式较陪祀官减三之一。

《礼部志稿》卷二十九

蚕坛酒饭

嘉靖间，定夫人秀才每桌按酒五般，点心二楪，添换烧割全汤三品，菜四色，饭一分，酒三钟。内女乐并外蚕母合桌，每桌按酒四般，点心一楪，添换烧割全菜四色，每人汤三品，饭一分，酒三钟。命妇中桌，每桌按酒四般，点心一楪，汤三品，菜四色，饭一分，酒三钟。九年，奏准坛内系禁密处所，光禄寺厨役难以造办，令尚膳监管理祗待。

《礼部志稿》卷三十九

蚕事告成行治茧礼

嘉靖八年，礼部以蚕事告成，请行治茧礼。令蚕官于令蚕妇中选能缫丝及能织者各十人。钦天监预定缫丝吉日。先期蚕宫令送织妇入织堂，应用缫丝及织造器用工部造用。至期，皇后出宫，警跸、侍从如常仪，至织堂，命内命妇一人行三盆手礼。礼毕，遂布于织妇，以终其事。其所缫完蚕丝，就令织妇于织堂量织堪用绢币。完日，蚕官令径送尚衣、织染等局具奏，制造祭服诏如议，仍命查犒赏蚕妇例。

《礼部志稿》卷九十五

其礼，以岁仲春择日，皇后祭，用少牢，礼三献，乐六奏，去舞。公主、内外命妇陪祀。先期，内尚仪奏祭祀，皇后、内执事皆致斋蚕宫，令陈祭物，乐女生陈乐器。至日，皇后乘肩舆出宫，至西华门，升重翟车，女官奉钩、筐前行。至郊坛，皇后易礼服，拜跪、瘗奠、饮福、受胙如礼。毕，皇后易常服，遂视桑。

《春明梦余录》卷十九

明初未列祀典。嘉靖时，都给事中夏言请改各宫庄田为亲蚕厂、公桑园。令有司种桑柘，以备宫中蚕事。九年，复疏言："耕蚕之礼，不宜偏废。"帝乃敕礼部："古者，天子亲耕，皇后亲蚕，以劝天下。自今岁始，朕亲祀先农，皇后亲蚕，其考古制，具仪以闻。"大学士张璁等请于安定门外建先蚕坛。詹事霍韬以道远争之。户部亦言："安定门外近西之地，水源不通，无浴蚕所。皇城内西苑中有太液、琼岛之水。考唐制在苑中，宋亦在宫中，宜仿行之。"帝谓唐人因陋就安，不可法。于是礼部尚书李时等言："大明门至安定门，道路遥远，请凤辇出东华、玄武二门。"因条上四事：一、治茧之礼，二、坛壝之向，三、采桑之器，四、掌坛之官。帝从其言，命自玄武门出。内使陈仪卫，军一万人，五千围坛所，五千护于道，余如议。

二月，工部上先蚕坛图式，帝亲定其制。坛方二丈六尺，叠二级，高二尺六寸，四出陛。东、西、北俱树桑柘，内设蚕宫令署。采桑台高一尺四寸，方十倍，三出陛。銮驾库五间。后盖织堂。坛围方八十丈。礼部上皇后亲蚕仪：

蚕将生，钦天监择吉巳日以闻。顺天府具蚕母名数送北郊，工部以钩箔筐架诸器物给蚕母。顺天府以蚕种及钩筐一进呈，内官捧出，还授之。出玄武右门，置彩舆中，鼓乐送至蚕室。蚕母受蚕种，浴饲以待。命妇文四品、武三品以上俱陪祀，携一侍女执钩筐。皇后斋三日，内执事并司赞、六尚等女官及应入坛者斋一日。先一日，太常寺具祝版，祭物，羊、豕、笾豆各六、黑帛，送蚕宫令。是日，分授执事女官。日未明，宿卫陈兵备，女乐司设监备仪仗及重翟车，俱候玄武门外。将明，内侍诣坤宁宫奏请。皇后服常服，导引女官导出宫门，乘肩舆，至玄武门。内侍奏请降舆，升重翟车。兵卫仪仗及女乐前导，出北安门，障以行帷，至坛内壝东门。内侍奏请降车，乘肩舆，兵卫、仪仗停东门外。皇后入具服殿，易礼服，出，至坛。司赞奏就位。公主、内外命妇各就拜位。祭先蚕，行三献礼，女官执事如仪。迎神四拜，赐福胙二拜，送神四拜。凡拜跪兴，公主、内外命妇皆同。礼毕，皇后还具服殿，更常服。司宾引外命妇先诣采桑坛东陛下，南北向。尚仪奏请，皇后诣采桑位，东向。公主以下位皇后位东，亦南北向，以西为上。执钩者跪进钩，执筐者跪奉筐受桑。皇后采桑三条，还至坛南仪门坐，观命妇采桑。三公命妇采五条，列侯、九卿命妇采九条。讫，各授女侍。司宾引内命妇一人，诣桑室，尚功率执钩筐者从。尚功以桑授蚕母。蚕母受桑，缕切之，以授内命妇。内命妇食蚕，洒一箔，讫，还。尚仪奏礼毕，皇后还坐具服殿。司宾率蚕母等叩头讫，司赞唱班齐。外命妇序立定，尚仪致词云："亲蚕既成，礼当庆贺。"四拜毕，赐宴命妇，并赐蚕母酒食。公主及内命妇于殿内，外命妇文武二品以上于台上，三品以下于丹墀，尚食进膳。教坊司女乐奏乐。宴毕，公主以下各就班四拜。礼毕，皇后还宫，导从前。诏如拟。

四月，蚕事告成，行治茧礼。选蚕妇善缫丝及织者各十人。卜日，皇后出宫，导从如常仪。至织堂，内命妇一人行三盆手礼，布于织妇，以终其事。蚕宫令送尚衣织染监局造祭服，其祀先蚕，止用乐，不用舞，乐女生冠服俱用黑。

十年二月，礼臣言："去岁皇后躬行采桑，已足风励天下。今先蚕坛殿工未毕，宜且遣官行礼。"帝初不可，令如旧行。已而以皇后出入不便，命改筑先蚕坛于西苑。坛之东为采桑台，台东为具服殿，北为蚕室，左右为厢房，其后为从室，以居蚕妇。设蚕宫署于宫左，令一员，丞二员，择内臣谨恪者为之。四月，皇后行亲蚕礼于内苑。帝谓亲耕无贺，此安得贺，第行叩头礼，女乐第供宴，勿前导。三十八年罢，亲蚕礼。四十一年，并罢所司奏请。

《明史》卷四十九

世宗嘉靖九年，诏举亲蚕之礼。

按《明会典》，国初无亲蚕礼。肃皇帝始敕礼部，以每岁季春皇后亲蚕于北郊，后改于西苑，未久即罢。嘉靖九年，定先期钦天监择日以闻，顺天府具蚕母名数，奏送蚕室。内工部具钩箱筐架及一应养蚕什物，给送蚕母。顺天府将蚕种及钩筐一副进呈。讫，捧自西华门出，置彩舆中，鼓乐送至蚕室，蚕母浴种，伺蚕生，先饲以待。先一日，蚕宫令丞设皇后采桑位于采桑台，东向。执钩筐者位于稍东。设公主及内命妇位于皇后位东。设外命妇位于采桑台东陛之下，南北向，以西为上。至日四更，宿卫陈兵卫。女乐工备乐，司设监备仪仗及重翟车。蚕宫令备钩筐，俱候于西华门外。内执事女乐生并司赞六尚女官等皆乘车先至坛内候。将明，内侍诣坤宁宫，奏请皇后诣先蚕坛所。皇后服常服，导引女官导皇后出宫门，乘肩舆，侍卫警跸如常仪。公主及内命妇应入坛者各服其服，以从至西华门。内侍奏请降舆，升重翟车。兵卫仪仗，女乐前导。女官捧钩筐行于车前。皇后至具服殿少憩，易礼服，祭先蚕。祭毕，更常服。司宾引外命妇先诣采桑台位，南北向。女侍执钩筐者各随于后。尚仪入，奏请诣采桑位，导引女官导皇后至采桑位，东向。公主以下各就位，南北向。执钩者跪进钩，执筐者跪奉筐。受桑，皇后采桑三条。还至坛南仪门坐，观命妇采桑，三公命妇以次取钩采桑五条。列侯九卿命妇以次采桑九条。采讫，各以筐授女侍。司宾引内命妇一人诣蚕室。尚功率执钩筐者从。尚功以桑授蚕母，蚕母受桑，缕切之，以授内命妇，内命妇食蚕，洒一箔。讫。司宾引内命妇还。尚仪前奏采桑礼毕，皇后还具服殿候，升座。尚仪奏，司宾率蚕母等行叩头礼。讫。司赞唱班齐。外命妇序列定赞四拜。毕，赐命妇宴于殿内外，并赐蚕母酒食于采桑台傍。公主及内命妇殿内序坐，外命妇从采桑者及文武二品以上命妇于殿台上，三品以下于台下。各序坐，尚食进膳。司宾引公主及内命妇各就座。教坊司女乐奏乐，进酒及进膳进汤如仪。宴毕，彻案，公主以下并外命妇各就班。司赞赞四拜，尚仪跪奏礼毕。皇后兴，还宫。导从如前。亲蚕坛筑于安定门外，皇后率公主及内外命妇躬往采桑，而择内西苑隙地盖造织室以终蚕事。后又以出入不便，改筑坛于西苑。坛高二尺六寸，四出陛，广六尺四寸，甃以砖石。又为瘗坎于坛右方，深取足容物。东为采桑台，方一丈四尺，高二尺四寸，三出陛，铺甃如坛制。台之左右树以桑。坛东为具服殿三间，前为门一座，俱南向。西为神库、神厨各三间。右宰牲亭一座。坛之北为蚕室五间，南向。前为门三座，高广有差。左右为厢房各五间。后为从室各十间，以居蚕妇。设蚕宫署于宫左。置蚕宫令一员，丞二员，择内臣谨恪者为之，以督蚕桑等务。又初建先蚕坛于北郊，以岁春择日皇后躬祀先蚕行亲蚕礼，后又改筑坛于内苑。致祭行亲蚕礼。一斋戒。前期三日，尚仪奏致斋三日，内执事并司赞六尚等女官及应入坛者各斋二日。一省牲。羊二、豕一、鹿一、兔一，陈设先蚕氏之神羊二、豕一、登一、笾豆各六、簠簋各二、帛一、篚一、酒尊三、爵三、酒盏三十、祝案一。正祭先一日，蚕宫令陈乐女生位于坛南。设皇后拜位于坛下，北向。次公主，次内命妇，次外命妇拜位，俱异位重行，北向。设内赞位于坛南。设司赞位于皇后拜位之东西。设司宾位于外命妇班之北，东西相向。皇后至坛所，入具服殿少憩。司宾先引外命妇列于先蚕坛下，东西相向，以北为上。尚仪诣皇后前，奏请皇后易礼服。出殿门，将至坛，内赞唱乐女生就位，执事官各司其事。导引女官导皇后至拜位。司赞奏："就位。"次公主，次内命妇，又次外命妇各就拜位。内赞唱："瘗毛血，迎神。"乐作。乐止。司赞奏："四拜。"公主以下同。内赞唱："奠帛，行初献礼。"乐作。执事官捧帛爵跪于神位前，各奠讫乐暂止。内赞唱："读祝。"司赞奏："跪。"皇后跪，公主以下同。读祝女官跪于神位前右，读。讫。乐作。司赞奏："兴。"皇后兴，公主以下同。乐止。内赞唱："行亚献礼。"乐作。执事官捧爵跪奠于神位前，讫。乐止。内赞唱："行终献礼。"仪同亚献。执事女官进立坛东，西向，唱："赐福胙。"司赞奏："跪。"皇后跪。执事女官以福酒跪进于皇后右。奏："饮福酒。"皇后饮，讫，执事女官以胙跪进于皇后右，奏："受胙。"皇后受胙，讫，司赞奏："兴。"皇后兴。司赞奏："二拜。"公主以下同。内赞唱："彻馔。"乐作。执事女官诣神位前彻馔。讫，乐止。内赞唱："送神。"乐作。司赞奏："四拜。"公主以下同。乐止。内赞唱。读祝官捧祝，执事官捧帛馔，各诣瘗位。乐作。乐止。司赞唱："礼毕。"皇后还具服殿，更常衣，行亲蚕礼。凡太常寺执事人役，先一日入坛，具祝版、祭品、香帛。本日晚，送交蚕宫，令转送执事女官，其厨役等项，不许以铺排名色擅入坛内。祭毕，蚕宫令将祭品交还太常寺。凡乐女生奏乐，止用乐歌，不用舞。凡陪祀，文官四品以上、武官三品以上命妇，各造给陪祀牌一面，牌式较陪祀官减三之一。又凡皇后行亲蚕礼。先期文官四品以上、武官三品以上命妇及使人各具手本于尚宝司关领牙牌。云花圆牌，陪字一号起，至二百号止。鸟形长牌，供字一号起，至十二号止。

《古今图书集成》卷二三八

乾隆七年八月辛卯，定亲蚕典礼。

《清实录·高宗实录》卷一百七十二

每岁以季春吉巳飨祀先蚕，太常寺豫期知会监视监宰。本寺少卿一员，上香监视。典簿一员监宰，均于祀前一日黎明赴宰牲所，咸朝服将事，与祀先农同。

监视宰牲仪注，祀前一日宰牲前，太常寺厨役豫凿坎于宰牲所，广深各二尺。太常寺官豫设香案于宰牲所，南向，施黄绫案衣，案上陈设铜香炉一，铜烛台一，燃二两重黄蜡二枝。香盒一，实降香二两。执事生二人，分立香案左右，司香烛。太常寺署官二员前导，本寺堂官北向，立，三上香，同御史礼部司官监视。本寺典簿偕太常寺典簿监宰毕，往视以鹿首、鹿衣瘗于所凿之坎，如祀先农仪。

供用祭酒六瓶，洗鱼酒一瓶，每瓶一斤十二两。太常寺拨祭豫期行文，届领取时，委员赴本寺酒局，会同管理酒局官，以上年造成之酒验明酒色，澄清去浑，如数给发，并以所发原酒盛贮二小瓶，一瓶本寺官封固，给太常寺委员送验，一瓶太常寺委员封固，仍贮酒局以备比对。

供用白盐八两，砖盐十两。太常寺豫期行文，届领取时，委员赴寺，由掌醢署盐库如数给发。

供用造醢活兔一只，由珍羞署豫饬打牲网户捕捉喂养，按祭送署。该管官送验于宰牲日，派拨什库送交祭所应用。

恭遇皇后亲诣行礼，饮福受胙，本寺拣派满汉署官二员，专司爵盘，均豫期开列职名，行知吏部、礼部、都察院、太常寺、京畿道。

祀前，由珍羞署库豫发亲蚕，应用白瓷龙壶一，爵一，龙盘一，并发龙盒仪仗。良醖署供备福酒二十二斤，司爵胙官监视厨役，洗涤壶爵龙盘，贮以木匣，安设龙盒，覆以黄缎，绘龙袱，并以福酒候本寺堂官验视，封贮龙瓶，安设瓶架，覆以黄云缎袱，于祀前一日率厨役十六名，各服逊衣恭舁，导以御仗龙旗，羊角灯各二。司爵胙官咸蟒袍补服，谨从由东华门、协和门、熙和门、西华门各中门进桑园门入神厨，司爵官以龙瓶福酒，分实白瓷龙壶。司胙官率厨役诣宰牲所，恭领胙牛入神厨，选割福胙，盛以白瓷龙盘，陈于太常寺所设黄绫罩衣桌案，均覆黄袱。其余存胙牛，盛于木桶，覆以木盖绫幅，俟太常寺赞礼郎引内务府总管一员，诣神厨周视毕，皆退。祀日，鸡初鸣，本寺司爵胙官诣神厨，恭奉福酒，龙壶一，爵一，福胙龙盘一。授内务府官升坛陈设，各官咸退避。礼成，内务府官仍以福酒福胙授本寺司爵官，其福酒仍注于白瓷龙壶，福胙盛以白瓷龙盘，均贮龙盒，覆以黄缎，绘龙袱。又以龙瓶福酒安设瓶架，覆以黄云缎袱。司爵胙官咸蟒袍补服，率厨役恭舁，导以御仗龙旗。由桑园门进，西华门、熙和门各中门至昭德门彻仪仗，入中左门、后左门。先以福酒送清茶房，次以福胙送内膳房，恭进入内祗候，领出器皿，仍舁还珍羞署收贮如祀毕。皇后驾诣圆明园，恭舁福酒福胙由桑园门出西安门中门送至圆明园，交清茶房、内膳房。其护送如前仪。至余存胙牛，本寺厨役送交内务府掌仪司。此祭祀胙肉向由内务府自行办理，本寺例不领取颁给。

《光禄寺则例》卷六

（乾隆朝）

臣等恭拟妃恭代致祭先蚕坛仪注。是日，陪祀之大臣命妇预行齐集坛内东西两旁。届时，掌仪司官报知宫殿监督领侍奏请妃具礼服，乘轿，出顺贞门、神武门，进北上门，由西栅栏进陟山门，至坛内壝西门，降轿。赞引、对引女官引入盥手处盥手，毕。引至坛阶下，行礼位次，稍后立。传赞女官引命妇亦于原行礼处立。典仪、唱执事官各执其事。赞引官赞："就位。"引妃至行礼处立。传赞引命妇各就行礼处立。典仪唱:"迎神。"典乐唱迎神乐,奏《庥平之章》。乐作。赞引赞:"升坛。"引妃由西阶诣香案前立。司香捧香盒跪于右。赞引赞:"跪。"妃跪。赞:"上香。"妃举炷香,安香靠内。又三上瓣香,毕。赞引赞:"兴。复位。"引妃复位立。乐止。赞引赞:"拜。跪。叩。兴。"妃行六拜三跪三叩头礼,兴。陪祀命妇俱随行礼,毕。典仪唱:"奠帛爵,行初献礼。"司帛捧帛,司爵捧爵诣神位前立。典乐唱初献乐,奏《承平之章》。乐作。司帛献帛,行三叩头礼,退。司爵跪献爵于案上正中,退。乐止。典仪唱:"行亚献礼。"司爵捧爵诣神位前立。典乐唱亚献乐,奏《均平之章》。乐作。司爵跪献案左,退。乐止。典仪唱:"行终献礼。"司爵捧爵,诣神位前立。典乐唱终献乐,奏《齐平之章》。乐作。司爵跪献案右,退。乐止。典仪唱:"彻馔。"典乐唱彻馔乐,奏《柔平之章》。乐作。乐止。典仪唱:"送神。"典乐唱送神乐,奏《洽平之章》。乐作。赞引赞:"拜,跪,叩,兴。"妃行六拜三跪三叩头礼,兴。陪祀命妇俱随行礼,毕。乐止。典仪唱:"捧香帛馔,恭送瘗所。"司香、司帛、司馔诣神位前跪。司帛三叩头,捧帛。司香、司馔捧香馔起,送至坛下西隅瘗所。赞引、对引引妃转拜位西立。香帛过。引复位立。典仪唱:"视瘗。"俟数帛官数帛。赞引赞:"视瘗。"赞引、对引引妃诣视瘗位立。望瘗。赞引赞:"礼成。"赞引、对引引妃至升轿处,升轿还宫。为此谨具奏闻。

《清宫内务府奏销档》

(乾隆十一年二月二十三日)

大学士公臣讷亲等谨奏,为遵旨议奏事。乾隆十一年二月十五日,内阁奉上谕,皇后亲典礼于不行亲祭之年,经该部议,照旧例遣太常寺堂官致祭。朕思从前建立蚕祠,未议皇后亲蚕之礼,是以照祭祀例遣官。今既举行皇后亲蚕典礼,若遇不行亲祭之年,自应遣妃内一人恭代致祭西陵氏之神,以昭诚敬为是。所有行礼位次及一切仪注应如何酌定之处,着大学士会同各该衙门妥议具奏。钦此钦遵。查得上年十二月内,礼部具奏恭请皇后亲蚕一折,奉旨:"明年不必举行。钦此。"伏查旧例致祭先蚕祠原因,亲蚕之礼未议举行,是以奏遣太常寺堂官行礼。乾隆七年,蒙皇上念切民依农桑并重,特建蚕坛于禁苑。肇举亲蚕之大典,礼制极为明备。今逢皇后不行亲蚕之年,钦奉谕旨,遣妃恭代行礼。臣等议得，今年已经奉有谕旨。应请交宫殿监督领侍于致祭前期奏请皇上，于妃内钦点一位恭代行礼。嗣后，或皇后亲蚕，或遣妃恭代之处，礼部照例两请具题。如遇遣妃恭代之年，着内务府请旨，其致祭前期斋戒二日，不进铜人。行礼位次应照先农坛遣官恭代之例。设拜位于坛阶下正中，不设幄次，升坛由西阶登降。除仍用先蚕坛乐章、不饮福受胙外，一切赞引、导引、拜跪、奠献仪注，俱照遣官例行。臣等会同酌定仪注，另缮清折，一并恭呈睿览。再查致祭先农坛遣官恭代之年，文武大臣官员陪祀耤田交顺天府府尹率大、宛两县等官恭行耕种，将收获数目具题交太常寺收贮神仓在案。今先蚕坛妃恭代行礼，应令文武大臣命妇照例陪祀，需用执事女官及所用祭品一切事宜由各该衙门预备。养蚕交奉宸苑蚕官令丞率蚕母、蚕妇饲养。所得丝斤数目，仍照例呈报内务府。具题是否有当，恭候圣训遵行。此稿系内务府主稿合并声明。为此谨奏请旨。

乾隆十一年二月二十三日

大学士公讷讷亲

大学士伯　张廷玉

大学士　查郎阿

大学士　陈世倌

大学士　史贻直

总管内务府事务纪录二次和硕庄亲王　臣允禄

总管内务府事务纪录五次和硕和亲王　臣弘昼

内大臣兼户部尚书　总管内务府大臣　海望

户部左侍郎兼管　奉宸苑事务总管管内务府大臣　三和

御前侍卫户部右侍郎　总管内务府大臣　傅恒

太子太保议政大臣领侍卫内大臣礼部　尚书兼内务府大臣　来保

左侍郎　木和林

左侍郎　邓钟岳

右侍郎镶红旗满洲副都统兼管钦天监　正事务　觉罗勒尔森

经筵讲官刑部左侍郎暂行兼理礼部侍郎　事务　钱陈群

乐部大臣襄行都察院副都御史　何国宗

经筵讲官内阁学士兼礼部侍郎仍兼太常寺行走　雅尔呼达

经筵讲官内阁学士兼礼部侍郎兼管户部　三库事务办理太常　寺事　伍龄安

卿　李世倬

少卿　查拉

少卿　邹一桂

《清宫内务府奏销档》

先蚕坛享祀仪

岁季春吉巳，皇后亲享先蚕。前期，礼部尚书一人视牲如仪。前二日昧爽，太常寺进斋戒牌、铜人。内监豫设黄案一于交泰殿之左，内务府总管及宫殿监豫俟于乾清门。太常寺卿率所属恭奉斋戒牌在前，铜人在后，前引如仪，至乾清门，内务府总管以授宫殿监，恭设于交泰殿案上。斋戒牌南向，铜人西向，跪，三叩，退。皇后乃斋，陪祀皇贵妃以下咸致斋。先一日，奉宸苑卿率属洁坛上下，借以棕荐，为瘗坎于坛西北，施黄幄于坛上。太常寺官恭设先蚕神座于幄内正中，南向。工部官张皇后拜幄于南阶上。太常寺官具牲俎，辨簠簋、笾豆、登、铏之实，以次展于神厨。太常寺卿诣神库，以恭请神位之仪，指授蚕宫令，退。赞礼郎引内务府总管一人诣神厨，周视牲牢笾豆。太常寺官以陈设之仪指授宫殿监等，讫，皆退。届日鸡初鸣，内务府总管及宫殿监率内监入坛具器，陈牛一、羊一、豕一、登一、铏二、簠簋各二、笾豆各十、炉一、镫二。东设一案，西向，陈青色制帛一、香盘一、尊一、爵三。设福胙于尊案之旁，加爵一。牲陈于俎，帛实于篚，尊实酒，承以舟，疏布幂勺具。内监设洗于具服殿。乐部率掌仪司内监陈乐于坛下，东西分列如式。辨行礼位，坛上正中为皇后拜位，北向。坛下西北为望瘗位，西向。当阶左右为陪祀皇贵妃、贵妃、妃、嫔、公主、福晋拜位。北面稍南左右为陪祀命妇拜位，按翼分列，重行异等。东位西上，西位东上，均北面。辨执事位，司拜褥女官二人立于坛上拜位左右，相仪女官二人立拜位后左右，均东西面。司香女官一人、司帛女官一人、司爵女官一人、奉福胙女官二人，序立东案之东，西面。接福胙女官二人立于坛上之西，东面。坛下典仪、司乐女官各一人，当阶左立，西面。传赞女官六人，二人立于坛南，东西面。二人立于皇贵妃以下、公主、福晋拜位左右。二人立于命妇拜位左右,均东西面。乐工、歌工(俱以内监充)序立于东西乐悬之次。女官掌瘗者立于瘗坎之西北隅。质明,步军统领饬所部清跸除道。自神武门至陟山门,及坛门左右涂巷皆设布障。陪祀公主、福晋、命妇及执事女官朝服豫集坛内。銮仪卫率内监陈皇后仪驾于顺贞门外。凡旗尉、民尉皆内监充之。辰正初刻,太常寺卿暨内务府总管赴乾清门奏时,宫殿监转奏。皇后御礼服乘凤舆出宫,陪祀皇贵妃以下咸乘舆从。由顺贞门、神武门、北上门入陟山门,至内坛左门。相仪女官二人跪奏请降舆,皇后降舆,皇贵妃以下咸降舆从。前引女官十人,右赞引、左对引女官二人恭导皇后入具服殿少俟,皇贵妃以下随入配殿衹俟。传赞女官引公主、福晋、命妇等于具服殿门外东西序立衹候(凡女官均于宫人内选充,如不足,于内府及八旗命妇内选充)。辰正一刻,蚕宫令诣神库上香。跪,三叩,兴。恭请先蚕西陵氏神位。内监十人前引入坛,奉安座上,毕。相仪奏请行礼。皇后出具服殿,盥。司盥跪奉帨巾,盥毕,诣坛。皇贵妃以下随行。司拜褥女官豫设拜褥于坛上拜次,赞引、对引女官恭导皇后升中阶就拜位前,北向立。前引十人止立坛下,相仪二人随侍。传赞引皇贵妃以下及命妇均就拜位序立。典仪、赞执事者各共乃职。赞引奏:"就位。"皇后就位立。典仪赞:"迎神。"司香奉香进至香案前衹候。司乐赞:"举迎神乐,奏《麻平之章》。"(辞曰:"轩辕御篆时,西陵位正妃。柔桑沃,载阳迟。黼黻元黄供祀事,称茧更缲丝。龙精报贶,椒屋宗师。")乐作。赞引奏:"就上香位。"暨对引恭导皇后诣香案前立。对引至帛案前止立。司香跪,赞引奏:"跪。"皇后跪。奏:"上香。"司香进香,皇后上炷香一、瓣香三,兴。赞引奏:"复位。"暨对引恭导皇后复位立。奏:"跪,拜,兴。"皇后行六肃三跪三拜礼。传赞赞:"跪,叩,兴。"皇贵妃以下随行礼。乐止。典仪赞:"奠帛、爵,行初献礼。"司帛奉篚,司爵奉爵,进至案前衹俟。司乐赞:"举初献乐,奏《承平之章》。"(曰:"春堤柳绽金,仓庚有好音。衣袆翟,致精忱。后月躬应教织纴。柘馆式斋心。黄流初荐,肸蚃如临。")乐作。司帛跪献篚,奠于案。一叩,兴。司爵跪献爵,陈于案中,兴,皆退。乐止。典仪赞:"行亚献礼。"司乐赞:"举亚献乐,奏《均平之章》。"(曰:"清和日正长,灵坛水一方。纡香陌,执籑筐。桑叶阴浓风澹荡,八育普嘉祥。玉罍再陈,降福穰穰。")乐作,司爵献爵于左,仪如初献。乐止。典仪赞:"行终献礼。"司乐赞："举终献乐，奏《齐平之章》。"（曰："神皋接上园，葭芦翠浪翻。莺声滑，藕花繁。天棘丝丝初引蔓，三荇洁蘋蘩。云依宝鼎，露浥旌旙。"）乐作。司爵献爵于右，仪如亚献。乐止。典仪赞："受福胙。"奉福胙二人恭奉福胙诣神位前拱举，退。祗立于皇后拜位之右。接福胙二人进，立于左。赞引奏："跪。"皇后跪，左右女官皆跪。奏："饮福酒。"右女官进福酒，皇后受爵拱举，授左女官。次受胙，如饮福之仪。赞引奏："拜，兴。"皇后一拜，兴。又奏："跪，拜，兴。"皇后行四肃二跪二拜礼，皇贵妃以下俱随行礼。典仪赞："彻馔。"司乐赞："举彻馔乐，奏《柔平之章》。"（曰："公宫吉礼成，有斋奉豆登。僮僮被，肃肃升。废彻毋迟咸祗敬，法坎不常盈。万方衣被，百福其朋。"）乐作。彻毕，乐止。典仪赞："送神。"司乐赞："举送神乐，奏《洽平之章》。"（曰："神风拂广筵，灵香下肃然。仪不忒，礼无愆。禺马流星相烱绚，玉蛛亘平川。彤管司职，瑞茧登编。"）乐作。赞引奏："跪，拜，兴。"皇后行六肃三跪三拜礼，皇贵妃以下俱随行礼。乐止。典仪赞："奉帛、香馔送瘗。"司帛诣神位前跪，一叩。司帛奉筐，兴。司香跪奉香。司爵跪奉馔，兴。以次恭送瘗所。皇后转立拜位旁，西向。（起拜褥）俟香帛过（仍布拜褥），复位，立。典仪赞："望瘗。"陪祀皇贵妃以下退。赞引奏："诣望瘗位。"乐复作。恭导皇后诣望瘗位望瘗。奏："礼成。"恭导皇后诣具服殿更衣。皇贵妃等随入配殿更衣。乐止。蚕宫令恭请神位复御，上香，行礼如仪。皇后还宫。宫殿监彻交泰殿铜人，授太常寺官送归。

或奉旨遣妃恭代，先二日，妃及陪祀之公主、福晋等俱致斋，所司供具如仪。至日昧爽，清道辟除。妃朝服乘舆诣坛，至内壝右门降舆入，行礼于阶下，上香。赞："升坛。"升降均由东阶。妃、嫔等不陪祀、不饮福受胙，香帛送瘗，避立西旁。余如前仪。

皇后躬桑仪

岁季春，皇后躬桑。前期三日，礼部具疏以请，皇帝承奉皇太后懿旨，下制报可，乃遍布诸司供备。内务府豫奏以妃、嫔二人，公主、亲王福晋以下县君、镇国公夫人以上三人，文三品、武二品官以上命妇四人从蚕采桑。掌仪司治桑畦，饬采桑钩、筐。皇后金钩，妃、嫔银钩，均黄筐。公主、福晋、夫人、命妇均铁钩，朱筐。依期毕办。皇后既以吉巳享先蚕。如蚕已生，翼日。

蚕未生则视蚕生诹日。皇后散斋一日，从采桑妃、嫔、公主、福晋、夫人、命妇毕斋。宫殿监设案于交泰殿内正中，东西肆。又设案于左右，南北肆。率内监至内右门祗候。是日黎明，执事官咸蟒袍补服。内务府官以龙亭一载躬桑钩、筐，采亭一载从采桑钩、筐，内銮仪卫校舁行，掌仪司官前导，总管暨蚕宫令从，由隆宗门至内右门，亭止。宫殿监率蚕宫令、丞暨内监恭奉钩、筐以次入内右门。陈皇后筐、钩于交泰殿中案，陈妃、嫔、公主、福晋、夫人筐、钩于左案，陈命妇筐、钩于右案，皆筐左钩右。乃奏请皇后吉服御交泰殿，妃、嫔从侍。皇后先阅钩，次阅筐，既遍还宫，妃、嫔从入。宫殿监奉筐、钩出内右门，授蚕宫令，仍各置亭内。以次舁行，出隆宗门，銮仪校接舁，前引如初。旗仗前导，导迎。乐作，奏《禧平之章》。（曰："戴胜告时，西陵肇典。爰举懿筐，爰临柘馆。御鞠衣，登瑞茧。金钩陈，嘉仪展。"）及西苑，奉宸苑卿自门迎入，蚕宫令分陈于采桑所。届日，蚕宫令率内监洁扫具服殿内外及亲桑台上下，借以棕荐。设皇后观桑宝座于台北正中，南向。台下桑畦东西首行第一株为皇后躬桑位，东向。执钩相仪一人在右，执筐相仪一人在左。东西第二行一株为妃、嫔从桑位。第三行一株为公主、福晋、夫人从桑位。第四行一株为命妇从桑位。执钩、筐蚕妇各二人，皆在左右。传赞女官二人在台南左右，北面。侍班福晋、夫人、命妇在女官之南，东西面。内侍设童监歌采桑辞者十人，司金、鼓、板、笛、笙、箫者二十有四人，于台前东西麾五色采旗者四十人，于桑畦外东西分班序立。黎明，从桑侍班公主、福晋、夫人、命妇及执事女官、蚕母、蚕妇咸蟒袍补服，豫至西苑南门内序立祗候。辰正二刻，礼部尚书、内务府总管诣乾清门奏时。巳初刻，宫殿监转奏。皇后吉服乘舆出宫，从桑妃、嫔咸吉服乘舆从。诣西苑，皇后入具服殿少俟。传赞分引妃、嫔、公主、福晋、夫人、命妇就采桑位，引侍班之公主、福晋、夫人、命妇就侍班位立，执事女官暨童监咸依位序立。典仪奏请皇后行躬桑礼，皇后出具服殿，前引、后从如常仪。至桑畦北正中，相仪女官一人奉钩跪进于右，一人奉筐跪进于左，兴。皇后右持钩，左持筐。东行桑畦外，采旗招飐。台前内监鸣金鼓，歌采桑辞。（曰："躬耕礼成诏躬桑，蚕月吉巳迎辰祥。金华紫鹖五翟光，瑞云彩映椒涂黄。坛南宿戒惟宫张，西陵展事摇珩璜。斋肃恭敬柔雍彰，金钩绿篚懿筥筐。尚功尚制奉以将，柔条在东涵露香。鞠衣三摘鸣鸠翔，月灵临贲龙精昌。黼黻五色质且良，昭事上帝祠烝尝。仪制宇宙帅妃嫱，衣食滋殖被万方。"）皇后至东第一株桑前，东向，采桑一条，蚕母二人助采。复行至西第一株桑前，东向，采桑二条，蚕母助采亦如之。采毕，歌止。各退。皇后以钩、筐授相仪，相仪二人跪受于左右。兴，复于龙亭，退俟台隅。典仪奏请御观桑台，赞引、对引命妇恭导皇后升台御座。妃、嫔以下采桑，各蚕妇一人授钩，一人授筐，二人助采。妃、嫔、公主、福晋、夫人采桑五条，命妇采桑九条。毕，咸释钩、筐授蚕妇，复于彩亭。妃、嫔登台，侍立皇后宝座前左右。公主、福晋、夫人、命妇退入侍班位，立。执钩、筐者皆退。典仪、相仪各女官敛诸筐，次第置于台南。传赞引蚕母、蚕妇至台前，北面跪，典仪举皇后懿筐授蚕母，蚕母恭受。次举妃、嫔以下从桑各筐授蚕妇，蚕妇受讫，皆兴。奉筐至蚕室，蚕妇以叶洒箔，礼成。典仪跪奏："皇后驾兴。"赞引、对引恭导皇后诣具服殿。典仪奏："升座。"皇后升宝座。传赞分引妃、嫔以下东西序立，次公主、福晋，次夫人，次命妇，次蚕母、蚕妇，皆北面。传赞赞："跪，叩，兴。"皆行六肃三跪三叩礼，退。典仪奏："礼毕。"皇后降座升舆，警跸。妃、嫔从还宫，如来仪。公主、福晋以下皆退。

及蚕成，蚕母、蚕妇择茧贮筐以献，皇后遂以献于皇帝、皇太后。乃择吉日，皇后行缫三盆手礼，采桑妃、嫔从缫。是日，乘舆出宫，如常仪。至织室缫盆前，妃、嫔侍立。蚕母渍茧于盆，以手出绪，握其总，跪进皇后。皇后受总，亲缫三，少退，立。妃、嫔进缫，以五为节，遂布于蚕妇之吉者使缫。礼毕，乘舆还宫，警跸，如来仪。

《国朝宫史》卷六

先蚕坛乐仪

每岁季春吉巳，皇后亲祭先蚕坛。是日，寅正三刻，内务府堂官会同太常寺官奏闻平明，宫殿监督领侍转奏。日升，皇后升舆，陪祀之妃嫔后从。驾至坛内壝东门，皇后降舆。赞引、对引、前引命妇引入具服殿盥手。毕，少憩。妃嫔亦在别室少憩。传赞先引公主、福晋以下及命妇等列于先蚕坛下，东西相向。赞引、对引奏请皇后具礼服，出具服殿。妃嫔从至坛下。赞奏恭导皇后升坛，诣拜褥前立。典仪唱执事官各司其事。赞引奏："就位。"皇后升拜褥上立。

传赞引妃嫔、公主以下命妇等各就位立。典乐唱迎神乐，奏《麻平之章》。典仪唱迎神。乐作。赞引奏："升坛。"恭导皇后诣香案前立。司香捧香盒跪于右。赞引奏："跪。"皇后跪。奏："上香"。皇后举炷香上炉内又三上瓣香。毕。赞引奏："兴，复位。"恭导皇后复位立。乐止。赞引奏："拜，跪，叩，兴。"皇后行六拜三跪三叩头礼。兴。妃嫔以下俱随行礼。毕。典仪唱："奠帛爵，行初献礼。"司帛捧帛，司爵捧爵，诣神位前。典乐唱初献乐，奏《承平之章》。乐作。司帛献帛，行三叩头礼，退。司爵跪献于案上正中，退。乐止。典仪唱："行亚献礼。"司爵捧爵诣神位前立。典乐唱亚献乐，奏《均平之章》。乐作。司爵跪献于案左，退。乐止。典仪唱："行终献礼。"司爵捧爵诣神位前立。典乐唱终献乐，奏《齐平之章》。乐作。司爵跪献于案右，退。乐止。典仪唱："赐福胙。"捧福胙者各一人，捧福胙向神位前拱举，诣皇后右跪。接胙者各一人诣皇后左跪。赞引奏："跪。"皇后跪。奏："饮福酒"。皇后受爵拱举，授接酒者。奏："受胙。"皇后受胙拱举，授接胙者。赞引奏："叩，兴。"皇后行一叩礼，兴。妃嫔以下不随行礼，次行谢福胙礼。赞引奏："拜，跪，叩，兴。"皇后行四拜二跪二叩头礼，兴。妃嫔以下俱随行礼。毕。典仪唱："彻馔。"典乐唱彻馔乐，奏《柔平之章》。乐作。毕。典仪唱："送神。"典乐唱送神乐，奏《洽平之章》。乐作。赞引奏："拜，跪，叩，兴"。皇后行六拜三跪三叩头礼。兴。妃嫔以下俱随行礼。毕。乐止。典仪唱："捧香帛馔，恭送瘗所。"司香、司帛、司馔诣神位前跪。司帛三叩头，司香、司馔不叩。各捧起，依次送至坛下西隅瘗所。赞引、对引恭导皇后转立拜位东旁，俟香、帛过。毕。赞引、对引恭导皇后复位立。典仪唱："望瘗。"乐复作。数帛官数帛。赞引奏："诣望瘗位"。赞引、对引恭导皇后诣望瘗位立。望瘗。赞引奏："礼成。"赞引、对引恭导皇后至具服殿少憩。赞引、对引恭导皇后至升舆处，升舆还宫。

皇后躬桑仪

蚕生，内务府官进筐钩、彩亭至乾清门，宫殿监督领侍受之，陈于交泰殿，奏请皇后视筐钩。毕。授蚕官昇彩亭至坛内。皇后散斋一日。至期，皇后乘舆诣坛。对引命妇二人、前引命妇十人，于下舆处奏请皇后降舆，恭引皇后至具服殿少憩。尚仪跪奏请诣采桑位，引赞、相仪后随。妃嫔从行。对引、前引命妇排立坛下，引赞导皇后至采桑位升座。传赞分引妃嫔以下各就采桑位东西立，视桑之行列为尊卑，以北为上。采桑歌排立桑外，东西径道招飐彩旗，作乐唱歌。歌作。典仪跪奏请采桑，皇后兴行至桑前，皇后拱立，相仪一人奉金钩跪授皇后，皇后右手受之。一人奉筐跪授皇后，皇后左手受之。皇后东向，先至东边第一株桑前，采桑一条，蚕妇二人助采。复向西行，至西边第一株桑前，转过树旁，仍东面。采桑二条，蚕妇二人助采。相仪二人各受钩筐。典仪赞："复位。"皇后升座，视妃嫔以下以次采桑，执钩筐者以次随进。妃嫔、福晋、夫人各采桑五条，蚕妇助之。大臣命妇各采桑九条，蚕妇助之。司钩筐者各受钩筐俱退。传赞引各采桑者退，复位。执钩筐者俱退复位。采桑歌止。典仪、相仪、引赞等汇收诸筐。传赞引蚕母至宝座前跪。典仪举筐授蚕母，蚕母受之。兴。至蚕室切之，授蚕妇布于箔。蚕母以礼成告于典仪，典仪跪奏："礼成。"对引、前引命妇引皇后还具服殿更礼服。典仪奏："升座。"传赞引妃嫔以下大臣、命妇从采桑者各就班位。传赞唱："行礼。"行二拜六叩头礼。兴。典仪跪奏请皇后还宫。皇后出殿，对引、前引命妇引至坛下内壝东门之内，进肩舆。典仪跪奏请皇后乘舆还宫。卤簿仗卫如常仪。妃嫔以下乘舆陪从，余俱退。

皇后献茧缫丝仪

茧成，皇后亲诣蚕坛献茧缫丝。是日质明，蚕官令献酒果祭告先蚕之神。陈设缫丝器具于织室正殿。王妃、命妇等无庸斋集执事女官先于蚕坛皇后降舆处祗候。皇后具常服，乘舆出宫，不设仪仗。妃嫔亦具常服，乘舆随从。皇后至坛壝门，降舆。前引命妇十人，后随命妇二人，引皇后至织室。升座。妃嫔随入，蚕母择茧之圆洁者贮筐，跪献皇后。皇后受茧，亲择茧之圆洁者，分器恭贮，以俟还宫后恭献皇上、皇太后。皇后择茧毕，仍分茧与妃嫔有差。礼毕，宫殿监督领侍奏请皇后至缫丝处缫丝。引礼命妇引皇后至缫丝处。相仪命妇二人捧盆注水，蚕母纳茧盆佐助皇后缫丝。皇后濯茧出丝者三，相仪捧盆，退次蚕妇佐助妃嫔缫丝。妃嫔以五为节礼毕，布与蚕妇缫之。蚕母以礼成告引礼命妇，引礼命妇跪奏缫丝礼成。引皇后至升舆处乘舆还宫，恭献茧于皇上、皇太后。

《御制律吕正义后编》卷二十六

凡亲蚕之礼，置桑田于西苑先蚕坛之东南，中为躬桑位，筑台于桑田北，为皇后观采桑之位。设蚕母二人，蚕妇二十七人，掌蚕事。置内监蚕宫令、丞各一人，以董之。岁仲春吉巳，皇后躬祀先蚕礼成，乃于蚕生日，行躬桑礼。豫期，宫殿监督领侍奏请妃嫔二位，内务府奏以公主、福晋、夫人三人、命妇四人从采桑所司于桑田，设从采桑位于台南，东、西立表以识。前期一日，宫殿监设案于交泰殿中。内务府、奉宸苑堂官率所属，以龙亭一、采亭二，陈采桑具，皇后金钩、黄筐，从采桑妃嫔银钩、柘黄筐，福晋、夫人、命妇铁钩、朱筐，各贮亭内，由内务府入隆宗门，至内右门外亭止。宫殿监督领侍率蚕宫令、丞，暨内监，恭奉入至交泰殿，次第陈于案。宫殿监督领侍等奏请皇后吉服，御交泰殿，阅采桑具，毕，奏："礼成。"皇后还宫。内监奉出内右门，仍陈各亭内，銮仪校舁行，前列旗仗。和声署作乐前导，送采桑所。陈龙亭于台右，陈采亭于东、西从采桑位。至日，豫引从采桑暨侍班公主、福晋、命妇咸采服至观采桑台左右恭俟。礼部、内务府堂官诣乾清门奏请，宫殿监督领侍等接奏。皇后率从采桑妃嫔咸吉服，乘舆出宫，导从如常仪。至内壝东门外，降舆，御茧馆。相仪女官二人奉钩、筐立于台前左右，东、西面。掌仪司内监率歌采桑辞。内监十人，司金、鼓、板、笛、笙、箫内监二十四人，立台前。麾五色采旗内监四十人于桑田内，东、西面，鱼贯序立。传赞女官二人，立台前左右。不从采桑公主、福晋、命妇序立于台侧。典仪女官奏请行采桑礼。皇后出茧馆，引礼女官恭导至采桑位，南向立。从采桑妃嫔、公主、福晋、夫人、命妇以次就采桑位，东、西面立。传赞引不从采桑公主、福晋、夫人、命妇至台南左右隅，南向立。相仪二人，北面，跪进钩、筐，兴。退。皇后右执钩，左执筐，蚕母二人恭助皇后行采桑礼。内监扬采旗，鸣金、鼓，歌采桑辞。皇后于第一行东、西三采，毕。歌止。相仪二人，北面，跪受钩、筐，皆兴。奉钩，仍设龙亭内。典仪奏请御观采桑台。皇后由午阶升座。妃嫔侍立于台上左右。传赞引公主、福晋、夫人、命妇于台下，东、西面序立，均北上。从采桑妃嫔、公主、福晋、夫人、命妇以次受钩、筐。蚕妇二人助采。妃嫔于第二行各五采。福晋、夫人于第三行，命妇于第四行，各九采，毕，释钩、筐入侍班位立。执事女官各设钩于采亭。传赞引蚕母升阶，至皇后前，北面跪。相仪举筐授蚕母，蚕母祇受，兴。引退至蚕室切之，授蚕妇洒于箔，蚕母还告典仪，奏请御茧馆。皇后降阶，前引暨赞引女官恭导，赞引相仪从。妃嫔以下咸从。典仪奏请皇后升座。传赞赞："行礼。"赞引引从采桑暨侍班妃嫔、公主、福晋、命妇在丹陛上，蚕母、蚕妇在丹墀，各就拜位，北面，行六肃三跪三叩礼，毕。典仪跪奏礼成。皇后降座，引从如初。至内壝东门外，乘舆还宫。公主、福晋、命妇以次退。至献茧日，蚕母率蚕妇择佳茧，贮以筐，恭献皇后。皇后献皇帝、皇太后，以告蚕事之登。遂率妃嫔乘舆出宫，导从如仪。亲临织室，蚕母率蚕妇全献茧之所登者。皇后行缫三盆手礼。妃嫔从缫，以五为节，蚕妇助之。毕，遂布于蚕妇之吉者使缫。既成丝，乃命染人朱绿、元黄之，以供郊庙黼黻之用。礼成，赐执事女官暨蚕妇银币有差。

  凡享先蚕之礼。为坛一成，于西苑之东北。岁以季春吉巳。皇后躬亲蚕事，乃享先蚕之神，以率女红。先蚕神位，南向。设黄幄帛一、牛一、羊一、豕一、登一、铏一、簠簋各二、笾豆各十、尊一、爵三、盏三十、炉一、灯二。预日，乐部率掌仪司内监设乐于坛下左右。祭日，銮仪卫率内监陈皇后仪驾于顺贞门外。辰时五刻，太常卿暨内务府总管诣乾清门告时。宫殿监督领侍转奏。皇后礼服，乘凤舆出宫。仪驾前导，陪祀妃嫔咸乘舆从。由顺贞门、神武门、北上门入陟山门，至坛门外，降舆。前引女官十人，赞引女官二人恭导皇后由左门入至具服殿。妃嫔入配殿恭候。传赞女官引公主、福晋、命妇位于坛下，东、西面。蚕宫令恭请先蚕神位，安奉黄幄，毕，相仪女官奏请行礼。皇后出具服殿盥洗，妃嫔随行。赞引女官恭导皇后由午阶升坛，至黄幄次拜位前，北向立。前引女官十人于阶下两旁序立。相仪女官二人随升坛左右稍后金立。传赞女官引陪祀妃嫔、公主、福晋、命妇于坛下各就位序立，均北面。典仪女官赞执事官各共乃职。赞引奏："就位。"皇后就拜位立，乃瘗毛血迎神。司香女官奉香盘进。司乐女官赞："举迎神乐，奏《庥平之章》。"赞引奏："就上香位。"恭导皇后诣香案前，司香女官跪进香。赞引奏："跪。"皇后跪。奏："上香。"皇后上柱香次三上瓣香。奏："复位。"皇后复位。奏："跪，拜，兴"。皇后行六肃三跪三拜礼，妃嫔以下均随行礼。奠帛，行初献礼。司帛女官奉篚，司爵女官奉爵诣神位前。奏《承平之章》。司帛跪奠帛，一叩。司爵跪献爵，奠正中。皆退，行亚献礼，奏《均平之章》。司爵跪献爵，奠于左，仪如初献。行终献礼，奏《齐平之章》。司爵跪献爵，奠于右，仪如亚献。乐止。

女官一人赞："答福胙。"奉福胙女官二人就东案，奉福胙至神位前，拱举降立于皇后拜位之右。受福胙女官二人进立于左。皇后跪，左右执事女官皆跪。右官进福酒。皇后受爵拱举授左官。进胙，受胙亦如之。行一拜礼。兴。率妃嫔以下行四肃二跪二拜礼。彻馔，奏《柔平之章》。彻馔毕，送神，奏《洽平之章》。皇后率妃嫔以下行六肃三跪三拜礼。执事女官奉帛次馔次香，恭送瘗所。皇后转立拜位旁，西向。候帛馔过，复位。乃望瘗。乐作。恭导皇后降阶，诣望瘗位望瘗。奏："礼成。"恭导皇后至具服殿更衣。蚕宫令恭奉神位还御。皇后乘舆还宫。妃嫔从，公主、福晋、命妇以次退。翼日，行躬桑礼。遣妃恭代行礼。至坛门外降舆。由右门入行礼于坛下，上香时，赞引女官赞："升坛。"升降皆由东阶。不饮福受胙。妃嫔不陪祀，余仪同。翼日，蚕宫令监视蚕母、蚕妇行采桑礼。如皇帝遣官行礼与享先农礼同。

乾隆《钦定大清会典》卷二十六

先蚕

岁季春吉巳，皇后亲享先蚕之礼。先二日，礼部尚书一人至牺牲所视牲，仪与享先农同。

右视牲

是日昧爽，太常寺进斋戒牌铜人。内监豫设黄案一于交泰殿之左。内务府总管一人及宫殿监侍豫俟于乾清门。太常寺卿率所属恭奉斋戒牌在前，铜人在后。前引如仪，至乾清门，内务府总管以授宫殿监侍恭设于交泰殿案上，斋戒牌南向，铜人西向。设毕，跪，三叩，兴，退。皇后乃斋，陪祀嫔妃、公主、福晋以下，文官三品、武官二品命妇以上咸致斋。

右致斋

视割牲（仪与享先农同）。

先一日，奉宸苑卿率属洁坛上下，借以棕荐。为瘗坎于坛西北，施黄幄于坛上。太常寺官恭设先蚕神座于幄内正中，南向。工部司官张皇后拜幄于南阶上，如式。太常寺典簿具牲俎，博士辨簠、簋、笾、豆、登、铏之实，以次展于神厨。太常寺卿诣神库，以恭请神位之仪，指授蚕宫令，退。赞礼郎引内务府总管一人诣神厨，周视牲牢、笾豆。太常寺官以陈设之仪指授宫殿监侍，讫，皆退。

右设神座幄供张展牲器

至日鸡初鸣，内务府总管及宫殿监侍率内监入坛具器，陈牛一、羊一、豕一、登一、铏二、簠簋各二、笾豆各十、盏三十、炉一、镫二。东设一案，西向，陈礼神制帛一（色青）、香盘一、尊一、爵三，设福胙于尊爵之旁，加爵一。牲陈于俎，帛实于篚，尊实酒承以舟，疏布幂勺。具内监设洗于具服殿。乐部率掌仪司内监陈乐于坛下，应鼓一，在东。琴四、瑟二、箫六、篴六、笙六、杖鼓二、方响十六、云璈二、板二，东西分列如式。

右陈设

辨行礼位。坛上正中为皇后拜位，北向。坛下西北为望瘗位，西向。当阶左右为陪祀妃嫔、公主、福晋拜位，北面。稍南左右为陪祀命妇拜位，按翼分列，重行异等。东位西上，西位东上，均北面。

辨执事位。司拜褥女官二人立于坛上皇后拜位左右。相仪女官二人立拜位后左右，均东西面。司香女官一人、司帛女官一人、司爵女官一人、奉福胙女官二人序立东案之东，西面。接福胙女官二人立于坛西，东面。坛下典仪、司乐女官各一人，当阶左立，西面。传赞女官六人，二人立于坛南，东西面。二人立于妃嫔、公主、福晋拜位左右。二人立于命妇拜位左右，均东西面。乐工、歌工（以童内监为之）序立于东西乐悬之次。女官掌瘗者立于瘗坎之西北隅。

右辨位

未明前三刻，步军统领饬所部清跸除道，自神武门至坛门，御道左右涂巷皆设布障。陪祀公主、福晋、命妇及执事女官朝服豫集坛内。銮仪卫率内监陈仪驾卤簿于顺贞门外。大仪舆一乘，民尉三十有四人。仪舆二乘，旗尉十有二人。黄舆二乘，民尉三十有四人。次五色龙凤旗十，旗尉二十人。卧瓜四、立瓜四，旗尉十有二人。吾仗四，旗尉六人。次黄赤二色龙凤扇八、雉尾扇八，旗尉三十有二人。次赤素方伞四、五色四季花伞十，旗尉二十有八人。五色九凤伞十，旗尉二十人。次金节二，旗尉四人。次拂二（立夏陈列，处暑收）、香炉二、金合二、盥盘一、盂一、瓶二、金倚一、方几一，旗尉二十有二人。次黄色九龙曲盖一，旗尉三人。凤舆一乘，旗尉八人。凡擎执旗尉、民尉各服其服，皆内监充。辰正初刻，太常寺卿暨内务府总管各一人赴乾清门奏时。宫殿监督领侍转奏。皇后御礼服，乘凤舆出宫如仪。陪祀妃嫔咸乘舆从。由顺贞门、神武门、北上门入陟山门，至内壝左门。相仪女官二人跪奏请降舆。皇后降舆，妃嫔咸降舆从。前引女官十人，右赞引、左对引女官二人恭导皇后入具服殿少俟。妃嫔随入配殿祗俟。传赞女官引公主、福晋、命妇等于具服殿门外东西序立祗候。

右车驾诣坛

辰正一刻，蚕宫令诣神库上香。跪，三叩，兴。恭请先蚕神位。内监十人前引入坛，奉安座上。毕，相仪奏请行礼。皇后出具服殿，盥。司盥跪奉盥，司巾跪奉帨巾。盥毕，诣坛。妃嫔以下随行。司拜褥女官豫布拜褥于坛上拜次。赞引、对引女官恭导皇后升中阶就拜位前，北向立。前引十人止立坛下。相仪二人随侍。传赞引妃嫔、公主、福晋及命妇均就拜位序立。典仪、赞执事者各共乃职。赞引奏："就位。"皇后就位立。

右盥洗就位

典仪赞："迎神。"司香奉香进至香案前祗俟。司乐赞："举迎神乐，奏《庥平之章》。"辞曰："轩辕御策时，西陵位正妃。柔桑沃，载阳迟。麤觳玄黄供祀事，称茧更缫丝。龙精报贶，椒屋宗师。"乐作。赞引奏："就上香位。"暨对引恭导皇后诣香案前立。对引至案前止立。司香跪。赞引奏："跪。"皇后跪。奏："上香。"司香进香，皇后上炷香三，上瓣香。兴。赞引奏："复位。"暨对引恭导皇后复位立。奏："跪，拜，兴。"皇后行六肃三跪三拜礼。传赞赞："跪，叩，兴。"妃嫔以下随行礼。乐止。

右迎神

典仪赞："奠帛爵，行初献礼。"司帛奉篚，司爵奉爵，进至案前祗俟。司乐赞："举初献乐，奏《承平之章》。"辞曰："春堤柳绽金，仓庚有好音。衣袆翟，致精忱。后月躬应教织纴，柘馆式斋心。黄流初荐，肸蠁如临。"乐作。司帛跪献篚，奠于案。一叩，兴。司爵跪献爵，奠于垫中，兴。皆退。乐止。

右初献

典仪赞："行亚献礼。"司乐赞："举亚献乐，奏《均平之章》。"辞曰："清和日正长，灵坛水一方。纡香陌，执籧筐。桑叶阴浓风潋荡，八育普嘉祥。玉邕再陈，降福穰穰。"乐作。司爵献爵于左，仪如初献。乐止。

右亚献

典仪赞："行终献礼。"司乐赞："举终献乐，奏《齐平之章》。"辞曰："神皋接上园，葭芦翠浪翻。莺声滑，藕花繁。禾棘丝丝初引蔓，三荐洁蘋蘩。云依宝鼎，露浥旌旛。"乐作。司爵献爵于右，仪如亚献。乐止。

右三献

典仪赞："答福胙。"奉福胙二人恭奉福胙诣神位前拱举。退。祗立于皇后拜位之右。接福胙二人进，立于左。赞引奏："跪。"皇后跪，左右女官皆跪。奏："饮福酒。"右女官进福酒，皇后受爵拱举，授左女官。次受胙，如饮福之仪。赞引奏："拜。兴。"皇后一拜。兴。又奏："跪。拜。兴。"皇后行四肃二跪二拜礼，妃嫔以下均随行礼。兴。典仪赞："彻馔。"司乐赞："举彻馔乐，奏《柔平之章》。"辞曰："公宫吉礼成，有斋奉豆登。僮僮被，肃肃升。废彻毋迟咸祗敬，法坎不常盈。万方衣被，百福其朋。"乐作。彻毕。乐止。

右受福胙、彻馔

典仪赞："送神。"司乐赞："举送神乐，奏《洽平之章》。"辞曰："神风拂广筵，灵香下肃然。仪不忒，礼无愆。禺马流星相炳绚，玉蛛亘平川。彤管司职，瑞茧登编。"乐作。赞引奏："跪，拜，兴。"皇后率妃嫔以下行六肃三跪三拜礼。兴。乐止。

右送神

典仪赞："奉帛香馔送瘗。"司帛诣神位前跪，一叩。司帛奉筐，兴。司香跪奉香，司爵跪奉馔，兴。以次恭送瘗所。皇后转立拜位旁，西向（司拜褥起拜褥）。俟香帛过（仍布拜褥），皇后复位立。典仪赞："望瘗。"陪祀妃嫔、公主、福晋、命妇退。赞引奏："诣望瘗位。"乐作。恭导皇后诣望瘗位望瘗。奏："礼成。"恭导皇后诣具服殿更衣，妃嫔随入配殿更衣。乐止。蚕宫令恭请神位复御，上香。行礼如仪。皇后还宫。宫殿监侍彻交泰殿斋戒牌铜人，授太常寺官送寺。越日，皇后乃率从桑之妃嫔、公主、福晋、命妇行躬桑礼（仪详嘉礼）。

右望瘗礼成

遣妃致祭先蚕之礼。先二日，及陪祀之公主、福晋、命妇均致斋。所司供具如式。至日昧爽，妃朝服乘舆诣坛，清道辟除，如常仪。至内壝右门降舆入。行礼于阶下，上香。赞："升坛。"升降均由东阶。妃嫔不陪祀、不饮福受胙。香帛送瘗，避立西旁。余如前仪。

右遣妃仪

皇帝遣官致祭先蚕之礼。所司供具如前仪。至日鸡初鸣，遣官朝服诣坛。赞引、太常寺赞礼郎二人引，由坛左侧门入。行礼仪节与享先农同。

右遣官仪

《大清通礼》卷八

皇后亲祭仪

岁季春吉巳，皇后亲享先蚕。先二日，礼部尚书一人视牲，如仪。

右视牲

是日昧爽，太常寺进斋戒牌铜人。内监预设黄案一于交泰殿之左。内务府总管一人及宫殿监侍预俟于乾清门。太常寺卿率所属恭奉斋戒牌在前，铜人在后。前引如仪，至乾清门。内务府总管以授宫殿监侍恭设于交泰殿案上，斋戒牌南向，铜人西向。跪三叩，退。皇后乃斋。陪祀妃嫔、公主、福晋以下，文官三品、武官二品、命妇以上咸致斋。

右致斋视割牲

先一日，奉宸苑卿率属洁坛上下，借以棕荐为瘗坎于坛西北。施黄幄于坛上，太常寺官恭设先蚕神座于幄内正中，南向。工部官张皇后拜幄于南阶上，如式。太常寺典簿具牲俎。博士辨簠、簋、笾、豆、登、铏之实，以次展于神厨。太常寺卿诣神库以恭请神位之仪。指授蚕宫令，退。赞礼郎引内务府总管一人诣神厨周视牲牢、笾豆。太常寺官以陈设之仪，指授宫殿监侍，讫，皆退。右设神座幄供张展牲器。至日，鸡初鸣，内务府总管及宫殿监侍率内监入坛具器，陈牛一、羊一、豕一、登一、铏一、簠簋各二、笾豆各十、炉一、镫二。东设一案，西向。陈礼神制帛一、香盘一、尊一、爵三。设福胙于尊、爵之旁，加爵一。牲陈于俎。帛实于篚。尊实酒承以舟疏布、幂勺具内监设洗于具服殿。乐部率掌仪、司内监陈乐于坛下，东西分列，如式。

右陈设，辨行礼位

坛上正中为皇后拜位，北向。坛下西北为望瘗位，西向。当阶左右为陪祀妃嫔、公主、福晋拜位，北面。稍南左右为陪祀命妇拜位，按翼分列，重行异等。东位西上，西位东上，均北面办执事位。司拜褥女官二人立于坛上皇后拜位左右。相仪女官二人立拜位后左右，均东西面。司香女官一人，司帛女官一人，司爵女官一人，奉福胙女官二人，序立东案之东，西面。接福胙女官二人立于坛上之西，东面。坛下典仪、司乐女官各一人，当阶左立，西面。传赞女官六人，二人立于坛南，东西面。二人立于妃嫔、公主、福晋拜位左右，二人立于命妇拜位左右，均东西面。乐工、歌工序立于东西，乐悬之次。女官、掌瘗者立于瘗坎之西北隅。

右辨位

未明前三刻，步军统领饬所部清跸除道，自神武门至坛门左右涂巷皆设布障。陪祀公主、福晋、命妇及执事女官朝服预集坛内。銮仪卫率内监陈仪驾卤簿于顺贞门外。凡旗尉、民尉，皆内监充。辰正初刻，太常寺卿暨内务府总管赴乾清门奏时，宫殿监督领侍转奏。皇后御礼服乘凤舆出宫，如仪。陪祀妃嫔咸乘舆从。由顺贞门、神武门、北上门入陟山门，至内壝左门。相仪女官二人跪奏："请降舆。"皇后降舆，妃嫔咸降舆从。前引女官十人。右赞引、左对引女官二人恭导皇后入具服殿少俟。妃嫔随入配殿祗俟。传赞女官引公主、福晋、命妇等于具服殿门外东西序立祗候。

右车架诣坛

辰正一刻，蚕宫令诣神库上香，跪，三叩。兴。恭请先蚕神位。内监十人前引入坛奉安座上，毕。相仪奏："请行礼。"皇后出具服殿盥。司盥跪奉帨巾，盥毕，诣坛，妃嫔以下随行。司拜褥女官预设拜褥于坛上。拜次、赞引、对引女官恭导皇后升中阶就拜位前，北向立。前引十人止立坛下。相仪二人随侍。传赞引妃嫔、公主、福晋及命妇均就拜位序立。典仪赞、执事者各共乃职。赞引奏："就位。"皇后就位立。

右盥洗、就位

典仪赞："迎神。"司香奉香进至香案前祗候。司乐赞："举迎神乐，奏《庥平之章》。"乐作。赞引奏："就上香位。"暨对引恭导皇后诣香案前立。对引至帛案前止立。司香跪，赞引奏："跪。"皇后跪。奏："上香"。司香进香。皇后上炷香三，上瓣香。兴。赞引奏："复位。"暨对引恭导皇后复位立。奏："跪，拜，兴。"皇后行六肃三跪三拜礼。传赞赞："跪，叩，兴。"妃嫔以下随行礼，乐止。

　　右迎神

　　典仪赞："奠帛爵，行初献礼。"司帛奉篚，司爵奉爵，进至案前祗俟。司乐赞举初献乐，奏《承平之章》。乐作，司帛跪献篚奠于案，一叩，兴。司爵跪献爵，奠于垫中，兴。皆退。乐止。

　　右初献

　　典仪赞："行亚献礼。"司乐赞举亚献乐，奏《均平之章》。乐作。司爵献爵于左，仪如初献。乐止。

　　右亚献

　　典仪赞："行终献礼。"司乐赞举终献乐，奏《齐平之章》。乐作。司爵献爵于右，仪如亚献，乐止。

　　右三献

　　典仪赞："答福胙。"奉福胙二人恭奉福胙诣神位前拱举，退。祗立于皇后拜位之右。接福胙二人进立于左。赞引奏："跪。"皇后跪，左右女官皆跪，奏："饮福酒。"右女官进福酒，皇后受爵拱举，授左女官。次受胙如饮福之仪。赞引奏："拜，兴。"皇后一拜，兴。又奏："跪，拜，兴。"皇后行四肃二跪二拜礼。妃嫔以下均随行礼。典仪赞："彻馔。"司乐赞举彻馔乐，奏《柔平之章》，乐作。彻毕，乐止。

　　右受福胙、彻馔

　　典仪赞："送神。"司乐赞举送神乐，奏《洽平之章》。乐作。赞引奏："跪，拜，兴，"皇后率妃嫔以下行六肃三跪三拜礼。乐止。

　　右送神

　　典仪赞奉帛、香馔送瘗。司帛诣神位前跪，一叩。司帛奉篚，兴。司香跪奉香。司爵跪奉馔，兴。以次恭送瘗所。皇后转立拜位旁，西向，俟香帛过，复位立。典仪赞："望瘗。"陪祀妃嫔、公主、福晋、命妇退，赞引奏："诣望瘗位。"乐作。恭导皇后诣望瘗位望瘗，奏："礼成。"恭导皇后诣具服殿更衣。妃嫔随入配殿更衣。乐止。蚕宫令恭请神位复御，上香行礼如仪。皇后还宫。宫殿监侍彻交泰殿斋戒牌、铜人授太常寺官送寺。越日，皇后乃率从桑之妃嫔、公主、福晋、命妇行躬桑礼。

右望瘗礼成

遣妃致祭先蚕之礼。先二日，及陪祀之公主、福晋、命妇均致斋所司供具如式。至日昧爽，妃朝服乘舆诣坛，清道辟除，如常仪。至内壝右门降舆入行礼于阶下。上香赞："升坛。"升降均由东阶。妃嫔不陪祀、不饮福受胙，香帛送瘗避立西旁，余如前仪。

右遣妃仪

皇帝遣官致祭。先蚕之礼所司供具如前仪。至日，鸡初鸣，遣官朝服诣坛。赞引太常寺赞礼郎二人引，由坛左侧门入。行礼仪节与先农同。

右遣官仪

皇后躬桑仪

岁季春，皇后躬桑。前期三月，礼部具疏以请皇帝承奉皇太后懿旨下制报可，乃遍布诸司供备。内务府预奏，以妃嫔二人、公主、亲王福晋以下，县君、镇国公夫人以上三人、文三品、武二品官以上命妇四人从蚕采桑。掌仪司治桑畦，饬采桑钩筐。皇后金钩，妃嫔银钩，均黄筐。公主、福晋、夫人、命妇均铁钩、朱筐。依期毕办。

右戒办

皇后既以吉巳享先蚕礼毕。蚕已生，翼日，皇后散斋一日，从采桑妃嫔、公主、福晋、夫人、命妇毕斋。宫殿监侍设案于交泰殿内正中东西肆，又设案于左右南北肆。率内监至内右门祗候。是日，执事官咸蟒袍补服。黎明，内务府官以龙亭一载躬桑钩筐、采亭一，载从采桑钩、筐。内銮仪卫校舁行。掌仪司官前导，总管暨蚕宫令从，由隆宗门至内右门，亭止。宫殿监督领侍率蚕宫令丞暨内监恭奉钩、筐，以次入内右门，陈皇后筐、钩于交泰殿中案。陈妃嫔、公主、福晋、夫人筐钩于左案。陈命妇筐、钩于右案。皆筐左、钩右，毕，乃奏。时皇后吉服出，御交泰殿。妃嫔随出，侍立。皇后先阅钩，次阅筐。既遍还宫，妃嫔从入。宫殿监侍奉筐、钩出内右门，仍置各亭内，以次舁行。出隆宗门，銮仪校接舁，前引如初。至内务府署，旗仗前导，导迎，乐作，奏《禧平之章》。及西苑奉宸苑卿自门迎入，蚕宫令分陈于采桑所。

右阅筐钩

届期，蚕宫令率内监洁扫具服殿内外及观桑台上下，借以棕荐。设皇后观桑宝座于台北正中，南向。供御座铺陈台下。桑畦东西首行第一株为皇后躬桑位，东向。执钩相仪一人在右，执筐相仪一人在左。东西第二行一株为妃嫔从采位。第三行一株为公主、福晋、夫人从采位。第四行一株为命妇从采位。执钩、筐蚕妇各二人，皆在左右。传赞女官二人在台南左右，北面。侍班福晋、夫人、命妇在女官之南，东西面。内侍率童监歌采桑辞者十人，司金、鼓、板、笛、笙、箫者二十有四人，于台前东西麓五色采旗者四十人，于桑畦外东西，分班序立。

右序位

是日黎明，蚕宫令启西苑门。从桑侍班公主、福晋、夫人、命妇及执事女官、蚕母、蚕妇咸蟒袍补服，预至西苑南门内，序立祗候。辰正二刻，礼部尚书、内务府总管诣乾清门奏时。巳初刻，宫殿监侍转奏。皇后御凤袍乘舆出宫，从桑妃嫔蟒袍乘舆从诣西苑，如享先蚕仪。

右车架出宫

皇后驾至西苑，诣具服殿少俟。传赞分引妃嫔、公主、福晋、夫人、命妇就从采位立。引侍班之公主、福晋、夫人、命妇就侍班位立。执事女官暨童监咸依位序立。典仪奏请皇后行躬桑礼。皇后出具服殿，前引后从，如常仪。至桑畦北正中，相仪女官一人奉钩跪进于右，一人奉筐跪进于左，兴。皇后右持钩、左持筐东行。桑畦外采旗招飐。台前内监鸣金、鼓，歌采辞。皇后至东第一株桑前，东向。采桑一条，蚕母二人助采。复行至西第一株桑前，东向。采桑二条，蚕母助采，亦如之，采毕，歌止，各退。皇后以钩、筐授相仪，相仪二人跪受于左右，兴。复于龙亭，退俟台隅。典仪奏请御观桑台，赞引对引命妇恭导皇后升台御座。妃嫔以下采桑，各蚕妇一人授钩，一人授筐，二人助采。妃嫔、公主、福晋、夫人采桑五条。命妇采桑九条，毕。咸释钩、筐授蚕妇，复于采亭。妃嫔登台侍立皇后宝座前左右，公主、福晋、夫人、命妇退入侍班位立。执钩、筐者皆退。典仪、相仪各女官敛诸筐，次第置于台南。传赞引蚕母、蚕妇至台前，北面跪。典仪举皇后懿筐授蚕母，蚕母恭受。次举妃嫔以下从桑各筐授蚕妇，蚕妇受讫。皆兴，奉筐至蚕室，切之，蚕妇洒箔，礼成。

右亲桑

蚕母以礼成告。典仪跪奏，皇后驾兴。赞引、对引恭导皇后诣具服殿。典仪奏："升座。"皇后升宝座。传赞分引妃嫔以下东西序立。次公主、福晋，次夫人，次命妇，次蚕母、蚕妇。东位西上，西位东上，皆北面。传赞赞："跪，叩，兴。"皆行六肃三跪三叩礼，退。典仪礼毕。皇后降座，升舆警跸。妃嫔从还宫，如来仪。公主、福晋以下皆退。

右礼成回宫

及蚕成，蚕母、蚕妇择茧贮筐以献，皇后遂以献于皇帝、皇太后。择吉日，皇后行缫三盆手礼，采桑妃嫔从缫。是日，乘舆出宫警跸，如常仪。至织室缫盆前，妃嫔侍立。蚕母渍茧于盆，以手出绪，握其总，跪进皇后。皇后受总亲缫三，少退立。妃嫔进缫以五为节，遂布于蚕妇之吉者使缫，礼毕，乘舆还宫警跸，如来仪。

右献茧、缫丝

《清朝文献通考》卷一百二

乾隆元年，建先蚕祠于安定门外北郊。每岁季春巳日，遣太常寺卿一人以少牢致祭。七年七月，大学士鄂尔泰等奏言："古制，天子亲耕南郊，以供粢盛，后亲蚕北郊，以供祭服。我皇上亲耕耤田，以示重农之意。乾隆元年，议建先蚕祠宇，所以经理农桑之道，至为周备。今又命议亲蚕典礼，伏思躬桑亲蚕，历代遵行。但桑坛向在安定门外，前明以来，遗址久经罢废。考唐宋时，后妃亲蚕多在宫苑之中。伏读圣祖仁皇帝《御制耕织图》序，于丰泽园之北治田数畦，环以溪水，陇畔树桑，旁立蚕舍，是育蚕之事。圣祖仁皇帝亲加讲求，今逢重熙累洽、礼明乐备之时，亲蚕大典关系农桑，自应遵旨举行，以光典礼。请交内务府、礼部详议。"奏上，从之。乃建先蚕坛西苑之东北，坛东南为先蚕神殿，西向。坛东为观桑台，前为桑园。浴蚕河在宫墙之东，自北垣流入，由南垣出，设闸启闭，木桥二。蚕署、蚕室均在桥之东，西向。定制：皇后亲蚕之年，豫日，设立先蚕西陵氏神位于蚕坛之上。前二日，皇后于正殿致斋。至日，以一太牢亲祀，行三献礼。翼日（蚕未生则诹日），皇后诣桑坛，行躬桑礼。蚕事毕，蚕母率蚕妇择茧之圆洁者，贮筐恭献以告蚕事之登。择吉，皇后复诣蚕坛，亲临织室，行缫三盆手礼，遂布于蚕妇之吉者使缫，而朱绿元黄之，以供郊庙黼黻之用（蚕母二人于内外命妇中，择高年娴礼仪者充之。蚕妇二十七人，择内苑熟悉蚕事者充之）。九年三月，皇后亲享先蚕坛。翼日，行躬桑之礼。十一年二月谕："从前建立蚕祠，未议皇后亲蚕之礼，是以照祭祀例遣官。今既举行皇后亲蚕典礼，若遇不行亲祭之年，自应遣妃一人恭代。所有行礼仪注，大学士会议具奏。"寻议上嗣后，每年皇后亲蚕，或遣妃恭代，礼部两请具题。如遇遣妃恭代之年，着内务府请旨。十四年二月谕："礼部奏称，本年三月内，先蚕祭期请照例遣妃致祭，此于礼意未协。夫妃所恭代者，代皇后也。有皇后，则妃可承命行事，皇贵妃未经正位中宫，则亲蚕之礼尚不当举行，何得遣妃恭代。应照皇帝不亲行耕耤、顺天府尹致祭先农之例，于内务府总管，或礼部、太常寺堂官、奉宸苑卿内酌派一人致祭，方足以明等威而昭仪制。"是年，遣内务府堂官行礼。十六年三月吉巳，宜享先蚕，恭逢皇上南巡。礼部先期奏请，照皇后不行亲祭之年，遣妃一人恭代。奉旨："皇后行礼后，再遣妃恭代。"是年，仍遣内务府堂官行礼，仪具《大清通礼》。

《清朝通典》卷四十四

（乾隆七年）礼部议上仪注："皇后亲蚕之年，豫日，设立先蚕西陵氏神位于蚕坛之上。前二日，皇后于正殿致斋。至日，以一太牢亲祀，行三献礼。翼日，皇后诣桑坛行躬桑礼。蚕事毕，蚕母率蚕妇择茧之圆洁者，贮筐恭献，以告蚕事之登。择吉，皇后复诣蚕坛，亲临织室，行缫三盆手礼。遂布于蚕妇之吉者使缫，而朱绿元黄之，以供郊庙黼黻之用。"从之。

《清朝通志》卷三十七

题请

一、岁以季春吉巳，恭享先蚕之神，礼部预年具题恭请皇后亲诣先蚕，得旨行文，本寺钦遵办理。

一、遣妃致祭先蚕之神。礼部预年奏请，交内务府届期请旨遣妃行礼。

一、恭享先蚕之神，由礼部预年题请，如奉旨遣官行礼行文。本寺咨取内务府堂官、礼部尚书、奉宸苑卿与本寺卿一体，开列具题。奉旨后，行文，该衙门转行知会。

演礼

一、享先蚕之礼，掌仪司以演礼日期行知本寺，拣派赞礼郎七员赴坛。以司香、司帛、司爵，并典仪、对引、赞引、唱乐各仪指示内监。

看牲

一、祀前二日，礼部堂官一员，偕本寺堂官率属赴牺牲所看牲，其仪注并执事官员均与常祀同。

一、看牲日，本寺堂官于凝禧殿谨视果品、米面，如常仪。

《钦定太常寺则例》卷六十三

进铜人

一、皇后亲享先蚕，前期以绿头牌具奏。祀前二日，进斋戒牌铜人二座，于乾清门转交内务府安设于交泰殿。皇后斋戒二日。

一、遣妃致祭先蚕之神，斋戒牌铜人停止恭进，不具奏。

一、亲享先蚕以斋戒事宜，前期移会内务府、内膳房。

一、祀前二日，本寺堂官恭进斋戒牌铜人于乾清门授内务府堂官，转交宫殿使，陈设于交泰殿。祀日，皇后诣祭后，将斋戒牌铜人请至乾清门，授本寺官员彻回。前期行文掌仪司转行知会，届期敬谨预备。

一、进斋戒牌铜人，本寺官员于鸣钟时，由东西长安门、天安门、端门、午门、太和门、昭德门、中左门、后左门送至乾清门，交与宫殿监侍，转送至交泰殿安设。前期知会景运门护军统领，转传各门章京，至期均启中门。

一、进斋戒牌铜人仪注。

祀前二日，内监预设黄案一于交泰殿之左。内务府总管一人及宫殿监侍预俟于乾清门。是日昧爽，本寺堂官率属恭奉，斋戒牌在前，铜人在后，前引如仪。至乾清门，内务府总管以授宫殿监侍恭设于交泰殿案上正中，斋戒牌南向，铜人西向。设毕，行一跪三叩礼，退以俟。祭日，皇后诣坛。驾启后，本寺官员预俟于乾清门。宫殿监侍彻交泰殿斋戒牌铜人，授本寺官员，敬谨奉回，收贮寺库。

一、祀日，皇后诣祭。驾启后，本寺官员自东西长安门、午门，进景运门，赴乾清门，恭请斋戒牌、铜人。前期知会景运门护军统领，转传各门章京，出入不得拦阻。

例案　乾隆七年议准，皇后亲享先蚕，先期致斋戒二日，恭设斋戒牌、铜人于交泰殿。九年定，皇后亲蚕，前期四日，由寺以斋戒事宜，知会内务府、内膳房。十一年，遵旨议准，先蚕坛遣妃致祭，前期斋戒二日，不进铜人。

斋戒

一、皇后亲蚕典礼及陪祀各事宜，由内务府于先期具奏，候旨遵行。

一、恭享先蚕之神，应陪祀之妃嫔、公主、福晋以下，文官三品、武官二品以上命妇，均于祀前二日，一体斋戒。

预备

一、皇后亲蚕典礼，前期行文光禄寺照例预备福酒、福胙。

一、前期行文工部于祀前三日，赴坛张盖幄次，并幄次内铺设等项照例预备。

一、前期移会工部派员于祀前一日，赴坛预备各处炉内应用炭饼。

一、遣官行礼，前期行文内务府，将祀日应行作乐之处转交掌仪司，按例预备。

辨位

一、皇后亲蚕行礼位次。坛上正中为皇后拜位，北向。坛下西北为望瘗位，西向。当阶左右为陪祀妃嫔、公主、福晋拜位，稍南左右为陪祀命妇拜位，按翼分列，重行异等。东位西上，西位东上，均北面。

一、亲蚕典礼执事位次。坛上司拜褥女官二人立于皇后拜位左右，相仪女官二人立拜位后左右，均东西面。司香、司帛、司爵女官各一人。奉福胙女官二人，序立东案之东，西面。接福胙女官二人立于接福胙桌之南，东面。坛下典仪、唱乐女官各一人，当阶左立，西面。传赞女官六人，二人立于坛南，东西面。二人立于妃嫔、公主、福晋拜位左右。二人立于命妇拜位左右，均东西面。乐工、歌工序立于东西乐悬之次。掌瘗女官立于瘗坎之西北隅。

一、遣妃致祭先蚕行礼位次。阶下正中为妃拜位，北向。稍南左右为陪祀公主、福晋、命妇拜位，按翼分列，重行异等。东位西上，西位东上，均北面。

一、遣妃致祭先蚕执事位次。坛上司香、司帛、司爵女官各一人，序立东案之东，西面。坛下典仪、唱乐女官各一人，当阶左立，西面。传赞女官四人，二人立于坛南，二人立于公主、福晋、命妇拜位左右，均东西面。乐工、歌工并掌瘗女官按次序立，均与皇后亲蚕同。

例案　乾隆十一年遵旨议准，先蚕坛遣妃致祭行礼位次，照先农坛遣官恭代之例。

执事

一、皇后亲享先蚕及遣妃致祭，应用执事女官均于宫人选充。如不敷用，于内府及八旗命妇能国语者充之，均由内务府遴选具奏。

一、遣官行礼，应用执事官员均于本寺赞礼郎选充。

一、皇后亲蚕执事女官，用典仪、赞引、对引各一人。传赞三人。司香、司帛、司爵、奉福酒、奉福胙、接福酒、接福胙各一人。前引十人。司拜褥相仪各二人。唱乐、掌瘗各一人。预备八人。

一、遣妃行礼执事女官，用典仪、赞引、对引各一人。传赞三人。司香、司帛、司爵各一人。相仪二人。唱乐、掌瘗各一人。

一、遣官致祭执事官员，用典仪、赞引、对引、司香、司帛、司爵各一员。监礼二员。掌瘗一员。

例案　乾隆七年议准，皇后亲蚕女官执事均于宫人内选充。如不敷用，于内府及八旗命妇能国语者充之，均由内务府遴选具奏，并于内监中置蚕宫令一人、丞一人，专司蚕坛、茧馆诸务。十四年，致祭先蚕，遣内务府堂官行礼，一应执事均用太常寺官。

《钦定太常寺则例》卷六十四

皇后亲诣先蚕之礼

祀日，以辰正初刻恭请诣祭。本寺堂官暨内务府总管各一员，赴乾清门启奏。

祀日，请驾，用候时官二员于祀前一日赴寺守晚，预备启奏时辰。前期行文钦天监拣派预期开写职名送寺。

祀日五鼓，本寺堂官率属赴内启奏时辰。前期知会景运门护军统领，转传该门章京，至时启东华门放入。

祀前一日，本寺堂官诣神库以恭请神位之仪，指授蚕宫令退。翌日辰正一刻，蚕宫令诣神库香案前上香，毕。跪，三叩，兴。恭请先蚕神位。前引以内监十人提灯一对，左右列行，由午阶升坛，安奉于座。跪叩如初祀日。礼成。蚕宫令升坛诣神位前，跪，三叩，兴。恭请神位复御上香行礼，并与请神同。

皇后亲享先蚕行礼仪注

祭日，皇后仪仗设于顺贞门外。卯正初刻，内务府、太常寺堂官奏时，宫殿监督领侍转奏。辰正初刻，皇后升礼舆，由顺贞门、神武门、北上门入陟山门，陪祀之妃嫔后从。至坛内壝东门，皇后降舆，妃嫔亦降舆。前引女官十人，右赞引，左对引女官二人恭导皇后入具服殿，少憩。盥手，毕。妃嫔随入配殿祗候。传赞女官引公主、福晋，以及命妇等列于先蚕坛下，东西相向。赞引、对引奏请行礼。皇后具礼服，出具服殿，妃嫔从至坛下。赞引恭导皇后升坛诣拜褥前立。典仪唱执事官各司其事。赞引奏："就位。"皇后升拜褥上立。传赞引妃嫔、公主、福晋、命妇等各就位立。典仪唱："迎神。"典乐唱："奏迎神乐"。乐作。赞引奏就上香位，皇后诣香案前立，司香奉香盒跪于右，赞引奏："跪。"皇后跪。赞引奏："上香"。皇后举柱香，安香靠内。次三上瓣香，毕。赞引奏："兴。复位。"恭导皇后复位立。赞引奏："拜，跪，叩，兴。"皇后行六拜三跪三叩礼，兴。妃嫔以下俱随行礼，毕。乐止。典仪唱："奠帛爵，行初献礼。"司帛奉帛，司爵奉爵，诣神位前立。典乐唱："奏初献乐。"乐作。司帛献帛，行三叩礼，退。司爵献爵，跪献案上正中，退。乐止。典仪唱："行亚献礼。"司爵奉爵诣神位前立。典乐唱："奏亚献乐"。乐作。司爵跪献案左，退。乐止。典仪唱："行终献礼。"司爵奉爵诣神位前立。典乐唱："奏终献乐。"乐作。司爵跪献案右，退。乐止。典仪唱："答福胙。"奉福胙二人恭奉福胙诣神位前拱举，退祗立于皇后拜位之右。接福胙二人进立于左。赞引奏："跪。"皇后跪，左右女官皆跪。赞引奏："饮福酒。"右女官进福酒，皇后受爵拱举，授左女官。赞引奏："受胙。"右女官进胙，皇后受胙拱举，授左女官。赞引奏："叩，兴。"皇后行一叩礼，退。妃嫔以下不随行礼，次行谢福胙礼。赞引奏："拜，跪，叩，兴。"皇后行四拜二跪二叩礼，兴。妃嫔以下俱随行礼，毕。典仪唱:"彻馔。"典乐唱:"奏彻馔乐"。乐作。乐止。典仪唱:"送神。"典乐唱:"奏送神乐。"乐作。赞引奏:"拜,跪,叩,兴。"皇后行六拜三跪三叩礼,兴。妃嫔以下俱随行礼,毕。乐止。典仪唱:"奉香、帛、馔,恭送瘗所。"司香、司帛、司馔诣神位前跪。司帛三叩,司香馔不叩。各奉起,依次送至瘗所。赞引、对引恭导皇后转立东旁,俟香帛馔过,毕。赞引、对引恭导皇后复位立。典仪唱:"望瘗。"赞引奏:"诣望瘗位。"数帛官数帛。赞引、对引恭导皇后诣望瘗位立,望瘗。赞引奏:"礼毕。"恭导皇后至具服殿少憩,仍恭导至降舆处,升舆还宫。

遣妃行礼仪注

是日,陪祀之大臣、命妇预集坛内东西两旁。于辰正初刻,掌仪官报知宫殿监督领侍请妃行礼。辰正三刻,妃具礼服,乘轿,由顺贞门、神武门、北上门入陟山门,至坛内壝西门降轿。赞引、对引女官引入盥手处盥手,毕。引至坛阶下行礼位稍后立。传赞女官引命妇于行礼处立。典仪唱执事官各司其事。赞引官赞:"就位。"引妃至行礼处立。典仪唱:"迎神"。典乐唱:"奏迎神乐。"乐作。赞引赞:"升坛"。引妃由西阶诣香案前立。司香奉香盒跪于右。赞引赞:"跪。"妃跪。赞:"上香。"妃举柱香,安香靠内。次三上瓣香,毕。赞引赞:"兴。复位。"引妃复位,赞引赞:"拜,跪,叩,兴"。妃行六拜三跪三叩礼,兴。陪祀命妇俱随行礼,毕。乐止。典仪唱:"奠帛爵,行初献礼。"司帛奉帛,司爵奉爵诣神位前立。典乐唱:"奏初献乐。"乐作。司帛献帛,行三叩礼,退。司爵跪献于案上正中,退。乐止。典仪唱:"行亚献礼。"司爵奉爵诣神位前立。典乐唱:"奏亚献乐。"乐作。司爵跪献案左,退。乐止。典仪唱:"行终献礼。"司爵奉爵诣神位前立。典乐唱:"奏终献乐。"乐作。司爵跪献案右,退。乐止。典仪唱:"彻馔。"典乐唱:"奏彻馔乐。"乐作,乐止。典仪唱:"送神。"典乐唱:"奏送神乐。"乐作。赞引赞:"拜,跪,叩,兴"。妃行六拜三跪三叩礼,兴。陪祀命妇俱随行礼,毕。乐止。典仪唱:"奉香帛馔,恭送瘗所。"司香、司帛、司馔诣神位前跪。司帛三叩,司香、司馔不叩。各奉起,依次送至瘗所。赞引、对引引妃转拜位西立。香帛过,引妃复位立。典仪唱:"视瘗。"数帛官数帛。赞引赞:"视瘗。"赞引、对引引妃诣视瘗位立,望瘗。赞引赞:"礼成。"赞引、对引引妃至坛壝西门外降轿处,乘轿还宫。

遣官行礼仪注

祭日，承祭官穿朝服预候，导引官二员引承祭官至先蚕坛南门外。赞引官、对引官接引承祭官至盥洗处，赞："盥洗。"承祭官盥洗，毕。仍引至坛下行礼处立。典仪官唱执事官各司其事。赞引官赞："就位。"承祭官就位立。典仪官唱："瘗毛血，迎神"。奉香官恭奉香盒就前向上立。典乐唱："奏迎神乐。"乐作。赞引官赞："升坛。"引承祭官升坛右阶至香炉前立。赞："上香。"承祭官先举柱香，安香靠内。次三上瓣香，毕。赞："旋位。"引承祭官至原处立，赞引官赞："跪，叩，兴。"承祭官行三跪九叩礼，兴。乐止。典仪官唱："奠帛爵，行初献礼。"献帛爵官恭奉帛爵就前向上立。典乐唱："奏初献乐。"乐作。献帛爵官各就案前立，献帛官跪献帛于案正中，行三叩礼。献爵官跪献爵于爵垫正中，各退，乐止。典仪官唱："行亚献礼。"献爵官奉爵就前向上立。典乐唱："奏亚献乐。"乐作。献爵官如初献仪，献于爵垫左，退。乐止。典仪官唱："行终献礼。"献爵官奉爵就前向上立。典乐唱："奏终献乐。"乐作。献爵官献爵如亚献仪，献于爵垫右，退。乐止。典仪官唱："彻馔。"典乐唱："奏彻馔乐。"乐作。乐止。典仪官唱："送神。"典乐唱："奏送神乐。"乐作。赞引官赞："跪，叩，兴。"承祭官行三跪九叩礼，兴。乐止。典仪官唱："奉帛馔，恭送瘗位。"奉香帛馔官各就案前跪。奉帛官行三叩礼。奉香馔官不叩。各奉起，依次送往瘗位时赞引官引承祭官转立西旁，候帛、馔、香过，毕，仍引复位立。典仪官唱："望瘗。"赞引官赞："诣望瘗位。"引承祭官至瘗位前立。数帛官数帛。赞引官赞："礼毕。"同对引官引承祭官由原进门出。

执事仪节

皇后亲享先蚕时，陪祀公主、福晋、命妇及执事女官均朝服预集坛内。辰正初刻，本寺卿暨内务府总管各一人赴乾清门奏时，宫殿监督领侍转奏。皇后御礼服，乘凤舆出宫，如仪。陪祀妃嫔咸乘礼舆从。至内壝左门，相仪女官二人跪奏请降舆。皇后降舆，妃嫔咸降舆从。前引女官十人，右赞引，左对引女官二人恭导皇后入具服殿少俟，妃嫔随入别殿祗俟。传赞女官引公主、福晋、命妇等于具服殿门外东西序立祗候。盥洗就位时，相仪诣具服殿奏请行礼。皇后出殿盥手时，司盥跪奉盥。司巾跪奉巾，盥毕，诣坛。妃嫔以下均随行。司拜褥女官预铺拜褥于坛上，拜次。赞引、对引女官恭导皇后升中阶拜位前，北面立。前引十人止立坛下。相仪二人随侍。传赞引妃嫔、公主、福晋及命妇均就拜位序立。迎神时,典仪唱:"迎神。"句毕。司香奉香进至香案前祗俟。赞引奏:"就上香位。"句毕。暨对引女官恭导皇后诣香案前立。对引至案前止立。司香预跪。赞引奏:"上香。"句毕。司香进香。皇后上香,毕。赞引奏:"复位。"暨对引恭导皇后复位立,奏:"跪,拜,兴。"皇后行六拜三跪三叩礼。传赞女官赞:"跪,叩,兴。"妃嫔以下均随行礼。三献时,典仪唱:"奠帛爵,行初献礼。"句毕。司帛奉帛,司爵奉爵,进至案前止立。俟乐作时,司帛跪奠于案,三叩,兴。司爵跪献于垫中,兴。皆退。亚献,司爵跪献于左。终献,司爵跪献于右。仪如初献。受福胙时,典仪唱:"答福胙。"句毕。奉福酒、福胙二人祗立于皇后拜位之右。接福酒、福胙二人祗立于皇后拜位之左俟。赞引奏:"跪。"皇后跪,左右女官皆跪。奏:"引福酒。"右女官进福酒。皇后受爵拱举,授左女官。次受胙如饮福之仪。赞引奏:"叩,兴。"皇后行一叩礼,兴。妃嫔以下均不随叩,次行谢福胙礼。赞引奏:"拜,跪,叩,兴。"皇后行四拜二跪二叩礼,兴。妃嫔以下均随行礼。送神望瘗时,典仪唱:"送神。"句毕。赞引奏:"拜,跪,叩,兴。"皇后行六拜三跪三叩礼,兴。妃嫔以下均随行礼。典仪唱:"奉帛香馔,送瘗。"句毕。奉帛香馔女官各奉帛香馔恭送瘗所。赞引恭导皇后转拜位东旁,西向立。司拜褥女官起拜褥,俟香帛过,毕,仍铺拜褥。典仪唱:"望瘗。"陪祀妃嫔、公主、福晋、命妇退,赞引暨对引恭导皇后诣望瘗位望瘗。奏:"礼成。"恭导皇后诣具服殿更衣,妃嫔随入配殿更衣。

《钦定太常寺则例》卷六十五

(道光十五年三月初七日)

总管内务府等衙门谨奏,为奏闻事恭照本年三月初十日巳时,皇后祭先蚕坛。是日,皇后仪仗设于顺贞门外。卯正初刻,内务府、太常寺堂官奏闻宫殿监督领侍太监转奏。辰正初刻,皇后升舆出顺贞门、神武门,进北上门,由西栅栏进陟山门,陪祀之妃嫔后从。皇后至坛内壝东门,皇后降舆,妃嫔亦降舆。赞引女官、对引女官、前引女官前引,入具服殿,少憩,盥手毕。妃嫔亦在别室少憩。传赞女官先引福晋以下及命妇等列于先蚕坛下,东西相向。赞引女官、对引女官奏请皇后具礼服,出具服殿。妃嫔从至坛下。赞引女官恭导皇后升坛，诣拜褥前立。典仪女官、唱执事女官各司其事。赞引女官奏："就位。"皇后升拜褥上立。传赞女官引妃嫔、福晋以下命妇等各就位立。典仪女官唱："迎神。"典乐女官唱迎神乐，奏《麻平之章》。乐作。赞引女官奏："就上香位。"皇后诣香案前立。司香女官捧香盒跪于右。赞引女官奏："跪。"皇后跪。赞引女官奏："上香。"皇后举炷香，安香靠内。又三上瓣香，毕。赞引女官奏："兴。复位。"恭导皇后复位立。赞引女官奏："拜，跪，叩，兴。"皇后行六拜三跪三叩头礼，兴。妃嫔以下俱随行礼，毕。乐止。典仪女官唱："奠帛爵，行初献礼。"司帛女官捧帛，司爵女官捧爵诣神位前立。典乐女官唱初献乐，奏《承平之章》。乐作。司帛女官献帛，行三叩头礼，退。司爵女官献爵，跪献案上正中，退。乐止。典仪女官唱："行亚献礼。"司爵女官捧爵诣神位前立。典乐女官唱亚献乐，奏《均平之章》。乐作。司爵女官跪献案左，退。乐止。典仪女官唱："行终献礼。"司爵女官捧爵诣神位前立。典乐女官唱终献乐，奏《齐平之章》。乐作。司爵女官跪献案右，退。乐止。典仪女官唱："赐福胙。"捧福酒女官一人捧酒，捧福胙女官一人捧胙，于神位前拱举，诣皇后右跪。接酒女官一人，接胙女官一人，诣皇后左跪。赞引女官奏："跪。"皇后跪。奏："饮福酒。"皇后受爵拱举，授接爵女官。赞引女官奏："受福胙。"皇后受胙，拱举授接胙女官。赞引女官奏："叩。兴。"皇后行一叩头礼，兴。妃嫔不随行礼，随行饮福受胙礼。赞引女官奏："拜，跪，叩，兴。"皇后行四拜二跪二叩头礼，兴。妃嫔以下俱随行礼，毕。典仪女官唱："撤馔。"典乐女官唱撤馔乐，奏《柔平之章》。乐作。乐止。典仪女官唱："送神。"典乐女官唱送神乐，奏《洽平之章》。乐作。赞引女官奏："拜，跪，叩，兴。"皇后行六拜三跪三叩头礼，兴。妃嫔以下俱随行礼，毕。乐止。典仪女官唱："捧香帛馔，恭送瘗所。"司香、司帛、司馔女官诣神位前跪。司帛女官三叩头，捧帛。司香、司馔女官捧香、馔同起，送至坛下西隅瘗所。赞引女官、对引女官引皇后转拜位东立。俟香帛过，皇后仍复位立。典仪女官唱："视瘗。"俟数帛女官数帛。赞引女官奏："视瘗"。赞引女官、对引女官恭导皇后诣视瘗位，立望瘗。赞引女官奏："礼成。"赞引女官、对引女官恭导皇后至具服殿少憩。仍恭导至升舆处，乘舆还宫。为此谨具奏闻。

道光十五年三月初七日
总管内务府大臣　臣耆英
总管内务府大臣　臣敬征
总管内务府大臣管理乐部事务　臣禧恩
总管内务府大臣　臣奕纪
总管内务府大臣　臣阿尔邦阿
总管内务府大臣　臣克蒙额
礼部尚书兼管太常寺事务　臣载铨
礼部左侍郎兼管太常寺事务　臣色克精额
内阁学士兼管太常寺事务　臣连贵
太常寺卿　臣隆勋
太常寺少卿　臣毛树棠
管理乐部事务和硕定亲王　臣奕绍
署理乐部事务和硕肃亲王　臣敬敏

《清宫内务府奏销档》

（光绪十五年三月初六日）

总管内务府等衙门谨奏，为奏闻事。恭照本年三月十二日巳时，皇后祭先蚕坛。是日，皇后仪仗设于顺贞门外。卯正初刻，内务府、太常寺堂官奏闻宫殿监督领侍，太监转奏。辰正初刻，皇后乘舆出顺贞门、神武门，进北上门，由西栅栏进陟山门，陪祀之嫔位后从。皇后至坛内壝东门，皇后降舆，嫔位亦降舆。赞引女官、对引女官、前引女官前引入具服殿少憩，盥手，毕，嫔位亦在别室少憩。传赞女官先引福晋以下命妇等序立于先蚕坛下，东西相向。赞引女官、对引女官奏请皇后具礼服，出具服殿。嫔位从至坛下。赞引女官恭导皇后升坛诣拜褥前立。典仪女官、唱执事女官各司其事。赞引女官奏："就位。"皇后升拜褥上立。传赞女官引嫔位、福晋以下命妇等各就位立。典仪女官唱："迎神。"典乐女官唱迎神乐，奏《庥平之章》。乐作。赞引女官奏："就上香位。"皇后诣香案前立。司香女官捧香盒跪于右。赞引女官奏："跪。"皇后跪。赞引女官奏："上香"。皇后举炷香，安香靠内。又三上瓣香，毕。赞引女官奏：

"兴。复位。"恭导皇后复位立。赞引女官奏:"拜,跪,叩,兴。"皇后行六拜三跪三叩头礼,兴。嫔位以下俱随行礼,毕。乐止。典仪女官唱:"奠帛爵,行初献礼。"司帛女官捧帛,司爵女官捧爵诣神位前立。典乐女官唱初献乐,奏《承平之章》。乐作。司帛女官献帛,行三叩头礼,退。司爵女官献爵,跪献案上正中,退。乐止。典仪女官唱:"行亚献礼。"司爵女官捧爵诣神位前立。典乐女官唱亚献乐,奏《均平之章》。乐作。司爵女官跪献案左,退。乐止。典仪女官唱:"行终献礼。"司爵女官捧爵诣神位前立。典乐女官唱终献乐,奏《齐平之章》。乐作。司爵女官跪献案右,退。乐止。典仪女官唱:"答福胙。"捧福酒女官一人捧酒。捧福胙女官一人捧胙于神位前拱举,诣皇后右跪。接酒女官一人、接胙女官一人诣皇后左跪。赞引女官奏:"跪。"皇后跪。奏:"饮福酒。"皇后受爵拱举,授接爵女官。赞引女官奏:"受福胙。"皇后受胙拱举,授接胙女官。赞引女官奏:"叩,兴。"皇后行一叩头礼,兴。此行礼时,嫔位以下不随行礼。赞引女官奏:"拜,跪,叩,兴。"皇后行四拜二跪二叩头礼。嫔位以下俱随行礼,兴。典仪女官唱:"撤馔。"典乐女官唱撤馔乐,奏《柔平之章》。乐作。乐止。典仪女官唱:"送神。"典乐女官唱送神乐,奏《洽平之章》。乐作。赞引女官奏:"拜,跪,叩,兴。"皇后行六拜三跪三叩头礼,兴。嫔位以下俱随行礼,毕。乐止。典仪女官唱:"捧香帛馔,恭送瘗所。"司香、司帛、司馔女官诣神位前跪。司帛女官三叩头,捧帛。司香、司馔女官捧香馔同起,送至坛下西隅瘗所。赞引女官、对引女官引皇后转拜位东立。俟香帛馔过,皇后仍复位立。典仪女官唱:"望瘗。"赞引女官奏:"望瘗"。赞引女官、对引女官恭导皇后诣望瘗位望瘗。数帛女官数帛。赞引女官奏:"礼成。"赞引女官、对引女官恭导皇后至具服殿,少憩。仍恭导至升舆处,乘舆还宫。为此谨具奏闻。

光绪十五年三月初六日
总管内务府大臣　臣宗室福锟
总管内务府大臣　臣嵩申
总管内务府大臣管理乐部事务　臣师曾
总管内务府大臣　臣巴克坦布
总管内务府大臣　臣崇光

礼部尚书管理太常寺事务　臣宗室奎润
太常寺卿　臣荣惠
太常寺卿　臣徐致祥
内阁侍读学士署理太常寺少卿　臣宗室溥顾
鸿胪寺卿署理太常寺少卿　臣李端遇
管理乐部事务多罗贝勒　臣载澍

《清宫内务府奏销档》

亲蚕事宜仪节

凡亲蚕之礼，置桑田于西苑先蚕坛之东南，中为躬桑位。筑台于桑田北，为皇后观采桑之位。设蚕母二人，蚕妇二十七人，掌蚕事。置内监蚕宫令、丞各一人以董之。岁季春吉巳，皇后躬祀先蚕礼成。如蚕已生，则于次日。如蚕未生，则内务府奏请另择日行躬桑礼。豫期宫殿监督领侍奏请妃嫔二位，内务府奏以公主、福晋、夫人三人，命妇四人，从采桑。所司于桑田设从采桑位于台南，东西立表以识。前期一日，宫殿监设案于交泰殿中。内务府奉宸苑堂官率所属以龙亭一、彩亭二，陈采桑具。皇后金钩、黄筐，从采桑妃嫔银钩、柘黄筐，福晋、夫人、命妇铁钩、朱筐，各储亭内。由内务府入隆宗门至内右门外亭止。宫殿监督领侍率蚕宫令丞暨内监恭奉入，至交泰殿，次第陈于案。宫殿监督领侍等奏请皇后吉服御交泰殿。阅采桑具毕，奏礼成。皇后还宫。内监奉出内右门，仍陈各亭内。銮仪校舁行，前列旗仗，和声署作乐前导，送采桑所。陈龙亭于台右，陈采亭于东西从采桑位。至日，豫引从采桑暨侍班公主、福晋、命妇咸采服，至观采桑台左右恭俟。礼部内务府堂官诣乾清门奏请。宫殿监督领侍等接奏。皇后率从采桑妃嫔咸吉服，乘舆出宫。导从如常仪。至内壝东门外降舆，御茧馆。相仪女官二人，奉钩、筐立于台前左右东西面。掌仪司内监率歌采桑辞内监十人，司金鼓版笛笙箫内监二十四人立台前。麾五色彩旗内监四十人，于桑田内东西面，鱼贯序立。传赞女官二人，立台前左右。不从采桑公主、福晋、命妇序立于台侧。典仪女官奏请行采桑礼。皇后出茧馆，引礼女官恭导，至采桑位，南向立。从采桑妃嫔、公主、福晋、夫人、命妇以次就采桑位，东西面立。传赞引不从采桑公主、福晋、夫人、命妇至台南左右隅，南向立。相仪二人北面跪进钩、筐，兴，退。皇后右执钩，左执筐。蚕母二人恭助皇后行采桑礼。内监扬彩旗鸣金鼓，歌采桑辞。皇后于第一行东西三采毕，歌止。相仪二人北面跪受钩、筐，皆兴，奉钩仍设龙亭内。典仪奏请御观采桑台。皇后由午阶升座。妃嫔侍立于台上左右。传赞引公主、福晋、夫人、命妇于台下东西面序立，均北上。从采桑妃嫔、公主福晋、夫人、命妇以次受钩、筐。蚕妇二人助采。妃嫔于第二行各五采。福晋、夫人于第三行，命妇于第四行，各九采。毕，释钩、筐，入侍班位立。执事女官各设钩于彩亭。传赞引蚕母升阶，至皇后前北面跪。相仪举筐授蚕母。蚕母祗受，兴，引退至蚕室切之。授蚕妇洒于箔，蚕母还告。典仪奏请御茧馆。皇后降阶。前引暨赞引女官恭导，赞引相仪从，妃嫔以下咸从。典仪奏请皇后升座。传赞赞行礼。赞引引从采桑暨侍班妃嫔、公主、福晋、命妇在丹陛上。蚕母、蚕妇在丹墀。各就拜位。北面行六肃三跪三叩礼毕。典仪跪奏礼成。皇后降座，引从如初，至内壝东门外，乘舆还宫。公主、福晋、命妇以次退。至献茧日，蚕母率蚕妇择佳茧，储以筐，恭献皇后。皇后献皇帝、皇太后，以告蚕事之登，遂率妃嫔乘舆出宫，导从如仪，亲临织室。蚕母率蚕妇全献茧之所登者。皇后行缫三盆手礼。妃嫔从缫，以五为节，蚕妇助之，毕。遂布于蚕妇之吉者使缫，既成丝，乃命染人朱绿黄元之，以供郊庙黼黻之用。礼成，赐执事女官暨蚕妇银币有差。如蚕未生，另期行躬桑礼。前期，皇后散斋一日，不进铜人。从采桑妃嫔、公主、福晋命妇九人，一体斋戒一日。皇后不亲蚕之年，遣妃祭先蚕坛。翼日，蚕宫令监视蚕妇行采桑礼。

亲蚕典礼

（乾隆）七年议准，皇后亲享先蚕，暨躬桑礼，分两日举行。每岁以季春之巳吉日祭先蚕，躬桑。以蚕生未眠之前，风日晴和为良日。若致祭之明日，蚕尚未生，俟蚕生时，内务府具奏。若蚕已生，即于是日进筐、钩。皇后御交泰殿阅视。又明日行躬桑礼。又议准，皇后躬桑，从采桑者九人，妃嫔二位、公主、福晋以下、辅国公夫人以上三人。文官左副都御史等官以上，武官副都统暨二品官以上，命妇共四人。公主、福晋、夫人等，由宗人府开送。大臣命妇，由内务府开送，均于前期一月，移取无事故者，奏请钦点。又定设蚕宫令一人、丞一人，经理蚕务。以首领内监充补，由宫殿监督领侍遴选，列名奏请钦点。又定设蚕母二人。于内外命妇中，择年高迪吉、娴于礼仪者为之，总理礼仪之事，不必移居蚕室。皇后躬桑，率蚕妇以从，献茧、奉茧以进。皇后缫三盆手，相其仪。蚕妇二十七人，以旧经内苑育蚕熟悉蚕事者为之，居蚕室，朝夕饲养。又议准执事女官典仪二人，掌奏请皇后行礼之仪。赞引二人，掌恭导皇后行礼之仪。传赞六人，掌分导从采暨蚕母受筐唱赞行礼之仪。对引二人掌引导。前引十人在对引前导引。相仪二人在皇后后随宜襄赞。补缺八人，凡执事有遗缺者补之。前期三月，内务府列应执事人名，奏请钦点。命下之日，令内监监视习仪。礼成之后，分别赏赉。临期内务府请旨行。又议准皇后采桑时，照耕耤三十六禾辞之例，唱采桑歌。执彩旗者四十人，司金鼓版六人，司笙箫笛十有八人，歌者十人，在桑林外东西序列，咸以内监充之。先期令内监监视演习。又议准茧成之日，蚕妇报蚕宫令，蚕宫令报内务府。择献茧及缫丝吉期以闻。及期，蚕母率蚕妇，择茧之圆洁者储筐，献皇后。皇后受茧以献皇帝，仍分赐妃嫔讫。皇后率妃嫔亲临织室。蚕母、蚕妇全献茧之所登者。相仪命妇奉盆水，蚕母纳茧于盆，以手出绪握其总，跪进皇后。皇后受总，亲缫三。少退立。妃嫔进缫，以五为节毕。遂布于蚕妇之吉者使缫。九年奏准，赏执事女官皆表里各二匹，蚕母各银二十两，蚕妇各银十两。嘉庆十六年谕，内务府奏开列恭从采桑福晋命妇清单。奏请钦点一折，每年皇后亲蚕，以福晋命妇七人，随从采桑。系属大典，乃近年来开列单内，除近支福晋外，大率系皇后姻亲，意欲借此请安，所以年年开送，其余多托故不与。此次开列单内仅止九人。其中大臣命妇则止有二人。自系各该大臣等，不令其妻恭豫典礼。是以托故不行开送。似此积渐因循。必致开列人数，不敷点派。成何事体？此次姑就单内圈出七人，以备典礼。嗣后各该大臣命妇，除实系有故，照例声明，免其开送外，其余俱着一并开列。如仍前托故规避，致人数短少。着内务府查明无故不到者，将该命妇之夫参处。

光绪《清会典事例》卷三一四

每年季春之月，皇后亲享先蚕。由礼部豫札钦天监选择三月吉巳日致祭。具题请旨，皇后亲蚕。先期致斋二日，恭设斋戒牌铜人于交泰殿。届期以太牢享先蚕之神。不读祝文，行三献礼，饮福受胙，并与皇帝亲享先农礼同。妃嫔、公主、福晋以下，文官三品、武官二品大臣命妇以上，咸致斋陪祭。女官执事者，典仪一人，赞引二人，传赞三人，奉香盘一人，奠帛一人，献爵一人，奉福酒、接福酒各一人，奉福胙、接福胙各一人（以上皆各备一人）。前引十人，相仪二人，补缺八人（诸执事有遗缺者补之），均于宫人内选充。如不敷用，于内府及八旗命妇能国语者充之，均由内务府遴选具奏。宫殿监督领侍先期选委内监演礼。其应用祭品，及享先蚕乐章，均由各该衙门敬谨办理。并于内监中置蚕宫令一人、丞一人，专司蚕坛、茧馆诸务。

光绪《清会典事例》卷四三九

未明前三刻，步军统领饬所部清跸除道。自神武门至先蚕坛门，御道左右途巷，皆设布障。陪祀公主、福晋、命妇及执事女官均朝服，豫集坛内。銮仪卫率内监，陈仪驾卤簿于顺贞门外。（其尉以内监充）辰正初刻，太常寺卿暨大臣各一人，赴乾清门奏时。宫殿监督领侍转奏。皇后御礼服乘凤舆出宫如仪，陪祀妃嫔咸乘舆从。由顺贞门、神武门、北上门，入陟山门至内壝左门。相仪女官二人跪奏，请降舆。皇后降舆，妃嫔咸降舆从。前引女官十人，右赞引、左对引女官二人，恭导皇后入具服殿少俟，妃嫔随入配殿祇俟。传赞女官引公主、福晋、命妇等于具服殿门外，东西序立祇俟。辰正一刻，蚕宫令诣神库上香，跪，三叩，兴。恭请先蚕神位。内监十人前引入坛，奉安座上毕。相仪奏请行礼。皇后出具服殿盥，司盥跪奉盥，司巾跪奉巾，盥毕，诣坛。妃嫔以下随行。司拜褥女官，豫布拜褥于坛上拜次。赞引对引女官，恭导皇后升中阶，就拜位前北向立。前引十人止立坛下。相仪二人随侍。传赞引妃嫔、公主、福晋及命妇，均就拜位序立。典仪赞执事者各共乃职。赞引奏就位。皇后就位立。典仪赞迎神。司香奉香进，至香案前祇俟。司乐赞举迎神乐。奏《麻平之章》。乐作，赞引奏就上香位，暨对引恭导皇后诣香案前立。对引至案前止立。司香跪。赞引奏跪。皇后跪。奏上香。司香进香。皇后上炷香三，上瓣香。兴。赞引奏复位，暨对引恭导皇后复位立。奏跪拜兴。皇后行六肃三跪三拜礼。传赞赞跪叩兴。妃嫔以下随行礼。乐止，典仪赞奠帛爵。行初献礼，司帛奉篚，司爵奉爵，进至案前祇俟。司乐赞举初献乐，奏《承平之章》。乐作，司帛跪献篚。奠于案。一叩兴。司爵跪献爵，奠于垫中。兴，皆退。乐止，典仪赞行亚献礼。司乐赞举亚献乐，奏《均平之章》。乐作。司爵献爵于左，如初献仪。乐止，典仪赞行终献礼。司乐赞举终献乐，奏《齐平之章》。乐作。司爵献爵于右，如亚献仪。乐止。典仪赞答福胙。奉福胙二人。恭奉福胙诣神位前拱举。退，祗立于皇后拜位之右。接福胙二人，进立于左。赞引奏跪。皇后跪。左右女官皆跪。奏饮福酒。右女官进福酒。皇后受爵拱举，授左女官。次授胙，如饮福之仪。赞引奏拜兴。皇后一拜兴。又奏跪拜兴。皇后行四肃二跪二拜礼，妃嫔以下均随行礼。兴，典仪赞彻馔。司乐赞举彻馔乐。奏《柔平之章》。乐作，彻毕。乐止，典仪赞送神。司乐赞举送神乐，奏《洽平之章》。乐作。赞引奏跪拜兴。皇后率妃嫔以下行六肃三跪三拜礼。乐止。典仪赞奉帛香馔送瘗。司帛诣神位前跪。一叩。司帛奉筐。兴。司香跪奉香。司爵跪奉馔。兴。以次恭送瘗所。皇后转立拜位旁，西向（司拜褥女官起拜褥）。俟香帛过（仍布拜褥），皇后复位立。典仪赞望瘗。陪祀妃嫔、公主、福晋、命妇退。赞引奏诣望瘗位。乐作。恭导皇后诣望瘗位望瘗。奏礼成。恭导皇后诣具服殿更衣。妃嫔随入配殿更衣。乐止。蚕宫令恭请神位复御，上香行礼如仪。皇后还宫。宫殿监侍彻交泰殿斋戒牌铜人，授太常寺官送寺。若遣妃致祭先蚕，先二日，妃及陪祀之公主、福晋、命妇均致斋，所司供具如式。至日昧爽，妃朝服乘舆诣坛。清道除辟如常仪。至内壝右门，降舆入，行礼于阶下。上香赞升坛。升降均由东阶。妃嫔不陪祀，不饮福受胙，香帛送瘗，避立西旁，余如前仪。

光绪《清会典事例》卷一一八六

（嘉庆）十四年奏，本年季春吉巳日，致祭先蚕坛。钦奉谕旨，遣大臣致祭。其养蚕应否，仍交奉宸苑，蚕宫令董率蚕母、蚕妇饲养。奉旨，不必饲养。十九年，会典馆呈进亲蚕则例，内采具钩、筐，由乾清门出入。奉旨，均改为内右门。道光元年奏准，南府（道光七年改名升平署）内中和乐，恭遇三月皇后祭先蚕坛，承应中和韶乐。四月，皇后采桑伺候作乐。四年奏准，恭从皇后采桑福晋、命妇，如再咨报人数不敷奏派，请旨派总管首领太监，分往各王公大臣家逐一查验。

皇后躬桑

前期一月，内务府交宫殿监督领侍奏请妃嫔二位。内务府奏请以公主、福晋、郡主、贝勒贝子夫人三人，一二品大臣命妇四人，恭从皇后躬桑。如蚕未生，则俟蚕生。如蚕已生，即于享先蚕之翼日，内务府总管大臣以龙亭一，设皇后采桑金钩、黄筐，以彩亭二，设妃嫔采桑银钩、柘黄筐，公主、福晋、夫人、命妇铁钩、朱筐，舁至内右门。宫殿监督领侍等受进，陈于交泰殿。恭请皇后御吉服。阅钩筐礼成。内监舁亭出内右门，授蚕官，用乐导引至坛内。次日质明，设皇后仪驾于顺贞门外。巳刻，内务府礼部堂官奏时。宫殿监督领侍奏请皇后行躬桑礼。皇后吉服，乘舆出宫，妃嫔乘舆从，各执事女官皆从。皇后至坛门外降舆。前引命妇十人，相仪女官二人，恭导皇后至具服殿。传赞引妃嫔以下，各就东西采桑位。视桑之行列为尊卑，以北为上。凡陪祀入坛，不从采桑者，于台下左右序立，班齐。相仪奏请皇后采桑。掌仪司首领内监，率歌采桑歌内监十人，司金、鼓、版、笛、笙、箫内监二十四人，麾五色彩旗内监四十人，均于桑林外左右鱼贯序立。皇后至桑林前。传赞引侍班福晋、夫人、命妇，至台南左右隅，南向立。相仪二人，一人跪进金钩，皇后右手受之，一人跪进筠筐，皇后左手受之。采桑歌作，奏乐。皇后先至东第一株桑前，东面，采桑一条。次至西第一株桑前，仍东面，采桑二条，均蚕母二人助采。采毕，歌止。皇后授筐、钩于相仪二人。二人各跪受筐、钩。仍设钩于龙亭。传赞引侍班等复原位。典仪奏请御观桑台。皇后由午阶升台升座，视妃嫔以下，以次采桑。妃嫔、公主、福晋、夫人各采桑五条，命妇各采桑九条，均蚕妇助之。采毕，释钩、筐。女官各设钩于彩亭。妃嫔由台东西陛升，侍立于台上左右。公主、福晋以下皆复位立。典仪相仪引赞等，汇取诸筐授蚕母，蚕母跪受之，遂切叶以饲蚕，告成于典仪。皇后还具服殿，礼服升座。传赞引妃嫔以下命妇，及蚕母、蚕妇各就位，行六肃三跪三拜礼。礼成，皇后出殿，率妃嫔至坛门外，乘舆还宫。蚕母、蚕妇就蚕室将事。乾隆七年议准，皇后躬桑，以蚕生未眠时，风候和暖之日为期。其蚕母、蚕妇，令内务府于内府及八旗中，遴选熟谙蚕事并无事故者具奏。钦点蚕母六人，使居茧馆，以督蚕事；蚕妇二十七人，居蚕宫二十七从室，各治蚕事。如不得其人，即将康熙年间曾经内苑养蚕之人，选为蚕妇，于内外命妇中，择年高者二人为蚕母，承总其事，不必移居蚕室。又议准，恭遇皇后躬桑，照耕耤三十六禾词之例，唱采桑歌，在桑外东西径道排列，招展彩旗，奏乐唱歌。又议准，于太监内置蚕宫令、丞各一人，交宫殿监督领侍。将各执事首领酌量拣选数员开列。恭候钦点各一员，兼理蚕坛诸务。又议定，采桑歌用执彩旗太监四十名，司鼓版锣太监六名，唱采桑歌太监十名，女官四十六人，其女官于宫内拣选。如人数不敷，在内务府八旗中选择充补。九年议准，皇后躬桑，需用蚕妇二十七人，除内苑现有十二人外，余缺于内务府佐领管领下苏拉披甲人妻室内挑补。

光绪《清会典事例》卷一一八七

献茧

蚕事既毕，据报茧成后，择吉奏请皇后亲诣蚕宫。是日质明，蚕宫令献酒果，祭告先蚕之神。设缫丝器具于织室正殿。皇后常服，乘舆出宫，不设仪驾，妃嫔皆常服乘舆从。皇后至坛门外降舆。前引命妇十人，导皇后至茧馆，妃嫔随入。皇后升座，蚕母以茧之圆洁者献。皇后受茧，更亲择其圆洁者，分器恭储，以俟还宫后，恭献于皇帝。皇后择茧毕，仍分茧与妃嫔有差。皇后至缫丝处，相仪命妇二人，奉金盆注水，蚕母纳茧于盆，皇后濯茧出丝者三，蚕母助之。次妃嫔缫丝，各以五为节，蚕妇助之。礼成，遂布于蚕母、蚕妇。蚕母、蚕妇以礼成告。皇后率妃嫔至坛门外乘舆还宫。乾隆七年奏准，蚕母蚕妇居蚕室计三月。每月蚕母各给米二斛，蚕妇半之。九年奏，三月中旬桑叶始盛，择吉奏请行躬桑礼。四月中旬茧成，择吉奏请行献茧缫丝礼。其浴蚕逢眠上簇之日，皇后应否亲莅之处，临时奏请钦定。奉旨："浴蚕逢眠上簇之日，着内务府总管奏闻。"又题准，恭逢亲蚕盛典庆成，称丝效功，由内务府具本送交内阁具题。钦天监择吉，将所得丝斤，交织染局织造，染以朱绿元黄，以供郊庙祭祀之服。又奏准，皇后亲蚕躬桑礼成，执事女官四十六人，各赏缎二匹，绸二匹；蚕母二人，各赏银二十两；蚕妇二十七人，各赏银十两。二十一年奏，本月二十日蚕上簇。奉旨："蚕上簇，嗣后不必奏。"二十四年奏定，执事女官四十六人，各赏大缎一匹，绸一匹。三十一年议准，妃致祭先蚕坛，执事女官四十人，各赏银十两。三十九年议准，先蚕坛执事女官，每次各赏银十两，令酌减二两。

光绪《清会典事例》卷一一八七

豫日，乐部率掌仪司内监设乐于坛下左右。祭日，銮仪卫率内监陈皇后仪驾于顺贞门外。辰时五刻，太常卿暨内务府总管诣乾清门告时，宫殿监督领侍转奏皇后礼服乘鸾舆出宫，仪驾前导，陪祀妃嫔咸乘舆从。由顺贞门、神武门、北上门，入陟山门，至坛门外降舆。前引女官十人，赞引女官二人恭导皇后由下左门入，至具服殿，妃嫔入配殿恭候。传赞女官引公主、福晋、命妇位于坛下东西面。蚕宫令恭请先蚕神位，安奉黄幄。毕，相仪女官奏请行礼。皇后出具服殿盥洗，妃嫔随行。赞引女官恭导皇后由午阶升坛至黄幄次拜位前，北向立。前引女官十人于阶下两旁序立。相仪女官二人随升坛，左右稍后佥立。传赞女官引陪祀妃嫔、公主、福晋、命妇于坛下各就位序立，均北面。典仪女官赞执事官各共乃职。（以下自迎神至送神，皆典仪官唱赞）赞引奏："就位。"皇后就拜位立，乃瘗毛血迎神。司香女官奉香盘进，司乐女官赞："举迎神乐，奏《庥平之章》。"（凡举乐，皆同乐唱赞）赞引奏："上香位。"恭导皇后诣香案前。司香女官跪进香。赞引奏："跪。"皇后跪。奏："上香。"皇后上柱香，次上瓣香。奏："复位。"皇后复位。奏："跪，拜，兴。"（以下行礼皆有奏）皇后行六肃三跪三拜礼，妃嫔以下均随行礼。奠帛，行初献礼。司帛女官奉篚，司爵女官奉爵诣神位前，奏《承平之章》。司帛跪奠帛，一叩。司爵跪献爵，奠正中，皆退。行亚献礼，奏《均平之章》。司爵跪献爵，奠于左，仪如初献。行终献礼，奏《齐平之章》。司爵跪献爵。奠于右，仪如亚献。乐止。女官一人赞："答福胙。"奉福胙女官二人就东案，奉福胙至神位前拱举，降，立于皇后拜位之右。受福胙女官二人进立于左。皇后跪，左右执事女官皆跪，右官进福酒，皇后受爵拱举，授左官。进胙，受胙亦如之。行一拜礼，兴。率妃嫔以下行四肃二跪一拜礼。撤馔，奏《柔平之章》。撤馔毕，送神，奏《洽平之章》。皇后率妃嫔以下行六肃三拜礼。执事女官奉帛，次馔，次香，恭送瘗所。皇后转立拜位旁，西向，候帛馔过，复位，乃望瘗。乐作。恭导皇后降阶诣望瘗位望瘗，奏："礼成。"恭导皇后至具服殿更衣。蚕宫令恭奉神位还御。皇后乘舆还宫，妃嫔从，公主、福晋、命妇以次退。翼日，行躬桑礼。遣妃恭代行礼，至坛门外降舆。由右门入行礼，于坛下上香时赞引女官赞："升坛。"升降皆由东阶。不饮福受胙，妃嫔不陪祀，余仪同。翼日，蚕宫令监视蚕母、蚕妇行采桑礼，如皇帝遣官行礼，与享先农礼同。

乾隆七年议准，每年季春之月，皇后亲享先蚕。由礼部豫札钦天监选择三月吉巳日致祭。请旨后，交太常寺届期具题。又议准，先蚕坛祭器帛匣等物，太常寺将陈设之仪指示掌仪司太监。内务府堂官、宫殿监督领侍莅之。事毕，太常寺官出。由内务府彻交掌仪司太监、蚕宫令丞敬谨收储。又议准，享先蚕之神，宫殿监督领侍先期选委内监演礼。九年，定皇后亲蚕，前期四日由太常寺以斋戒事宜，知会内务府内膳房。嗣后每年致祭先蚕，或皇后亲诣行礼，或遣妃恭代，礼部照例两请具题。如遇遣妃恭代之年，着内务府请旨。其遣妃致祭，前期斋戒二日，不进铜人。行礼位次，照先农坛遣官恭代之例。其公主、福晋、命妇仍陪祀如仪。十四年奉旨，皇后亲蚕典礼。经朕降旨，若遇不行亲祭之年，遣妃一人恭代。前因内阁礼部会议册立皇贵妃礼仪一疏，复经降旨，册封典礼，于本年三月后举行。其亲蚕典礼，俟正位中宫后，该部照例奏请。今据礼部奏称本年三月内，先蚕祭期，请照例遣妃致祭，此于礼意未协。夫妃所恭代者，代皇后也。有皇后，则妃可承命行事。皇贵妃未经正位中宫，则亲蚕之礼，尚不当举行，何得遣妃恭代？应照皇帝不亲行耕耤、顺天府尹致祭先农之例，内务府总管大臣或礼部太常寺堂官、奉宸苑卿内酌派一人致祭，方足以明等威而昭仪制。该部即遵谕行，将此载入《会典》。

《皇朝掌故汇编》内编卷三十四

岁季春吉巳，皇后亲享先蚕之礼。皇后率妃嫔以下诣坛，行六肃三跪三拜礼。礼成，皇后诣具服殿更衣，妃嫔随入配殿更衣。还宫。越日，皇后乃率从桑之妃嫔、公主、福晋、命妇行躬桑礼。

凡遣妃致祭先蚕之礼。先二日，妃及陪祀之公主、福晋、命妇均致斋，所司供具如式。至日昧爽，妃朝服乘舆诣坛，清道辟除，如常仪。至内壝右门降舆入。行礼于阶下。上香。赞："升坛。"升降均由东阶。妃嫔不陪祀，不饮福受胙。香帛送瘗，避立西旁。余如前仪。翼日，蚕宫令监视蚕母及蚕妇行采桑礼。

凡皇帝遣官致祭先蚕之礼，所司供具如前仪。至日鸡初鸣，遣官朝服诣坛，赞引、太常寺赞礼郎二人引，由左侧门入。行礼仪节与享先农同。

《皇朝政典类纂》礼一至三三

先蚕，清初未列祀典。康熙时，立蚕舍丰泽园，始兴蚕绩。雍正十三年，河东总督王士俊疏请祀先蚕，略言："《周礼》郑注上引房星，以马神为蚕神。蚕、马同出天驷，然天驷可云马祖，实非蚕神。《淮南子》引蚕经，黄帝元妃西陵氏始蚕，其制衣裳自此始。汉祀菀窳妇人、寓氏公主，事本无稽。先蚕之名，礼经不载。隋始有坛，建宫北三里，高四尺。《唐会要》，遣有司飨先蚕如先农。宋景德三年，命官摄祀。有明厘正祀典，百神各依本号，如农始炎帝，止称先农神，则蚕始黄帝，亦宜止称先蚕神。按周制，蚕于北郊。今京师建坛，亦北郊为宜。"部议然之。侍郎图理琛奏立先蚕祠安定门外，岁季春吉巳，遣太常卿祀以少牢，未及行。

乾隆七年，始敕议亲蚕典礼，议者以郊外道远，且水源不通，无浴蚕所。考唐、宋时后妃亲蚕，多在宫苑中，明亦改建西苑。高宗鉴往制，允其议。命所司相度，遂建坛苑东北隅，三面树桑柘。坛东为观桑台，前桑园，后亲蚕门。其内亲蚕殿，后浴蚕池，池北为后殿。宫左为蚕妇浴蚕河。南北木桥二，南桥东即先蚕神殿也。左曰蚕署，北桥东曰蚕所，皆符古制云。

是岁，定皇后飨先蚕礼，立蚕室，豫奉先蚕西陵氏神位。届日辰初刻，后礼服乘凤辇出宫，至内壝左门降，入具服殿，妃、嫔从。盥讫，升中阶，就南阶上拜位，六肃，三跪，三拜。谢福胙礼三减一。不读祝。爵三献。凡拜跪，妃、嫔坛下皆行礼。余如飨先农仪。礼成还宫。越日，行躬桑礼。先是，筑台桑田北，置蚕母二人，蚕妇二十七人，蚕宫令、丞各一人承其事。后散斋一日，从采桑妃、嫔以下毕斋。是日昧爽，从桑侍班公主等祗候南门内。巳初刻，后出宫，妃、嫔从，诣西苑，入具服殿。传赞分引妃、嫔、公主等就采桑位，典仪奏请后行礼。出诣桑畦北正中，相仪二人，跽进筐、钩，后右持钩，左提筐，东行畦外。内监扬采旗，鸣金鼓，歌采桑辞，后东西三采毕，歌止，相仪跽受筐、钩。后御观桑台，以次妃、嫔、公主等五采，命妇九采。讫。蚕母北面跪，典仪举筐授之，祗受退。切之，授蚕妇，洒于箔。后御茧馆，传赞引妃、嫔等行礼讫，还宫。蚕事毕，蚕母、蚕妇择茧贮筐以献。卜吉行治茧礼，后复诣坛临织室，缫三盆，手遂布于蚕妇以终事。寻侍郎三德疏言："亲蚕典礼，为旷世巨仪，请将坛址宫殿规制、兴工告成日期，宣付史馆。"诏从之。九年三月，始亲蚕如仪。

寻定后不亲莅,遣妃代行,行礼阶下,升降自东阶,不饮福,受胙,不陪祀。十四年,礼部请遣妃代祀。时皇贵妃未正位中宫,帝谕曰:"妃所代,代后也。位未正,何代为?"因命内府大臣行礼。洎皇后册立,始亲飨。嗣后或躬亲,或官摄,或妃代,并取旨行。

其行省所祭,惟乾隆五十九年,定浙江轩辕黄帝庙蚕神暨杭、嘉、湖属蚕神祠,岁祭列入祀典,祭器视先农。

《清史稿》志五十八

三、祭祀记载

（嘉靖九年）三月，始立先蚕氏之祭。

四月，皇后行亲蚕礼于西苑。先是，礼部以皇后亲蚕即行于内苑，复具仪以请。上览之曰："亲耕无贺，此安得贺，第行叩头礼？教坊司女乐止筵宴用，勿前导，余如所拟。"仍命赐蚕母王氏等二十七人各布一匹。

《国朝典汇》卷十八

（嘉靖九年）三月丁巳，皇后行亲蚕礼于北郊，祭先蚕氏。

《明实录·世宗实录》卷一百十一

洪武二年二月，命皇后率内外命妇，蚕于北郊。

嘉靖九年正月丙午，作先蚕坛于北郊。初，给事中夏言请皇后亲蚕；以为耕、蚕礼本并行，不宜偏废。帝召礼官详考古制。大学士张璁等，请于安定门外建先蚕坛，从之。三月丁巳，皇后亲蚕于北郊。礼毕，亲诣采桑坛，公主及内外命妇从之。赐宴毕，还宫。逾月，蚕事告成，复行浴茧礼。

十年，改筑先蚕坛于西苑仁寿宫侧。四月丁巳，皇后行亲蚕礼于西苑。十六年，诏罢之，仍命进蚕具如常仪，遣女官祭先蚕。三十一年，罢亲蚕礼。四十一年，并罢所司奏请。

《明会要》卷八

乾隆三年三月丁巳，遣官祭先蚕之神。

《清实录·高宗实录》卷六十四

乾隆四年三月丁巳，遣官祭先蚕之神。

《清实录·高宗实录》卷八十八

乾隆五年三月乙巳，遣官祭先蚕之神。

《清实录·高宗实录》卷一百十二

乾隆六年三月己巳，遣官祭先蚕之神。

《清实录·高宗实录》卷一百三十八

乾隆七年三月己巳，遣官祭先蚕之神。

《清实录·高宗实录》卷一百六十二

乾隆八年三月丁巳，遣官祭先蚕之神。

《清实录·高宗实录》卷一百八十六

乾隆九年三月吉巳，皇后亲享先蚕坛，翼日行躬桑之礼。

《清朝文献通考·郊社十二》卷一百二

乾隆十一年二月辛酉，是日，祭先蚕之神，遣妃恭代皇后行礼。

《清实录·高宗实录》卷二百五十九

乾隆十二年三月癸巳，是日，祭先蚕之神，皇后亲诣行礼。

《清实录·高宗实录》卷二百八十六

乾隆十四年三月丁巳，遣官祭先蚕之神。

《清实录·高宗实录》卷三百三十六

乾隆十五年三月丁巳，遣官祭先蚕之神。

《清实录·高宗实录》卷三百六十

乾隆十六年三月丁巳，遣官祭先蚕之神。

《清实录·高宗实录》卷三百八十五

乾隆十七年三月己巳，遣官祭先蚕之神。

《清实录·高宗实录》卷四百十

乾隆十八年三月己巳，遣官祭先蚕之神。

《清实录·高宗实录》卷四百三十四

乾隆十九年三月己巳，祭先蚕之神，皇后亲诣行礼。

《清实录·高宗实录》卷四百五十九

乾隆二十年三月辛巳，遣官祭先蚕之神。

《清实录·高宗实录》卷四百八十四

乾隆二十一年三月辛巳，遣官祭先蚕之神。

《清实录·高宗实录》卷五百八

乾隆二十二年三月癸巳，祭先蚕之神，遣妃恭代皇后行礼。

《清实录·高宗实录》卷五百三十四

乾隆二十三年三月癸巳，祭先蚕之神，皇后亲诣行礼。

《清实录·高宗实录》卷五百五十八

乾隆二十四年三月辛巳朔，祭先蚕之神，皇后亲诣行礼。

《清实录·高宗实录》卷五百八十二

乾隆二十五年三月丁巳，祭先蚕之神，皇后亲诣行礼。

《清实录·高宗实录》卷六百八

乾隆二十六年三月乙巳，祭先蚕之神，遣妃恭代皇后行礼。

《清实录·高宗实录》卷六百三十二

乾隆二十七年三月丁巳，祭先蚕之神，遣妃恭代皇后行礼。

《清实录·高宗实录》卷六百五十七

乾隆二十八年三月己巳，祭先蚕之神，皇后亲诣行礼。

《清实录·高宗实录》卷六百八十二

乾隆二十九年。
三月丁巳，祭先蚕之神，皇后亲诣行礼。

《清实录·高宗实录》卷七百六

乾隆三十年三月辛巳，祭先蚕之神，遣妃恭代皇后行礼。

《清实录·高宗实录》卷七百三十二

乾隆三十一年三月辛巳，祭先蚕之神，遣妃恭代皇后行礼。

《清实录·高宗实录》卷七百五十六

乾隆三十二年三月己巳，祭先蚕之神，遣妃行礼。

《清实录·高宗实录》卷七百八十

乾隆三十三年三月癸巳，祭先蚕之神，遣妃行礼。

《清实录·高宗实录》卷八百六

乾隆三十四年三月癸巳，祭先蚕之神，遣妃行礼。

《清实录·高宗实录》卷八百三十

乾隆三十五年三月辛巳，祭先蚕之神，遣妃行礼。

《清实录·高宗实录》卷八百五十四

乾隆三十六年三月丁巳，祭先蚕之神，遣妃行礼。

《清实录·高宗实录》卷八百八十一

乾隆三十七年三月丁巳，祭先蚕之神，遣妃行礼。

《清实录·高宗实录》卷九百五

乾隆三十八年三月丁巳，祭先蚕之神，遣妃行礼。

《清实录·高宗实录》卷九百二十九

乾隆三十九年三月丁巳，祭先蚕之神，遣妃行礼。

《清实录·高宗实录》卷九百五十四

乾隆四十年三月丁巳，祭先蚕之神，遣妃行礼。

《清实录·高宗实录》卷九百七十八

乾隆四十一年二月己巳，祭先蚕之神，遣妃行礼。

《清实录·高宗实录》卷一千三

乾隆四十二年三月己巳，祭先蚕之神，遣怡亲王福晋行礼。

《清实录·高宗实录》卷一千二十八

乾隆四十三年三月，祭先蚕之神，遣妃行礼。

《清实录·高宗实录》卷一千五十二

乾隆四十四年三月乙巳，祭先蚕之神，遣妃行礼。

《清实录·高宗实录》卷一千七十九

乾隆四十五年三月甲申，祭先蚕之神，遣妃行礼。

《清实录·高宗实录》卷一千一百二

乾隆四十六年三月甲戌朔，祭先蚕之神，遣妃行礼。

《清实录·高宗实录》卷一千一百二十六

乾隆四十七年壬寅三月乙巳，祭先蚕之神，遣妃行礼。

《清实录·高宗实录》卷一千一百五十二

乾隆四十八年三月癸巳，祭先蚕之神，遣妃行礼。

《清实录·高宗实录》卷一千一百七十六

乾隆四十九年三月癸巳，祭先蚕之神，遣妃行礼。

《清实录·高宗实录》卷一千二百

乾隆五十年三月丁巳，祭先蚕之神，遣妃行礼。

《清实录·高宗实录》卷一千二百二十六

乾隆五十一年三月丁巳，祭先蚕之神，遣妃行礼。

《清实录·高宗实录》卷一千二百五十

乾隆五十二年三月辛巳，祭先蚕之神，遣妃行礼。

《清实录·高宗实录》卷一千二百七十六

乾隆五十三年三月乙亥，祭先蚕之神，遣妃行礼。

《清实录·高宗实录》卷一千三百

乾隆五十四年三月己巳，祭先蚕之神，遣妃行礼。

《清实录·高宗实录》卷一千三百二十四

乾隆五十五年三月癸巳，祭先蚕之神，遣妃行礼。

《清实录·高宗实录》卷一千三百五十

乾隆五十六年三月辛巳，祭先蚕之神，遣妃行礼。

《清实录·高宗实录》卷一千三百七十四

乾隆五十七年二月己巳，祭先蚕之神，遣妃行礼。

《清实录·高宗实录》卷一千三百九十七

乾隆五十八年三月乙巳，祭先蚕之神，遣妃行礼。

《清实录·高宗实录》卷一千四百二十四

乾隆五十九年三月癸巳，祭先蚕之神，遣妃行礼。

《清实录·高宗实录》卷一千四百四十八

乾隆六十年三月丁巳，祭先蚕之神，遣妃行礼。

《清实录·高宗实录》卷一千四百七十四

嘉庆元年三月己巳，祭先蚕之神，皇后亲诣行礼。

《清实录·仁宗实录》卷三

嘉庆二年三月丁巳，祭先蚕之神，遣妃恭代行礼。

《清实录·仁宗实录》卷十五

嘉庆三年三月辛巳，祭先蚕之神，遣妃恭代行礼。

《清实录·仁宗实录》卷二十八

嘉庆四年三月辛巳，祭先蚕之神，遣王福晋行礼。

《清实录·仁宗实录》卷四十一

嘉庆五年三月己巳，祭先蚕之神，遣妃行礼。

《清实录·仁宗实录》卷六十二

嘉庆六年三月辛巳，祭先蚕之神，遣妃行礼。

《清实录·仁宗实录》卷八十

嘉庆七年二月己巳，祭先蚕之神，皇后亲诣行礼。

《清实录·仁宗实录》卷九十四

嘉庆八年闰二月辛巳，祭先蚕之神，皇后亲诣行礼。

《清实录·仁宗实录》卷一百九

嘉庆九年三月癸巳，祭先蚕之神，遣妃恭代行礼。

《清实录·仁宗实录》卷一百二十七

嘉庆十年三月癸巳，祭先蚕之神，遣妃恭代行礼。

《清实录·仁宗实录》卷一百四十一

嘉庆十一年三月丁巳，祭先蚕之神，皇后亲诣行礼。

《清实录·仁宗实录》卷一百五十八

嘉庆十二年三月乙巳，祭先蚕之神，皇后亲诣行礼。

《清实录·仁宗实录》卷一百七十六

嘉庆十三年三月乙巳，祭先蚕之神，皇后亲诣行礼。

《清实录·仁宗实录》卷一百九十三

嘉庆十四年三月己巳，祭先蚕之神，遣妃恭代行礼。

《清实录·仁宗实录》卷二百八

嘉庆十五年三月己巳，祭先蚕之神，皇后亲诣行礼。

《清实录·仁宗实录》卷二百二十七

嘉庆十六年三月丁巳，祭先蚕之神，皇后亲诣行礼。

《清实录·仁宗实录》卷二百四十

嘉庆十七年三月，祭先蚕之神，皇后亲诣行礼。

《清实录·仁宗实录》卷二百五十五

嘉庆十八年三月辛巳，祭先蚕之神，皇后亲诣行礼。

《清实录·仁宗实录》卷二百六十七

嘉庆十九年三月癸巳，祭先蚕之神，皇后亲诣行礼。

《清实录·仁宗实录》卷二百八十七

嘉庆二十年三月癸巳，祭先蚕之神，皇后亲诣行礼。

《清实录·仁宗实录》卷三百四

嘉庆二十一年三月辛巳朔，祭先蚕之神，皇后亲诣行礼。

《清实录·仁宗实录》卷三百十七

嘉庆二十二年二月癸巳，祭先蚕之神，皇后亲诣行礼。

《清实录·仁宗实录》卷三百二十七

嘉庆二十三年三月乙巳，祭先蚕之神，皇后亲诣行礼。

《清实录·仁宗实录》卷三百四十

嘉庆二十四年三月癸巳朔，祭先蚕之神，遣妃恭代行礼。

《清实录·仁宗实录》卷三百五十五

嘉庆二十五年三月己巳，祭先蚕之神，遣妃恭代行礼。
《清实录·仁宗实录》卷三百六十八

道光元年三月丁巳，祭先蚕之神，遣王福晋行礼。
《清实录·宣宗实录》卷十四

道光二年三月丁巳，祭先蚕之神，遣王福晋行礼。
《清实录·宣宗实录》卷三十一

道光三年三月辛巳，祭先蚕之神，皇后亲诣行礼。
《清实录·宣宗实录》卷五十

道光四年三月己巳，祭先蚕之神，皇后亲诣行礼。
《清实录·宣宗实录》卷六十六

道光五年三月癸巳，祭先蚕之神，皇后亲诣行礼。
《清实录·宣宗实录》卷八十

道光六年三月癸巳，祭先蚕之神，皇后亲诣行礼。
《清实录·宣宗实录》卷九十六

道光七年三月辛巳，祭先蚕之神，皇后亲诣行礼。
《清实录·宣宗实录》卷一百十五

道光八年三月乙巳，祭先蚕之神，皇后亲诣行礼。
《清实录·宣宗实录》卷一百三十四

道光九年三月丁巳，祭先蚕之神，皇后亲诣行礼。
《清实录·宣宗实录》卷一百五十四

道光十年三月癸巳，祭先蚕之神，皇后亲诣行礼。

《清实录·宣宗实录》卷一百六十六

道光十一年三月丁巳，祭先蚕之神，皇后亲诣行礼。

《清实录·宣宗实录》卷一百八十五

道光十二年三月丁巳，祭先蚕之神，皇后亲诣行礼。

《清实录·宣宗实录》卷二百七

道光十三年三月辛巳，祭先蚕之神，遣妃恭代行礼。

《清实录·宣宗实录》卷二百三十三

道光十四年三月己巳，祭先蚕之神，皇贵妃亲诣行礼。

《清实录·宣宗实录》卷二百五十

道光十五年三月己巳，祭先蚕之神，皇后亲诣行礼。

《清实录·宣宗实录》卷二百六十四

道光十六年三月癸巳，祭先蚕之神，皇后亲诣行礼。

《清实录·宣宗实录》卷二百八十

道光十七年三月癸巳，祭先蚕之神，遣妃行礼。

《清实录·宣宗实录》卷二百九十五

道光十八年三月辛巳，祭先蚕之神，皇后亲诣行礼。

《清实录·宣宗实录》卷三百七

道光十九年三月乙巳，祭先蚕之神，皇后亲诣行礼。

《清实录·宣宗实录》卷三百二十

道光二十年三月乙巳，遣官祭先蚕之神。

《清实录·宣宗实录》卷三百三十二

道光二十一年三月乙巳，遣官祭先蚕之神。

《清实录·宣宗实录》卷三百四十九

道光二十二年三月丁巳，遣官祭先蚕之神。

《清实录·宣宗实录》卷三百六十九

道光二十三年三月丁巳，遣官祭先蚕之神。

《清实录·宣宗实录》卷三百九十

道光二十四年三月己巳，遣官祭先蚕之神。

《清实录·宣宗实录》卷四百三

道光二十五年三月己巳，遣官祭先蚕之神。

《清实录·宣宗实录》卷四百十五

道光二十六年三月己巳，遣官祭先蚕之神。

《清实录·宣宗实录》卷四百二十七

道光二十七年三月辛巳，遣官祭先蚕之神。

《清实录·宣宗实录》卷四百四十

道光二十八年三月癸巳，遣官祭先蚕之神。

《清实录·宣宗实录》卷四百五十三

道光二十九年三月辛巳，遣官祭先蚕之神。

《清实录·宣宗实录》卷四百六十五

道光三十年三月癸巳，遣官祭先蚕之神。

《清实录·文宗实录》卷五

咸丰元年三月癸巳，祭先蚕之神，遣内务府大臣柏葰行礼。

《清实录·文宗实录》卷二十九

咸丰二年三月，祭先蚕之神，遣内务府大臣柏葰行礼。

《清实录·文宗实录》卷五十五

咸丰三年三月乙巳朔，祭先蚕之神，皇后亲诣行礼。

《清实录·文宗实录》卷八十七

咸丰四年三月乙巳，祭先蚕之神，皇后亲诣行礼。

《清实录·文宗实录》卷一百二十三

咸丰五年三月己巳，祭先蚕之神，遣嫔行礼。

《清实录·文宗实录》卷一百六十一

咸丰六年三月己巳，祭先蚕之神，皇后亲诣行礼。

《清实录·文宗实录》卷一百九十三

咸丰七年三月己巳，祭先蚕之神，皇后亲诣行礼。

《清实录·文宗实录》卷二百二十二

咸丰八年三月辛巳，祭先蚕之神，皇后亲诣行礼。

《清实录·文宗实录》卷二百四十七

咸丰九年三月癸巳，祭先蚕之神，遣婉嫔行礼。

《清实录·文宗实录》卷二百七十九

咸丰十年三月癸巳，祭先蚕之神，皇后亲诣行礼。

《清实录·文宗实录》卷三百十一

咸丰十一年三月癸巳，祭先蚕之神，遣王福晋行礼。

《清实录·文宗实录》卷三百四十五

同治元年三月癸巳，祭先蚕之神，遣内务府大臣恩醇行礼。

《清实录·穆宗实录》卷二十二

同治二年二月乙巳，祭先蚕之神，遣总管内务府大臣明善行礼。

《清实录·穆宗实录》卷五十九

同治三年三月乙巳，祭先蚕之神，遣总管内务府大臣明善行礼。

《清实录·穆宗实录》卷九十六

同治四年三月乙巳，祭先蚕之神，遣总管内务府大臣明善行礼。

《清实录·穆宗实录》卷一百三十二

同治五年三月己巳，祭先蚕之神，遣总管内务府大臣存诚行礼。

《清实录·穆宗实录》卷一百七十一

同治六年三月丁巳，祭先蚕之神，遣总管内务府大臣崇纶行礼。

《清实录·穆宗实录》卷一百九十八

同治七年三月己巳，祭先蚕之神，遣总管内务府大臣存诚行礼。

《清实录·穆宗实录》卷二百二十七

同治八年三月辛巳，祭先蚕之神，遣总管内务府大臣春佑行礼。

《清实录·穆宗实录》卷二百五十四

同治九年三月己巳，祭先蚕之神，遣总管内务府大臣存诚行礼。

《清实录·穆宗实录》卷二百七十八

同治十年三月癸巳，祭先蚕之神，遣内务府大臣春佑行礼。

《清实录·穆宗实录》卷三百七

同治十一年三月癸巳，祭先蚕之神，遣总管内务府大臣春佑行礼。

《清实录·穆宗实录》卷三百三十

同治十二年三月辛巳，祭先蚕之神，遣慧妃行礼。

《清实录·穆宗实录》卷三百五十

同治十三年三月乙巳，祭先蚕之神，遣慧妃行礼。

《清实录·穆宗实录》卷三百六十四

光绪二年三月乙巳，遣官祭先蚕之神。

《清实录·德宗实录》卷二十七

光绪十一年三月乙巳，遣官祭先蚕之神。

《清实录·德宗实录》卷二百五

光绪十五年三月丁巳，祭先蚕之神，皇后亲诣行亲蚕礼。

《清实录·德宗实录》卷二百六十八

光绪十六年三月辛巳，皇后亲蚕，诣先蚕坛行礼。

《清实录·德宗实录》卷二百八十三

光绪十七年三月己巳，皇后亲蚕，诣先蚕坛行礼。

《清实录·德宗实录》卷二百九十五

五月辛未,皇后亲诣先蚕坛,举行献茧缫丝礼。

《清实录·德宗实录》卷二百九十七

光绪十八年三月己巳,皇后亲蚕,诣先蚕坛行礼。

《清实录·德宗实录》卷三百九

光绪十九年二月辛巳,遣官祭先蚕之神。

《清实录·德宗实录》卷三百二十一

光绪二十一年三月癸巳,祭先蚕之神,皇后亲诣行亲蚕礼。

《清实录·德宗实录》卷三百六十四

光绪二十三年三月癸巳,遣官祭先蚕之神。

《清实录·德宗实录》卷四百二

五月己亥,皇后亲诣先蚕坛,举行献茧缫丝礼。

《清实录·德宗实录》卷四百五

光绪二十四年夏四月丁未,皇后亲蚕,诣先蚕坛,举行献茧缫丝礼。

《清实录·德宗实录》卷四百十八

光绪二十六年夏四月甲午,祭先蚕之神,皇后亲诣行礼。

《清实录·德宗实录》卷四百六十二

光绪二十八年夏四月辛丑,皇后躬桑,诣先蚕坛行礼。

《清实录·德宗实录》卷四百九十八

光绪三十年三月辛巳,祭先蚕之神,皇后亲诣行礼。

《清实录·德宗实录》卷五百二十八

光绪三十一年三月辛巳,祭先蚕之神,皇后亲诣行礼。

《清实录·德宗实录》卷五百四十三

光绪三十二年三月辛巳,祭先蚕之神,皇后亲诣行礼。

《清实录·德宗实录》卷五百五十七

光绪三十三年三月癸巳,祭先蚕之神,皇后亲诣行礼。

《清实录·德宗实录》卷五百七十一

光绪三十四年三月癸巳,祭先蚕之神,皇后亲诣行礼。

《清实录·德宗实录》卷五百八十八

五月丙申,皇后诣先蚕坛,行献茧缫丝礼。

《清实录·德宗实录》卷五百九十一

宣统元年闰二月乙巳,祭先蚕之神,遣内务府大臣奎俊行礼。

《宣统政纪》卷十

宣统三年三月丁巳,祭先蚕之神,遣总管内务府大臣增崇行礼。

《宣统政纪》卷五十一

(乾隆)九年三月,皇后亲享先蚕坛。翼日,行躬桑之礼。十一年二月,定致祭先蚕遣妃恭代之礼。十四年二月,奉谕旨:"先蚕祭期,礼部奏请,照例遣妃恭代,此于礼意未协。夫妃所恭代者,代皇后也。有皇后,则妃可承命行事。皇贵妃未经正位中宫,则亲蚕之礼尚不当举行,何德贵妃恭代。应照皇帝不亲行耕耤、顺天府尹致祭先农之例,于内务府总管或礼部、太常寺堂官、奉宸苑卿内酌派一人致祭,足以明等威而昭仪制。"于是礼部遵行,并载入《会典》。惟皇后册立乃复举亲享先蚕及躬桑之礼。

《清朝通志》卷三十七

（乾隆十一年）是年，遣内务府堂官行礼。上香由西阶升降，一应执事均用太常寺官。十五年奏，十六年季春吉巳，宜享先蚕。值圣驾南巡，尚未回銮。拟遵照皇后不行亲祭之年，请遣妃一人恭代行礼。奉旨："皇后行礼后，再遣妃恭代行礼。"十六年，遣内务府堂官行礼，一应礼仪与十四年同。十九年，题三月二十九日致祭先蚕坛。奉旨："奉皇太后懿旨，皇后亲诣行礼。"（谨案，自是年以后，致祭先蚕坛礼仪均同）三十一年，题三月十二日致祭先蚕坛。奉旨："遣妃代皇后行礼。"（谨案，自三十二年以后，届期均由内务府奏闻请旨遵行）。

嘉庆元年，题三月二十三日致祭先蚕坛。奉旨："皇后亲诣行礼。"二年，奏准三月十七日祭先蚕坛，此次应贵妃致祭行礼，届期由内务府奏闻请旨。三年，奏准三月十七日祭先蚕坛，此次应皇贵妃致祭行礼，届期由内务府奏闻请旨。四年，祭先蚕坛，奏请遣王福晋恭代行礼。七年，题二月二十八日致祭先蚕坛。奉旨："皇后亲诣行礼。"八年，题闰二月十六日致祭先蚕坛。奉旨："皇后亲诣行礼。"九年，题三月初四日致祭先蚕坛。奉旨："皇后亲诣行礼。"十年，奏准三月初九日致祭先蚕坛，请旨遣妃恭代皇后行礼。十一年，题三月初九日致祭先蚕坛。奉旨："皇后亲诣行礼。"（谨案，自是年以后，每年季春巳日，致祭先蚕坛，皆奉旨皇后亲诣行礼。）十四年，奏准三月初九日致祭先蚕坛，请旨遣妃恭代皇后行礼。十五年，题三月初三日致祭先蚕坛。奉旨："皇后亲诣行礼。"（谨案，自是年以后，致祭先蚕坛。皆奉旨皇后亲诣行礼，二十三年以后俱遣官行礼）道光元年三月初七日致祭先蚕坛。奉旨："遣王福晋恭代行礼。"（二年同）。三年，题三月十二日致祭先蚕坛。奉旨："皇后亲诣行礼。"（谨案，自是年后，致祭先蚕坛，均遣官行礼）十四年，致祭先蚕坛。奉旨："遣皇贵妃行礼。"十五年，题致祭先蚕坛。奉旨："皇后亲诣行礼。"（谨案，自是年以后，祭先蚕坛均奉旨，皇后亲诣行礼）二十年三月十五日致祭先蚕坛。奉旨："着派内务府大臣行礼。"又奏准遣官致祭先蚕坛，照遣官致祭先农坛之例，由西阶升降，一应执事，均用太常寺官，一切事宜，交太常寺办理。二十一年三月二十日致祭先蚕坛。奉旨："此后着派内务府大臣行礼，毋庸双请。"（谨案，自是年以后，祭先蚕坛皆奏请遣官行礼）咸丰元年三月初六日致祭先蚕坛。奉旨："遣官行礼。"（二年同）三年，题三月初一日致祭先蚕坛。奉旨："皇后亲诣行礼。"（四年同）五年，题三月初七日致祭先蚕坛。奉旨："遣妃行礼。"六年，题三月十二日致祭先蚕坛。奉旨："皇后亲诣行礼。"（七年八年均同）九年，题三月十一日致祭先蚕坛。奉旨："遣妃恭代行礼。"是日因恭逢孝贤纯皇后忌辰，改于三月二十三日行礼。十年，题三月二十九日致祭先蚕坛。奉旨："皇后亲诣行礼。"十一年，题三月初五日致祭先蚕坛。奉旨："着派内务府大臣行礼。"同治元年，题三月十一日致祭先蚕坛。奉旨："着派内务府大臣行礼。"（谨案，自是年以后，致祭先蚕坛，均题请遣内务府大臣行礼）十二年，题三月初三日致祭先蚕坛。奉旨："遣妃恭代行礼。"（十三年同）光绪元年，题三月初八日致祭先蚕坛。奉旨："遣内务府大臣行礼。"（谨案，自是年以后，致祭先蚕坛，均题请遣内务府大臣行礼）十五年，题三月十二日致祭先蚕坛。奉旨："皇后亲诣行礼。"（十六年至二十二年均同）

光绪《清会典事例》卷四三九

（乾隆）

九年三月吉巳，皇后亲享先蚕坛。翼日，行躬桑之礼。

七年之秋既定，皇后亲蚕礼。冬十二月，礼部具疏以亲享先蚕吉期，上请钦奉皇太后懿旨，皇后亲诣行礼。是年，首举亲蚕大典，行礼如仪。

是年定，皇后亲蚕。前期四日，由太常寺以斋戒事宜，知会内务府、内膳房。

十一年二月谕："从前建立蚕祠，未议皇后亲蚕之礼，是以照祭祀例遣官。今既举行皇后亲蚕典礼，若遇不行亲祭之年，自应遣妃一人恭代。所有行礼仪注，大学士会议具奏。"寻议上，嗣后每年皇后亲蚕或遣妃恭代，礼部两请具题，如遇遣妃恭代之年，着内务府请旨。

其遣妃致祭，前期斋戒二日，不进铜人。行礼位次，照先农坛遣官恭代之例。公主、福晋、命妇仍陪祀如仪。

十四年二月，奉旨："皇后亲蚕典礼，经朕降旨，若遇不行亲祭之年，遣妃一人恭代。前因内阁礼部会议册立皇贵妃礼仪一疏，复经降旨册封典礼，于本年三月后举行其亲蚕典礼。俟正位中宫后，该部照例奏请。今据礼部奏称，本年三月内先蚕祭期，请照例遣妃致祭，此于礼意未协。夫妃所恭代者，代皇后也。有皇后，则妃可承命行事。皇贵妃未经正位中宫，则亲蚕之礼尚不当举行，何得遣妃恭代。应照皇帝不亲行耕耤、顺天府尹致祭先农之例，内务府总管大臣或礼部、太常寺堂官、奉宸苑卿内酌派一人致祭，方足以明等威而昭仪制，该部即遵谕行，将此载入《会典》。"

及皇后册立，乃复举亲享先蚕及躬桑之礼，皇后亲祭仪。

是年，遣内务府堂官行礼上香，由西阶升降，一应执事，均用太常寺官。

十五年具奏，十六年季春吉巳宜享先蚕。值圣驾南巡，尚未回銮，拟遵照皇后不行亲祭之年，请遣妃一人恭代行礼，奉旨："皇后行礼后，再遣妃恭代行礼。"

十六年，遣内务府堂官行礼，一应礼仪与十四年同。

十九年具题，三月二十九日致祭先蚕坛。奉旨："奉皇太后懿旨皇后亲诣行礼。"（谨案，自是年以后，致祭先蚕坛礼仪均同）

三十一年具题，三月十二日致祭先蚕坛，奉旨："遣妃代皇后行礼。"（谨案，自三十二年以后，届期均由内务府奏闻请旨遵行）

《皇朝政典类纂》礼一至三

嘉庆元年三月二十三日，致祭先蚕坛，奉旨："皇后亲诣行礼。"（七年、八年、九年、十一、十二、十三、十五、十六、十七等年同）

二年奏准三月十七日，祭先蚕坛，此次应贵妃致祭行礼。

三年奏准三月十七日，祭先蚕坛，此次应皇贵妃致祭行礼。

十年奏准三月初九日，致祭先蚕坛，此次应请旨遣妃恭代皇后行礼。

十四年奏准三月初九日，祭先蚕坛，请旨遣妃恭代皇后行礼。

二十一年，奏请三月二十日蚕上簇，奉旨："蚕上簇，嗣后不必奏。"

又四月癸酉，皇后行躬桑礼。（二十二年、二十三年同）

二十四年奏定，执事女官四十六人各赏大缎一匹，绸一匹。

道光三年，皇后亲蚕亲诣行礼。（四年至十二年，又十五、十六、十八、十九等年同）

十三年亲蚕，遣妃躬代行礼。（十七年同）

十四年亲蚕，皇贵妃亲诣行礼。

二十年三月乙巳，致祭先蚕坛，派内务府大臣行礼。

又奏准遣官致祭先蚕坛，照遣官致祭先农坛之例，由西升降，一应执事，均用太常寺官，一切事宜，交太常寺办理。

二十三年三月乙巳，致祭先蚕坛，奉旨："此后着派内务府大臣行礼，毋庸奏请。"（是后致祭先蚕坛，皆奏请遣官行礼）

咸丰三年三月乙巳朔，皇后祀先蚕。（四年、六年、八年、十年同）

九年三月十一日，祭先蚕坛，遣妃恭代行礼。是日，因孝贤纯皇后忌辰，改三月二十三日行礼。

同治元年题，三月十一日，致祭先蚕坛，奉旨："着遣内务府大臣行礼。"（谨案自是年以后，致祭先蚕坛，均题请遣内务府大臣行礼）

十二年三月初三日，致祭先蚕坛，奉旨遣妃恭代行礼。（十三年同）

光绪元年题，三月初八日，致祭先蚕坛，奉旨："遣内务府大臣行礼。"（谨案，自是年以后，致祭先蚕坛，均题请遣内务府大臣行礼）

十五年题，三月十二日，致祭先蚕坛，奉旨："皇后亲诣行礼。"（十六年至二十二年均同）

宣统三年三月丁巳，祭先蚕坛，遣增崇行礼。

《清朝续文献通考》卷一百五十五

四、祭祀乐（祭乐、躬桑辞、乐制、乐器）

（嘉靖九年）

乐章

迎神，《贞和》

于穆惟神，肇启蚕桑。衣我万民，保有家邦。
合尺一合，六尺工尺。工尺一四，尺合四合。
兹举旷仪，春日载阳。恭迎霞驭，灵气洋洋。
尺一六尺，一四工合。工尺一四，工尺一合。

初献，《寿和》

神其临只，有苾其芬。乃献玉齍，乃奠丈纁。
合尺一合，一尺工尺。合四一四，一尺四合。
仰祈昭鉴，淑景氤氲。顾兹蚕妇，祁祁如云。
一尺工尺，六尺工尺。工尺一四，工尺一合。

亚献，《顺和》

载举清觞，蚕祀孔明。以格以飨，鼓瑟吹笙。
尺工一合，六工一尺。一尺一四，一尺一合。
阴教用彰，坤仪久贞。神之听之，鉴此禋诚。
六尺工尺，一四工合。工尺一四，尺一六尺。

终献，《宁和》

神之格思，桑土是宜。三缫七就，惟此茧丝。
合四一尺，六尺工尺。尺一工尺，一四工合。
献礼有终，神不我遗。锡我纯服，藻绘皇仪。
六工一尺，尺四工合。尺合一四，一尺四合。

彻馔,《安和》

俎豆具彻,式礼莫愆。既匡既敕,我祀孔虔。

合四一尺,六尺工尺。工尺一四,合四工合。

我思古人,葛覃惟贤。明灵歆只,永顾桑阡。

合四一尺,六尺工尺。工尺一四,一尺四合。

送神,《恒和》

神之升矣,日霁霞烝。相此女红,杼柚其兴。

合尺一合,六尺工尺。尺一合四,一尺四合。

兹返玄宫,鸾凤翔腾。瞻望弗及,永锡嘉征。

尺一上尺,六尺工尺。工尺一四,一尺四合。

《钦定四库全书》本《太常续考》卷八

皇后亲蚕宴内外命妇乐章

升座,《天香凤韶之曲》

春云缭绕芳郊,曙喜乾坤万象。咸舒兰自本,蕙圃迎仙驭,采柔条,攀茂树,蚕宫茧馆亲临御璧,月珠星照,太虚开筵,还驻翠销旟,万载垂贞誉。

进膳,《沽美酒》

蚕礼成,凤辇停,荐霞觞,列云屏。宫妃世妇仰坤宁,祥云映紫冥,同颂耀前星。

回宫,《御銮歌》

维天启圣皇,君耕籍,后躬桑,身先田织率万邦,天清地宁民康,物阜百谷用成,四夷来王,治化登唐虞,世发祯祥。

《礼部志稿》卷二十一

一、乐章,《迎神贞和》之曲:"于穆惟神,肇启蚕桑,衣我万民,保我家邦。兹举旷仪,春日载阳,恭迎霞驭,灵气洋洋。"《奠帛寿和之曲》[初献同]:"神其临只,有苾有芬,乃献玉瓒,乃奠文纁。仰祈昭鉴,淑气氤氲,顾兹蚕妇,祁祁如云。"《亚献顺和之曲》:"载举清觞,蚕祀孔明,以格以飨,鼓瑟吹笙。阴教用彰,坤仪允贞,神之听之,鉴此禋诚。"《终献宁和之曲》:"神之格思，桑土是宜，三缫七就，惟此茧丝。献礼有终，神不我遗，锡我纯服，藻绘皇仪。"《彻馔安和之曲》："俎豆具彻，式礼莫愆，既匡既敕，我祀孔虔。我思古人，葛覃惟贤，明灵歆只，永顾桑阡。"《送神恒和之曲》[望瘗同]："神之升矣，日霁霞蒸，相此女红，杼轴其兴。兹返玄宫，鸾凤翔腾，瞻望弗及，永锡嘉征。"

《礼部志稿》卷二十九

乾隆十一年正月庚午，钦定祭祀中和乐章名。……先蚕坛乐：迎神，《麻平》。奠帛、初献，《承平》。亚献，《均平》。终献，《齐平》。彻馔，《柔平》。送神，《洽平》。

《清实录·高宗实录》卷二百五十六

自圣祖仁皇帝以来，内苑养蚕以缫以织，用知民间作劳。世宗宪皇帝十三年，允礼臣议："京师直省建先蚕祠比先农。皇上御极之元年，先蚕祠成，有司致祀。七年，命议亲蚕典礼，乃于内苑为坛，置桑园，建蚕宫，从室设蚕母、蚕妇及女官。九年，皇后亲诣蚕坛，祭先蚕西陵氏。乐奏六成，器用琴四、瑟二、箫六、笛六、笙六、悬鼓一、杖鼓二、方响十六、云锣二、拍板二。蚕生，皇后躬桑，奏采桑歌。茧成，皇后复诣蚕坛献茧、缫丝、分布，蚕妇卒功，仍献茧于皇帝、皇太后。礼成，乐举实意流行，有周巨典，乃复见于今日矣。"

乐章

迎神，奏《麻平之章》

轩辕御箓时，西陵位正妃。柔桑沃，载阳迟。黼黻元黄供祀事，称茧更缫丝。龙精报贶，椒屋宗师。

奠帛爵、初献，奏《承平之章》

春堤柳绽金，仓庚有好音。衣祎翟，致精忱。后月躬应教织纴，柘馆式斋心。黄流初荐，肸蠁如临。

亚献，奏《均平之章》

清和日正长，灵坛水一方。纡香陌，执籧筐。桑叶阴浓风澹荡，八育普嘉祥。玉瓯再陈，降福穰穰。

终献，奏《齐平之章》

神皋接上园，葭芦翠浪翻。莺声滑，藕花蘩。天棘丝丝初引蔓，三荐洁苹蘩。云依宝鼎，露浥旌幡。

彻馔，奏《柔平之章》

公宫吉礼成，有斋奉豆登。僮僮被，肃肃升。废彻无迟咸祇敬，法坎不常盈。万方衣被，百福其朋。

送神，奏《洽平之章》

神风拂广筵，灵香下肃然。仪不忒，礼无愆。禺马流星相炳绚，玉蝀亘平川。彤管司职，瑞茧登编。

《御制律吕正义后编》卷二十六

执彩旗者四十人，司金、鼓、板六人，司笙、箫、笛十有八人，歌者十人，在桑林外东西序列，咸以内监充之。

光绪《清会典事例》卷三一四

皇后躬桑采桑歌
躬耕礼成诏井桑，蚕月吉巳迎辰祥。
金华紫蘮五翟光，瑞云彩映椒涂黄。
坛南宿戒帷宫张，西陵展事摇珩璜。
斋肃恭敬柔雍彰，金钩绿篚懿苴筐。
尚工司制奉以将，柔条在东涵露香。
鞠衣三摘鸣鸠翔，月灵临贡龙精昌。
黼黻五色质且良，昭事上帝祠蒸尝。
仪刑宇宙帅妃嫱，衣食滋殖被万方。

光绪《清会典事例》卷一一八七

乾隆七年奏准，皇后祭先蚕坛，遵旨不用乐悬，应别拟乐章，比群祀庆神欢加隆。迎神奏《麻平》。初献奏《承平》。亚献奏《均平》。终献奏《齐平》。

彻馔奏《柔平》。送神奏《洽平》。皇后不行亲蚕之年，奏遣内务府奉宸苑太常寺堂官致祭，乐章与群祀同。又定，皇后亲蚕，进筐、钩导迎乐章。又定皇后采桑歌。

《清会典事例》卷五二五

五、祭祀器用、躬桑器用、服饰

（嘉靖九年）

合用祭器簋、簠、笾、豆、碟二十个，登一，爵四个（福酒一个），酒尊三个，酒盏三十个，大红纱灯四座，红棉纸方灯共六十盏。

本寺库内出祝帛、香烛、果品等物于前期二日送赴蚕坛。蚕宫令收告祀帛一段、黑色祝版一片、降香二十斤、二十斤烛四枝、八两烛十枝、四两烛三十枝、二两烛二百枝、一两烛二十枝、红枣二斤、栗子二斤八两、榛子一斤八两、菱米二斤、芡实一斤八两、盐二斤、香油三斤、笋、花椒、莳萝、茴香各四两、木柴一千斤、木炭十斤、黍稷稻粱各一升五合。恒裕仓领韭菜八两、青菜、芹菜各一把。

合用牲只北羊二只（内胙一）、豕二口、鹿一只、兔一只。

《钦定四库全书》本《太常续考》卷八

一、陈设。先蚕氏之神，羊二，豕一，登一，笾、豆各六，簋、簠各二，帛一，筐一，酒尊三，爵三，酒盏三十，祝案一。

《礼部志稿》卷二十九

皇后

青绒朝冠

并缀红缨，正中顶一座，三层，贯三等东珠各一，皆承以金凤。饰二等东珠各三，四等珍珠各一，小珍珠各十六。上衔三等大东珠一。红缨上周缀金凤七，饰二等东珠各九，小珍珠各二十一，猫睛石各一。后金翟一，饰小珍珠十六，猫睛石一。翟尾垂珠，五行二就，共四等珍珠三百有二，每行二等珍珠一。中间金桃花一,衔青金石,两面饰二等东珠六,三等珍珠六,末缀珊瑚。冠后护领垂明黄绦二,末缀宝石,青缎为带。

金约

周围金云十三,衔二等东珠各一,间以青金石,红片金为里。后系金衔松石结,珠下垂,五行三就,共四等珍珠三百二十四,每行二等珍珠一。中间青金石方胜二,两面衔二等东珠各八,三等珍珠各八,末缀珊瑚。

珥

左右各三,以金为龙形,末锐下曲,各衔头等东珠二。

领约

周围金云十一,衔二等东珠各一,间以珊瑚及三等东珠、二等珍珠各四。垂明黄绦二,中贯珊瑚、背云各一,末缀松石各二。

朝珠

中左右共三盘,中以三等东珠,左右以珊瑚、佛头、记念、背云、大小坠珠宝杂饰,惟其宜,绦俱明黄色。

彩帨

以绿色绸为之,绣五谷丰登。佩箴管、縏帙之属。绦皆明黄色。

绵缎有褶朝褂

石青色,片金缘,上绣立龙四,下通襞积为行龙及万福万寿,四层相间。领后垂明黄绦。

绵缎朝褂、纱朝褂

并用石青色,片金缘,前绣行龙四,后正龙一、行龙二,下幅八宝平水。领后垂明黄绦。

黄貂皮缘缎朝袍、海龙皮缘缎朝袍、绵缎朝袍、纱朝袍并用明黄色,披领及袖俱石青色,片金缘,以黄貂、海龙缘者加于外。前后绣正龙各一,两肩行龙各二,下幅行龙五。间以五色云,周围八宝平水。披领行龙二,袖端正龙一。袖相接处行龙各二。领后垂明黄绦。

海龙皮缘、灰鼠皮里缎朝裙,绵缎朝裙,纱朝裙

并用红色织金寿字,下镶石青行龙妆缎,纱亦如之。片金缘,以海龙皮缘者加于外。皆正幅,有襞积。

青绒吉服冠

并缀红缨,顶衔三等东珠一。

吉服褂

用石青色,绣八团金龙。下幅五色八宝平水。袖端行龙各二。春秋以缎绸,夏以纱,冬以裘,随时所宜。

吉服袍

用明黄色,领袖俱石青色,绣金龙九。间以五色云、福寿文。下幅八宝平水。领前后正龙各一,左右及交襟处行龙各一。袖如朝袍,左右开裾,以袭吉服褂。缎绸纱裘,随时所宜。

皇贵妃

青绒朝冠

并缀红缨,正中顶一座,三层,贯三等东珠各一,皆承以金凤。饰二等东珠各三,四等珍珠各一,小珍珠各十六。上衔三等大珍珠一。红缨上周缀金凤七,共饰二等东珠十九,三等东珠四十四,小珍珠各二十一。后金翟一,饰小珍珠十六,猫睛石一。翟尾垂珠,三行二就,共四等珍珠二百五十五。中间金桃花一,衔青金石,两面饰二等东珠四,二等珍珠四,末缀珊瑚。冠后护领垂明黄绦二,末缀宝石,青缎为带。

金约

周围金云十二,衔二等东珠各一,间以珊瑚,红片金为里。后系金衔松石结珠下垂,三行三就,共四等珍珠二百四十九。中间青金石方胜二,两面衔二等东珠各六,二等珍珠各六,末缀珊瑚。

珥

左右各三,以金为龙形,末锐下曲,各衔二等东珠二。

领约

周围金云七,衔二等东珠各一,间以珊瑚。垂明黄绦二,中贯珊瑚、背云各一,末缀珊瑚各二。

朝珠

中左右共三盘,中以三等珍珠,左右以青金石、佛头、记念、背云、大小坠珠宝杂饰,惟其宜,绦俱明黄色。

彩帨

以绿色绸为之，绣五谷丰登。佩箴管、縏帙之属。绦俱明黄色。

绵缎有褶朝褂

石青色，片金缘，上绣立龙四，下通襞积为行龙及万福万寿，四层相间。领后垂明黄绦。

绵缎朝褂、纱朝褂

并用石青色，片金缘，前绣行龙四，后正龙一、行龙二。下幅八宝平水。领后垂明黄绦。

黄貂皮缘缎朝袍、海龙皮缘缎朝袍、绵缎朝袍、纱朝袍

并用明黄色，披领及袖俱石青色，片金缘，以黄貂、海龙缘者加于外。前后绣正龙各一，两肩行龙各二，下幅行龙五，间以五色云，周围八宝平水。披领行龙二，袖端正龙一。袖相接处行龙各二。领后垂明黄绦。

海龙皮缘灰鼠皮里缎朝裙、绵缎朝裙、纱朝裙

并用红色织金寿字，下镶石青行龙妆缎，纱亦如之。片金缘，以海龙皮缘者加于外。皆正幅，有襞积。

青绒吉服冠

并缀红缨，顶衔三等东珠一。

吉服褂

用石青色，绣八团金龙。下幅五色八宝平水。袖端行龙各二。春秋以缎绸，夏以纱，冬以裘，随时所宜。

吉服袍

用明黄色，领袖俱石青色。绣金龙九，间以五色云、福寿文。下幅八宝平水。领前后正龙各一，左右及交襟处行龙各一。袖如朝袍，左右开裾，以袭吉服褂。缎绸纱裘，随时所宜。

贵妃

青绒朝冠

并缀红缨，正中顶一座，三层，贯三等东珠各一，皆承以金凤。饰二等东珠各三、四等珍珠各一，小珍珠各十六。上衔三等大珍珠一。红缨上周缀金凤七，共饰二等东珠十九，三等东珠四十四，小珍珠各二十一。后金翟一，饰小

珍珠十六，猫睛石一。翟尾垂珠，三行二就，共四等珍珠二百五十五。中间金桃花一，衔青金石，两面饰二等东珠四，二等珍珠四，末缀珊瑚。冠后护领垂金黄绦二，末缀宝石，青缎为带。

金约

周围金云十二，衔二等东珠各一，间以珊瑚，红片金为里。后系金衔松石结珠下垂，三行三就，共四等珍珠二百四十九。中间青金石方胜二，两面衔二等东珠各六，二等珍珠各六，末缀珊瑚。

珥

左右各三，以金为龙形，末锐下曲，各衔二等东珠二。

领约

周围金云七，衔二等东珠各一，间以珊瑚。垂金黄绦二，中贯珊瑚、背云各一，末缀珊瑚。

朝珠

中左右共三盘，中以三等珍珠，左右以青金石、佛头、记念、背云、大小坠珠宝杂饰，惟其宜，绦俱金黄色。

彩帨

以绿色绸为之，绣五谷丰登。佩箴管、縏帙之属，绦俱金黄色。

绵缎有褶朝褂

石青色，片金缘，上绣立龙四，下通襞积为行龙及万福万寿，四层相间。领后垂金黄绦。

绵缎朝褂、纱朝褂

并用石青色，片金缘，前绣行龙四，后正龙一、行龙二。下幅八宝平水。领后垂金黄绦。

黄貂皮缘缎朝袍、海龙皮缘缎朝袍、绵缎朝袍、纱朝袍

并用金黄色，披领及袖俱石青色，片金缘，以黄貂、海龙缘者加于外。前后绣正龙各一，两肩行龙各二，下幅行龙五，间以五色云，周围八宝平水。披领行龙二，袖端正龙一。袖相接处行龙各二。领后垂金黄绦。

海龙皮缘灰鼠皮里缎朝裙、绵缎朝裙、纱朝裙

并用红色织金寿字，下镶石青行龙妆缎，纱亦如之。片金缘，以海龙皮缘

者加于外,皆正幅,有襞积。

青绒吉服冠

并缀红缨,顶衔三等东珠一。

吉服褂

用石青色,绣八团金龙,下幅五色八宝平水。袖端行龙各二。春秋以缎绸,夏以纱,冬以裘,随时所宜。

吉服袍

用金黄色,领袖俱石青色。绣金龙九,间以五色云、福寿文,下幅八宝平水。领前后正龙各一,左右及交襟处行龙各一。袖如朝袍,左右开裾,以袭吉服褂。缎绸纱裘,随时所宜。

妃

青绒朝冠

并缀红缨,正中顶一座,二层,贯五等东珠各一,皆承以金凤。饰三等东珠各三,四等珍珠各一,小珍珠各十六。上衔猫睛石一。红缨上周缀金凤五,饰三等东珠各七,小珍珠各二十一。后金翟一,饰小珍珠十六,猫睛石一。翟尾垂珠,三行二就,共四等珍珠一百八十八。中间金桃花一,衔青金石,两面饰三等东珠四,二等珍珠四,末缀珊瑚。冠后护领垂金黄绦二,末缀宝石,青缎为带。

金约

周围金云十一,衔三等东珠各一,间以青金石,红片金为里。后系金衔松石结,珠下垂,三行三就,共四等珍珠一百九十七。中间青金石方胜二,两面衔三等东珠各六,二等珍珠各六,末缀珊瑚。

珥

左右各三,以金为龙形,末锐下曲,各衔三等东珠二。

领约

周围金云七,衔三等东珠各一,间以珊瑚。垂金黄绦二,中贯珊瑚、背云各一,末缀珊瑚各三。

朝珠

中左右共三盘,中以珊瑚,左右以琥珀、佛头、记念、背云、大小坠珠宝杂饰，惟其宜，绦俱金黄色。

彩帨

以绿色绸为之，绣云芝瑞草。佩箴管、縏袠之属，绦皆金黄色。

绵缎有襵朝褂

石青色，片金缘，上绣立龙四，下通襞积为行龙及万福万寿，四层相间。领后垂金黄绦。

绵缎朝褂、纱朝褂

并用石青色，片金缘，前绣行龙四，后正龙一、行龙二。下幅八宝平水。领后垂金黄绦。

黄貂皮缘缎朝袍、海龙皮缘缎朝袍、绵缎朝袍、纱朝袍

并用金黄色，披领及袖俱石青色，片金缘，以黄貂、海龙缘者加于外。前后绣正龙各一，两肩行龙各二，下幅行龙五。间以五色云，周围八宝平水。披领行龙二，袖端正龙一。袖相接处行龙各二。领后垂金黄绦。

海龙皮缘灰鼠皮里缎朝裙、绵缎朝裙、纱朝裙

并用红色织金寿字，下镶石青行龙妆缎，纱亦如之。片金缘以海龙皮缘者加于外，皆正幅，有襞积。

青绒吉服冠

并缀红缨，顶衔碧碘玱。

吉服褂

用石青色，绣八团金龙，下幅五色八宝平水。袖端行龙各二。春秋以缎绸，夏以纱，冬以裘，随时所宜。

吉服袍

用金黄色，领袖俱石青色，绣金龙九，间以五色云、福寿文。下幅八宝平水。领前后正龙各一，左右及交襟处行龙各一。袖如朝袍，左右开裾，以袭吉服褂。缎绸纱裘，随时所宜。

嫔

青绒朝冠

并缀红缨，正中顶一座，二层，贯无光东珠各一，皆承以金翟。饰无光东珠各三,四等珍珠各一，小珍珠各十六。上衔䃟子一。红缨上缀金翟五，饰无

光东珠各五，小珍珠各十九。后金翟一，饰小珍珠十六。翟尾垂珠，三行二就，共四等珍珠一百七十二。中间金桃花一，衔青金石，两面饰无光东珠三，二等珍珠三，末缀珊瑚。冠后护领垂金黄绦二，末缀宝石，青缎为带。

金约

周围金云八，衔无光东珠八，间以青金石，红片金为里。后系金衔松石结珠下垂，三行三就，共珍珠一百七十七。中间青金石方胜二，两面衔无光东珠各四，次等珍珠各四，末缀珊瑚。

珥

左右各三，以金为龙形，末锐下曲，各衔四等东珠三。

领约

周围金云七，衔无光东珠各一，间以珊瑚。垂金黄绦二，中贯珊瑚、背云各一，末缀珊瑚各二。

朝珠

中左右共三盘，中以珊瑚，左右以琥珀、佛头、记念、背云、大小坠珠宝杂饰，惟其宜，绦俱金黄色。

绵缎有褶朝褂

石青色，片金缘，上绣立龙四，下通襞积为行龙及万福万寿，四层相间。领后垂金黄绦。

绵缎朝褂、纱朝褂

并用石青色，片金缘，前绣行龙四，后正龙一、行龙二。下幅八宝平水。领后垂金黄绦。

黄貂皮缘缎朝袍、海龙皮缘缎朝袍、绵缎朝袍、纱朝袍

并用香色，披领及袖俱石青色，片金缘，以黄貂海龙缘者加于外。前后绣正龙各一，两肩行龙各二，下幅行龙五，间以五色云，周围八宝平水。披领行龙二，袖端正龙一。袖相接处行龙各二。领后垂金黄绦。

海龙皮缘灰鼠皮里缎朝裙、绵缎朝裙、纱朝裙

并用红色织金寿字，下镶石青行龙妆缎，纱亦如之。片金缘，以海龙皮缘者加于外，皆正幅，有襞积。

青绒吉服冠

并缀红缨，顶衔碧碧玡。

吉服褂

用石青色，上绣金龙四团，下绣夔龙四团。春秋以缎绸，夏以纱，冬以裘，随时所宜。

吉服袍

用香色，领袖俱石青色，绣金龙九，间以五色云、福寿文。下幅八宝平水。领前后正龙各一，左右及交襟处行龙各一。袖如朝袍，左右开裾，以袭吉服褂。缎绸纱裘，随时所宜。

贵人

吉服褂

用石青色，绣八团夔龙。春秋以缎绸，夏以纱，冬以裘，随时所宜。

吉服袍

用香色，领袖俱石青色，绣金龙九，间以五色云、福寿文，下幅八宝平水。领前后正龙各一，左右及交襟处行龙各一。袖如朝袍，左右开裾，以袭吉服褂。缎绸纱裘，随时所宜。

皇子福晋

青绒朝冠

并缀红缨，正中金龙顶一座，二层，饰五等东珠十，上衔红宝石。红缨上周缀金孔雀五，饰五等东珠各七，小珍珠共三十九。后金翟一，翟尾垂小珍珠，三行二就（不计粒数，共重一两六钱）。中间金桃花一，衔青金石，末缀珊瑚。冠后护领垂金黄绦二，末亦如之，青缎为带。

金约

周围金云九，衔五等东珠各一，间以青金石，红片金为里。后系金衔青金石结，珠下垂，三行三就（用小珍珠不计粒数，共重一两六钱）。中间青金石方胜二，末缀珊瑚。

珥

左右各三，用金，衔五等东珠各二。

领约

周围金云七，衔五等东珠各一，间以珊瑚，垂金黄绦二，中贯珊瑚、背云各一，末缀珊瑚各二。

朝珠

中左右共三盘，中以珊瑚，左右以琥珀、佛头、记念、背云、大小坠珠宝杂饰，惟其宜，绦俱金黄色。

彩帨

以月白绸为之，不绣花文，结佩惟宜，绦俱金黄色。

绵缎有褶朝褂

石青色，片金缘，上绣立龙四，下通襞积为行龙及万福万寿，四层相间。领后垂金黄绦。

绵缎朝褂、纱朝褂

并用石青色，片金缘，前绣行龙四，后正龙一、行龙二，下幅八宝平水。领后垂金黄绦。

黄貂皮缘缎朝袍、海龙皮缘缎朝袍、绵缎朝袍、纱朝袍

并用香色，披领及袖俱石青色，片金缘，以黄貂、海龙缘者加于外，前后绣正龙各一，两肩行龙各二，下幅行龙五，间以五色云，周围八宝平水。披领行龙二，袖端正龙一。袖相接处行龙各二。领后垂金黄绦。

海龙皮缘灰鼠皮里缎朝裙、绵缎朝裙、纱朝裙

并用红色织金寿字，下镶石青行龙妆缎，纱亦如之。片金缘，以海龙皮缘者加于外，皆正幅，有襞积。

青绒吉服冠

并缀红缨，顶衔碧碧玡。

吉服褂

用石青色，绣四团龙。春秋以缎绸，夏以纱，冬以裘，随时所宜。

吉服袍

用香色，领袖俱石青色，绣金龙九，间以五色云、福寿文，下幅八宝平水。领前后正龙各一，左右及交襟处行龙各一。袖如朝袍，左右开裾，以袭吉服褂。缎绸纱裘，随时所宜。

皇子侧室福晋

青绒朝冠

并缀红缨，正中金龙顶一座，二层，饰五等东珠九，上衔红宝石。红缨上周缀金孔雀五，饰五等东珠各五，小珍珠共三十九。后金翟一，翟尾垂小珍珠，三行二就（不计粒数，共重一两六钱）。中间金桃花一，衔青金石，末缀珊瑚。冠后护领垂金黄绦，末亦如之，青缎为带。

金约

周围金云八，衔五等东珠各一，间以青金石，红片金为里。后系金衔青金石结，珠下垂，三行三就（用小珍珠不计粒数，约重一两六钱）。中间青金石方胜二，末缀珊瑚。

珥

左右各三，用金，衔五等东珠各二。

领约

周围金云七，衔五等东珠各一，间以珊瑚，垂金黄绦二，中贯珊瑚、背云各一，末缀珊瑚各二。

朝珠

中左右共三盘，中以珊瑚，左右以琥珀、佛头、记念、背云、大小坠珠宝杂饰，惟其宜，绦俱金黄色。

绵缎有褶朝褂

石青色，片金缘，上绣立龙四，下通襞积为行龙及万福万寿，四层相间。领后垂金黄绦。

绵缎朝褂、纱朝褂

并用石青色，片金缘，前绣行龙四，后正龙一、行龙二，下幅八宝平水。领后垂金黄绦。

黄貂皮缘缎朝袍、海龙皮缘缎朝袍、绵缎朝袍、纱朝袍

并用香色，披领及袖俱石青色，片金缘，以黄貂、海龙缘者加于外，前后绣正龙各一，两肩行龙各二，下幅行龙五，间以五色云，周围八宝平水。披领行龙二，袖端正龙一。袖相接处行龙各二。领后垂金黄绦。

海龙皮缘灰鼠皮里缎朝裙、绵缎朝裙、纱朝裙

并用红色织金寿字,下镶石青行龙妆缎,纱亦如之。片金缘以海龙皮缘者加于外,皆正幅,有襞积。

青绒吉服冠

并缀红缨,顶衔碧碧玑。

吉服褂

用石青色,绣四团龙,春秋以缎绸,夏以纱,冬以裘,随时所宜。

吉服袍

用香色,领袖俱石青色,绣金龙九,间以五色云、福寿文,下幅八宝平水。领前后正龙各一,左右及交襟处行龙各一。袖如朝袍,左右开裾,以袭吉服褂。缎绸纱裘,随时所宜。

《国朝宫史》卷九

乾隆十三年正月丁亥,定祀典祭器。……日、月、先农、先蚕各坛之爵,社稷、日、月、先农、先蚕豆、登、簠、簋、铏、尊,均用陶。

《清实录·高宗实录》卷三百六

供奉

一、神殿正中建龛一座,供奉先蚕西陵氏神位,东设西向。牌制红饰金书,清汉合璧。

一、神龛施金黄绫龛衣。龛前陈设怀桌一,供案一。案上陈设香炉一、烛台二、花瓶二。

《钦定太常寺则例》卷六十三

笾豆牲牢

一、祀前一日,博士监视制造簠、簋、笾、豆、登、铏之实,以次展器于神厨,本寺堂官周视,如仪。

一、先蚕位,笾豆一案用红枣一斤十四两、栗子二斤四两、榛仁一斤十两、菱米二斤十二两、芡实三斤四两、醢鱼二斤八两、大槁鱼一尾、小槁鱼一尾、大笋二片、白糖四两、花椒五钱、茴香五钱、莳萝五钱、黍米七合、稷米七合、稻米七合、粱米七合、白面一斤十二两、荞面一斤十二两、青菜二斤、韭菜十四两、芹菜一斤四两、葱二两、供酒六瓶、洗鱼酒一瓶、形盐八两、馔盐二两、白盐八两、木柴三十五斤。

一、祀前一日，宰牲。光禄寺堂官一员上香，御史、礼部司官各二员监视，前期移会各衙门派出，于祀前一日黎明，朝服将事。

一、宰牲日，本寺预设香案于坛垣北门外，南向。施金黄绫罩衣，案上陈设铜香炉一，盖靠具实。炭罊一、铜烛台二，上设二两重黄蜡二枝、香盒一，内盛降香二两。

一、宰牲日，署官二员预赴牺牲所，领取牲只，恭送祭所。过香案时，牛背各覆以销金黄缎袱。厨役书牲只数目，分呈监宰。各官上香时，以执事生二人执司香烛。

一、宰牲日，厨役预凿一坎于坛垣北门外，广深二尺，又设白瓷牛、羊、豕毛血盘各一，每盘以黄纸条一，各书牛、羊、豕字。监宰各官监视厨役以鹿首、鹿衣瘗于坎内。又以牛、羊、豕毛血少许实于各盘黄纸之上，恭设于神厨。迨祀日祭前，陈于瘗池之西旁。俟祭祀时，由掌瘗池女官监视内监数毛血，瘗于池内。

一、胙牛系本寺宰牲修涤后，由光禄寺派员率雍人将牲割块，盛以瓷盘，陈于神厨，恭俟祭祀。

一、宰牲后，典簿监视敬谨修涤，将供案牲只入漂牲桶，陈于神厨，本寺堂官周视如仪。

一、牲只用供牛一、羹牛一、胙牛一、供羊一、供豕一、豚拍豕一、鹿一、兔一。

一、退牲木柴，牛每只用一百二十斤，胙牛用一百五十斤，羊用三十五斤，豕每口用三十五斤。

陈设

一、祀前一日，奉宸苑卿率属洁坛上下，借以棕荐。工部司官张盖黄幄于坛上正中，南向，形方。上安金黄缎顶，外施金黄销金缎罩衣，内施金黄缎围衣。

一、祀前一日，本寺官恭设先蚕神座于幄内正中，南向。陈设神孔桌一、怀桌一、笾豆案一、俎一、高炉几一、高灯几二。幄外东旁馔桌一，东设西向，福胙桌一、尊桌一、接桌一，西设东向，接胙桌一。南门内正中香案一，各案均施金黄销金缎罩衣。

一、幄次内外红羊角座灯各二，东、西、南三阶级上红羊角座灯各二，以上座灯内均设三两重黄蜡各一。台南阶下朝灯四，内设一斤重黄蜡各一。台下甬路红纸插灯八十有二，神库院内红纸插灯八，具服殿院内红纸插灯十有四，织室院内红纸插灯四，坛门外红纸插灯八，以上插灯内均设二两重黄蜡各一。

一、祀前一日，乐部率掌仪司内监陈乐于坛下，东西分列，均北向。

一、祀前一日，工部司员张皇后拜幄于南阶上。

一、祀日，内务府总管暨本寺官员及宫殿监侍率内监入坛，燃烛明灯，具器品陈于案，均以其序。先蚕位怀桌陈设爵垫一、白瓷盏三十，笾豆案陈设登一、铏一、簠二、簋二、笾十、豆十，俎内陈设牛一、羊一、豕一。高炉几陈设铜炉一，香靠具实。炭墼一。高灯几陈设羊角鱿灯二，内设六两重挂红白蜡各一。馔桌陈设馔盘一，每品少许，共实于盘。福胙桌陈设白瓷壶一，实福酒。白瓷盘一，实胙肉。白瓷爵一。东尊桌陈设黄瓷尊一，疏布幂勺，具实酒六瓶。黄瓷爵三。接桌陈设帛篚一，内盛青色礼神制帛一。端香盒一，内盛长九寸，径八分圆柱降香一炷、降块香四十块。坛门香案陈设铜香炉一，实炭墼一，香盒一，内盛降香二两。陈设毕，本寺博士一员引内务府总管设先蚕位省视香帛、齍盛，讫皆退。

一、祭日，内监设洗于具服殿，如式。

一、祭日，鼎炉八座，每炉实炭墼二、降香二两。

《钦定太常寺则例》卷六十四

品物

一、每祭用长九寸，径八分圆柱降香一柱、降块香四十块、降香丁一两、降香一斤四两。

一、每祭用六两重挂红白蜡二枝、一斤重黄蜡四枝、三两重黄蜡十枝、二两重黄蜡一百二十二枝。

一、每祭用天青礼神制帛一端。

一、每祭用供酒六瓶、洗鱼酒一瓶、盐砖十两、白盐八两。

一、每祭用木柴五百三十斤。

一、每祭用牛三只、羊一只、豕二口、鹿一只、兔一只。

一、每祭用黍米七合、稷米七合、稻米七合、粱米七合、白面一斤十二两、荞面一斤十二两、青菜二斤、韭菜十四两、芹菜一斤四两、葱二两、红枣一斤十四两、栗子二斤四两、榛仁一斤十两、菱米二斤十二两、芡实三斤四两、醢鱼二斤八两、大槁鱼一尾、小槁鱼一尾、大笋二片、白糖四两、花椒五钱、茴香五钱、莳萝五钱。

分胙

一、享先蚕之礼，所有牲只件数，俱系内膳房自行检点，前期行文内务府，转行掌仪司，知会内膳房照例办理。

朔望

一、先蚕神殿供奉神位，每月朔望，蚕宫令诣香案前上香行礼，其所需香蜡，按期赴寺领取应用。

一、朔望上香额，用降香丁一两、一两重黄蜡四枝、炭墼二个。

祀日，请送神位香案用降香丁一两、二两重黄蜡二枝、炭墼一个、提灯用二两重黄蜡二枝。

《钦定太常寺则例》卷六十五

皇后亲享先蚕之礼

岁季春吉巳，先二日，礼部尚书一人至牺牲所视牲如仪。是日昧爽，太常寺进斋戒牌铜人，内监豫设黄案一于交泰殿之左。总管内务府大臣一人及宫殿监侍，豫俟于乾清门。太常寺卿率所属恭奉斋戒牌在前，铜人在后，前引如仪，至乾清门。总管内务府大臣以授宫殿监侍，恭设于交泰殿案上。斋戒牌南向，铜人西向。设毕，跪，三叩兴，退，皇后乃斋。陪祀妃嫔、公主、福晋以下，文官三品武官二品命妇以上，咸致斋。礼部尚书一人视割牲如仪。先一日，奉宸苑卿率属洁坛上下，借以棕荐，为瘗坎于坛西北隅，设黄幄于坛上。太常寺官恭设先蚕神座于幄内正中，南向。工部司官张皇后拜幄于南阶上如式。太常寺典簿具牲俎。博士辨簠、簋、笾、豆、登、铏之实，以次展于神厨。太常寺卿诣神库，以恭请神位之仪，指授蚕宫令。退，赞礼郎引总管内务府大臣一人，诣神厨周视牲牢笾、豆。太常寺官以陈设之仪指授宫殿监侍，讫，皆退。至日，鸡初鸣，总管内务府大臣及宫殿监侍，率内监入坛具器陈牛一，羊一，豕一，登一，铏二，簠、簋各二，笾、豆各十，盏三十，炉一，镫二。东设一案，西向。陈礼神制帛一（青色），香盘一，尊一，爵三，设福胙于尊爵之旁。加爵一，牲陈于俎，帛实于篚，尊实酒，承以舟，疏布幂勺具。内监设洗于具服殿。乐部率掌仪司内监陈乐于坛下。应鼓一，在东。琴四，瑟二，箫六，笛六，笙六，杖鼓二，方响十六，云璈二，版二，东西分列如式。行礼位，坛上正中为皇后拜位，北向。坛下西北为望瘗位，西向。当阶左右为陪祀妃嫔、公主、福晋拜位，北向。稍南左右为陪祀命妇拜位，按翼分列，重行异等，东位西上，西位东上，均北面。执事位，司拜褥女官二人，立于坛上皇后拜位左右。相仪女官二人，立拜位后左右，均东西面。司香女官一人，司帛女官一人，司爵女官一人，奉福胙女官二人，序立东案之东西面。接福胙女官二人，立于坛西东面。坛下典仪司乐女官各一人，当阶左立，西面。传赞女官六人，二人立于坛南，东西面；二人立于妃嫔、公主、福晋之拜位左右；二人立于命妇之拜位左右，均东西面。乐工歌工（以童内监为之）序立于东西乐悬之次。女官执瘗者，立于瘗坎之西北隅。

光绪《清会典事例》卷一一八六

又议奏，躬桑大典，皇后亲祭具礼服，从事女官随服礼服。躬桑具吉服，从事女官亦宜随服吉服。但礼服、吉服，若令女官等自行备办，未免新旧不一，长短各异。查库中现有官用女朝服五十分，女蟒袍五十件，蟒褂十件，除朝服、蟒袍尽足应用外，尚少官用蟒褂三十件，朝冠四十顶，应交广储司成造应用。至蚕妇二十七人，皆系无职人之妻，不便与女官一色服饰。而躬桑之时，既有伊等执事，亦不便听其各服便服。请给官用蓝缎袍、石青缎褂二十七套，亦交广储司成造，临期分给服用。令于事毕之后，仍交衣库收存。奉旨："蚕妇不必做蓝袍、石青褂。先农坛耆老系穿月白袍，蚕妇亦着仿照耆老著袍。余依议。钦此遵旨，奏准。"谨案耕耤礼仪耆老服饰分别之例，拟定皇后躬桑助采之桑妇，亦令穿青屯绢面月白杭绸里夹袍。其助妃嫔、王妃、命妇采桑之蚕妇，令其穿青布面蓝布裹夹袍。其执彩旗唱歌词者，亦照耕耤例。执彩旗唱禾词者之服饰，令其穿画金钱五色缎面贯钱袄。

光绪《清会典事例》卷一一八七

凡向先蚕之礼，为坛一，成于西苑之东北。岁以季春吉巳，皇后躬亲蚕事，乃享先蚕之神，以率女红。先蚕神位南向设黄幄。帛一、牛一、羊一、豕一、登铏各一、簠簋各二、笾豆各十、尊一、爵一、盏三十、炉一、镫二。

《皇朝掌故汇编》内编卷三十四

六、卤簿

皇后仪驾

凤轿一，通髹以黄，绘金云凤，顶二层，饰金凤十二。中安钑花赤金顶，衔珊瑚、青金、绿松等石。明黄绫重檐，绘金凤。舁以十六人。

凤舆一，通髹以黄，绘金云凤。顶二层，饰金凤十二。中安钑花赤金顶，衔珊瑚、青金、绿松等石。明黄绫重檐，绘金凤。轮亦黄髹。

仪轿二，通髹以黄，赤金顶，明黄云缎为衣，舁均以八人。

仪舆二，通髹以黄，赤金顶，明黄云缎为衣，轮均黄髹。

朱牦拂尘二、金提炉二、金香合二、金洗一、金水盂一、金瓶二。自提炉以下，并赤金质，钑云凤、花草，饰珊瑚、青金、绿松等石，陈于八角盘，承以方几，并木质，朱髹，绘金凤。

金交椅一，木质，金髹，背饰钑金云凤。

金方几一，木质，金髹，绘云凤。

明黄缎绣九凤三檐曲盖一、金节二，以黄纱绣五色凤，长八尺，悬于竿，缀朱髦五。

青缎绣九凤伞二、黄缎绣九凤伞二、红缎绣九凤伞二、白缎绣九凤伞二、黑缎绣九凤伞二、黄缎绣宝相花伞四、红缎方伞四。自青缎九凤伞以下，并三檐直柄。

黄缎绣凤扇四、红缎绣凤扇四、黄罗绣雉羽扇四、红罗绣雉羽扇四、青云缎绘金凤旗二、黄云缎绘金凤旗二、红云缎绘金凤旗二、白云缎绘金凤旗二、黑云缎绘金凤旗二、卧瓜四、立瓜四、吾杖四。

凡仪驾旗伞，顶俱以金。擎执舆尉，俱用旗尉。内廷陈设，则用内监，服红绸绣小团花逊衣，系绿䌷带，戴青毡帽，红绒缨，铜顶，插明黄翎。

皇贵妃仪仗

翟轿一，通髹以黄。绘金云翟鸟。顶二层，饰金翟十。中安素金顶，明黄绫重幨，绘金翟，舁以八人。

仪舆一，通髹以黄。顶二层，饰金翟十。中安素金顶，明黄云缎为衣。重幨。轮亦黄髹。

仪轿一，通髹以黄，金顶，明黄云缎为衣，舁以八人。

朱牦拂尘二、金提炉一、金香合一、金洗一、金水盂一、金瓶二。自提炉以下，并金质，钑云翟花草，陈于八角盘，承以方几，并木质，朱髹。

金交椅一，木质，金髹，背饰钑金云翟。

金方几一，木质，金髹。

明黄缎绣七凤三幨曲盖一、金节二，以红纱绣五色凤，长八尺，悬于竿，缀朱髦五。

明黄缎绣宝相花伞二、红缎绣宝相花伞二、黑缎绣宝相花伞二、红缎绣瑞草伞二、黑缎绣瑞草伞二。自明黄缎宝相花伞以下，并三幨直柄。

红罗绣雉羽扇二、黑罗绣雉羽扇二、金黄云缎素扇二、红云缎素扇二、黑云缎素扇二、金黄缎绘金凤旗二、红缎绘金凤旗二、黑缎绘金凤旗二、红云缎素旗二、黑云缎素旗二、卧瓜二、立瓜二、吾杖二。

贵妃仪仗

翟轿一，通髹以金黄。绘金云翟鸟。顶二层，饰金翟十。中安素金顶，金黄绫，重幨，绘金翟，舁以八人。

翟舆一，通髹以金黄。顶二层，饰金翟十。中安素金顶，金黄云缎为衣。重幨。轮亦金黄髹。

仪轿一，通髹以金黄，金顶，金黄云缎为衣，舁以八人。

朱牦拂尘二、金提炉一、金香合一、金洗一、金水盂一、金瓶二。自提炉以下，并金质，钑云翟花草。陈于八角盘，承以方几，并木质，朱髹。

金交椅一、金方几一，并木质，金髹。

金黄缎绣七凤三幨曲盖一、金节二。以红纱绣五色凤，长八尺，悬于竿，缀朱髦五。

金黄缎绣宝相花伞二、红缎绣宝相花伞二、黑缎绣宝相花伞二、红缎绣瑞草伞二、黑缎绣瑞草伞二。自金黄缎宝相花伞以下，并三幨直柄。

红罗绣雉羽扇二、黑罗绣雉羽扇二、红云缎素扇二、黑云缎素扇二、红缎绘金凤旗二、黑缎绘金凤旗二、红云缎素旗二、黑云缎素旗二、卧瓜二、立瓜二、吾杖二。

凡仪仗旗伞，顶俱涂金。擎执舆尉，俱用旗尉。内廷陈设，则用内监，服红绸绣小团花逊衣，系绿绸带，戴青毡帽，红绒缨，铜顶，插金黄翎。

妃采仗

翟轿一，通髹以金黄。绘金云翟鸟。顶二层，饰金翟十。中安铜质涂金顶，金黄绫，重幨，绘金翟，舁以八人。

翟舆一，通髹以金黄。顶二层，饰金翟十。中安铜质涂金顶，金黄云缎为衣。重幨。轮亦金黄髹。

仪轿一，通髹以金黄。铜质涂金顶。金黄云缎为衣。舁以四人。

朱牦拂尘二、银提炉一、银香合一、银洗一、银水盂一、银瓶二。自提炉以下，并银质，钑花饰金，陈于八角盘，承以方几，并木质，朱髹。

金交椅一、金方几一，并木质，金髹。

金黄缎绣七凤三幨曲盖一、金节二，以红纱绣五色凤，长八尺，悬于竿，缀朱髦五。

金黄缎素伞二、红缎绣宝相花伞二、黑缎绣宝相花伞二。自金黄缎素伞以下，并三幨直柄。

红云缎素扇二、黑云缎素扇二、红缎绘金凤旗二、黑缎绘金凤旗二、卧瓜二、立瓜二、吾杖二。

嫔采仗

翟轿一，通髹以金黄。绘金云翟鸟。顶二层，饰金翟十。中安铜质涂金顶，金黄绫，重幨，绘金翟，舁以八人。

翟舆一，通髹以金黄。顶二层，饰金翟十。中安铜质涂金顶，金黄云缎为衣。重幨。轮亦髹金黄。

仪轿一，通髹以金黄。铜质涂金顶。金黄云缎为衣。舁以四人。

银提炉一、银香合一、银洗一、银水盂一、银瓶二。自提炉以下，并银质，钑花。陈于八角盘，承以方几，并木质，朱髹。

金交椅一、金方几一，并木质，金髹。

红缎绣七凤三幨曲盖一、金节二，以红纱绣五色凤，长八尺，悬于竿，缀朱髦五。

金黄缎绣宝相花伞二、红缎绣宝相花伞二，并三幨直柄。

红云缎素扇二、红缎绘金凤旗二、卧瓜二、立瓜二、吾杖二。

凡采仪旗伞，顶俱涂金。擎执舆尉，俱用旗尉。内廷陈设，则用内监，服红绸绣小团花逊衣，系绿䌷带，戴青毡帽，红绒缨，铜顶，插金黄翎。

《国朝宫史》卷十

七、祝文、诏、谕、奏、诗文

请举亲蚕典礼疏

窃念臣于嘉靖元年四月，谬蒙简命，令查勘顺天等八府皇庄田土，事竣之日，尝具本于册，陛下面进内一节，欲将在京负郭大兴县等地方各宫庄田原不系占夺民田者，一切削去皇庄之名，宜改为亲蚕厂、公桑园等项名额。敕令有司种植桑柘，以备宫中蚕事。敕礼部详考礼经，斟酌古今，具皇后亲蚕仪以进。仍于季春之月择日举行，播告天下，诚为帝王之高致、皇后之盛节、闺门风化之首、王业之根柢也。当时奉旨："着礼部看详。"既而户部覆题，竟违臣议，遂被旨寝罢。此盖陛下登极之初，首政万幾，宜有所未暇也。乃今嘉靖九年正月六日，陛下有事于南郊，臣猥以侍从之末，叨陪法驾，祇奉休命，得分献南海坛。仰见陛下对越之严、精禋之恪，即事之夕，馨香升闻，上帝居歆，百神来享。又窃见陛下更定时享之期于郊祀之后，行祝天之礼于正元朝贺之前，凡所以小心翼翼昭事上帝者，无所不用其诚矣。徂岁之冬，躬祷雪于郊坛。先期避殿减膳，损六军之扈跸，却百官之陪从，罪己之辞，形于睱祝，替导之臣，仰承忧色，诚意恻怛，感动天地，则所以轸念黎元勤身乎民事者，又无所不用其情矣。臣感激之余，窃伏惟念，向来所建亲蚕之议，有关于化理甚大，有助于陛下敬天勤民之事甚宝，且足以绍圣祖之制，作补当代之阙遗，殆非仪章度数之末、弥文美观云耳也。臣敢冒昧重为陛下陈之，谨按祭统，天子亲耕于南郊，以供粢盛，王后亲蚕于北郊，以供纯服。夫以天子之尊，非莫为之耕也，而必躬耕，以供郊庙之粢盛；后妃之贵，非莫为之蚕也，而必躬蚕，以为祭祀之服饰。所以然者，一以致其诚信可以交于神明，一以劝天下之农夫蚕妇，非身率先之弗可也。先儒张栻曰："周家建国，自后稷以农事为务，历世相传，其君子则务稼穑之事，其室家则躬织纴之勤。如周公之告成王，其见于

《诗》，有若《七月》皆言农桑之候也，其见于《书》有曰《无逸》欲其知稼穑之艰难，知小人之依也。帝王相传心法之要端，在于此。"臣由是考之。于汉，则皇后蚕于东郊。后汉皇后帅公卿列侯夫人蚕。历魏、晋、宋、北齐、后周以及于隋，亦复依据周典，未之或废。唐立先蚕坛在长安北苑中。太宗贞观九年三月，文德皇后率内外命妇有事于先蚕。历高宗永徽、显庆以还，皆间岁皇后亲祠先蚕。宋真宗景德三年，诏礼先蚕。神宗元丰四年，又详定享先蚕之仪。宣和元年，皇后亲蚕于延福宫。高宗绍兴七年，倩复举行。至十五年，太常丞王湛言请按政和礼建亲蚕殿、蚕室、茧馆，请皇后就禁中行亲蚕之礼。朝旨送礼部，下太常寺讨论，寻不果行，则是亲蚕之礼，殆废于此矣。洪惟我太祖高皇帝，开天建极，统一万国，制礼作乐，卓越百王。躬耕籍田，既稽古攸行矣，顾独于亲蚕阙焉。当时议礼儒臣亦竟未有及之者，岂非本朝之缺典欤？列圣相承，继文由旧，谦让未遑。礼官廷臣，蔑闻建白，是固有待于陛下也。夫农桑之业，衣食万人，不宜独缺。耕蚕之礼，垂法万世，不宜偏废。先儒谓："礼乐必百年可兴。"又曰："必圣人在天子之位。"此臣惓惓之愚，所以不能已于今日废也。伏望陛下留神垂览，傥蒙采纳，乞敕礼、户、工三部会集详议以闻，然后谋之。儒臣参酌考订，慨然施行，则天下万世永有瞻仰，皇天后土永锡祚胤。陛下敬天勤民之心，上可以慰皇祖列圣之灵，下可以垂圣子神孙，无疆之休矣。其诸建设事宜，非臣浅陋所敢率议。陛下圣衷广大，天鉴精微，制作之懿，必有出于古今寻常万万者。臣愿拭目以观。所有臣原进查勘庄田题本，节录一通，随本封进，伏乞留置。燕闲之暇，特赐睿览，亦足以知畿甸民瘼之所存。臣无任战兢陨越之至。

嘉靖九年正月十三日题奉

圣旨："览尔所奏，朕甚嘉悦。已别有敕旨了。礼部知道。"

《桂洲奏议》卷二十

（嘉靖九年正月丙午）吏科都给事中夏言奏："臣向被命查看顺天田土，曾请改各官庄田为亲蚕厂、公桑园名额，令有司种桑柘，以备宫中蚕事，未见举行。迩者陛下有事于南郊，臣猥以侍从之末，叨陪法驾，仰见陛下对越严恪，馨香升闻。……帝轸念民事，已无不尽其诚矣。臣感激之余，窃念向所建亲蚕之议，有助于陛下敬天勤民之事，且足以绍圣祖之制，作补当代之阙遗。夫农桑之业，衣食万人，不宜独缺耕蚕之礼，垂法万世，不宜偏废。倘蒙采纳，敕礼官会议以闻，令儒臣参酌考订，慨然施行，则天下万世永有瞻仰。

《明实录·世宗实录》卷一百零九

嘉靖九年二月癸亥，工部上先蚕坛图式，上亲定："其制，先蚕坛方可二丈六尺，垒二级，高二尺六寸，升四出，东、西、北俱树以桑柘……以掌礼房为蚕宫令署。采桑台高一尺四寸，方一丈四尺。銮驾库五间，后墙方，其制，内苑止盖织堂，墙围方八十丈，余俱如图注。"已而，钦天监以年神不利兴作。礼部言："周制，季春吉巳，王后享先蚕，则必择日，可知矣。既有窒碍，请俟明年，其躬桑治茧之事，可于宫中行之。"上曰："朕已告闻，祖考不敢中止已。"礼部请暂用苇席竹木为之。上曰："所构席屋甚多，不无靡费，其酌处财力，量建一二。"工部乃请止先蚕、采桑二坛，并具服殿及诸蚕室数十楹，余皆罢之。报可。

庚午，礼部奏皇后亲蚕仪。

庚辰，诏："置桑园于新筑坛、殿、蚕室余地，令所司亟植桑柘，以备取用。"

《明实录·世宗实录》卷一百十

三月癸巳，工部请造先蚕坛执事举麾女官冠服。上以女官俱有常用冠服，命于来年议造。

丙申，礼部言："亲蚕之礼，初于创见一时，命妇仓促入坛，恐致愆度。请以所绘采桑图授之，俾各如式演习。至于北郊坛殿，原图外命妇房在内随侍房北，以有内壝隔别故也。今既省去内壝，当即改外命妇房为内随侍房，仍请定名采桑之所。"上因名其所为采桑台，余皆如义。

癸卯，詹事霍韬致书礼部尚书李时白，其与夏言论郊祀亲蚕事时，亦以其书封进得旨，令都察院并讯以闻。

《明实录·世宗实录》卷一百十一

四月丁亥，礼部以蚕事告成，请行治茧礼。令蚕宫令于蚕妇中，选能缫丝及能织者各十人，钦天监预定缫丝吉日。先期，蚕宫令送织妇入织堂，应用缫丝及织造器具，工部造用。至期，皇后出宫，警跸、侍从如常仪，至织堂，命内命妇一人行三盆手礼。礼毕，遂布于织妇，以终其事。其所缫完蚕丝，就令织妇于织堂量织堪用绢帛。完日，蚕宫令径送尚衣、织染等监局具奏，制造祭服诏如议，仍命查犒赏蚕妇例以闻。

《明实录·世宗实录》卷一百十二

（嘉靖九年）

祝文：维皇后某氏致祭于先蚕氏之神，曰惟神肇兴蚕织，衣我烝民，万世永赖仰冀，默垂庇佑。相兹蚕事率土大同。惟神之休，敬以牲帛，醴齐之仪，用伸祭告尚享。

《钦定四库全书》本《太常续考》卷八

亲蚕之训

嘉靖九年正月，皇后行亲蚕之礼。上嘉纳之，谕辅臣曰："今日言之奏甚好。朕每在宫中恒言及此，亦尝谕皇后曰：'汝但知玉食绣服之充口饰体，却不知成此者辛苦万状也。'又朕每以服上进圣母请尚用，圣母谕朕曰：'吾何德获今日之奉养？但我纵服一素衣，亦甚爱惜这等黄色锦彩，须有时服之，岂可轻用？'朕对奏：'此袍服，慈亲正当尚用，何至久服之者不一易之？'圣母又曰：'且只说昔日岂有此等衣服！固皇帝尊奉，亦不敢过用了。'朕拜奏圣母：'德庆延于小子，乃有今日，非圣贤不能，念旧日之事，今慈意如此，子不敢顺承尊训或进一食，亦是如此。'夫圣母性自天成，固为来者之法，皇后恐不可不使之知农桑勤苦，故朕纳夏言所奏可，着李时承朕意焉。"

《礼部志稿》卷六

继践椒宫配紫宸，东郊蚕事必躬亲。何为女训方勤讲，十二珈筓又让春。

张废后，世宗第二后也。初封顺妃，陈后崩，遂立为后。帝方追古礼，庙祭必从分献，又率嫔御必亲蚕东郊。时率妃夫人听讲章圣女训于宫。十三年，废居别宫。案汉魏故事：皇后亲蚕礼，着十二笄步摇，乘云母安车。右世宗废后张氏。

《明宫词》

一、祝文：维某年某月某日，皇后致祭于先蚕氏之神。曰惟神肇兴蚕织，衣我烝民，万民永赖。时维季春，躬行采桑礼，仰冀默垂庇佑。相兹蚕事，率土大同，惟神之休敬，以牲帛醴齐之仪，用申祭告尚享。如遇令官，则去躬行采桑礼。一句更云，用修常典，又改用申为谨用。

《礼部志稿》卷二十九

雍正十三年四月己亥，礼部议覆："河东总督王士俊奏请奉祠先蚕。……周制，蚕于北郊，其坛应设于北郊。祭日用季春吉巳。一切坛制祭品，俱视先农典礼。京师为首善之地，应于北郊建坛奉祀。届期，派礼部堂官一员承祭。通行直省各府州县，一体遵行。"从之。

《清实录·世宗实录》卷一百五十五

乾隆元年春正月癸卯，直隶总督李卫疏请出蚕省份，建立先蚕坛。总理事务王大臣议覆："为坛以祀先蚕，经传未闻，未便各省城通立。应于京师建祠奉祀，至期，遣礼部堂官一员承祭。"从之。

《清实录·高宗实录》卷十

大学士伯臣鄂尔泰等谨奏，为遵旨议奏事。臣等谨案，古制，天子亲耕南郊，以供粢盛，后亲蚕北郊，以供祭服。《周礼·内宰》，仲春诏后帅外内命妇始蚕于北郊。《礼记·月令》，季春之月，后、妃斋戒。亲东向躬桑，以劝蚕事。蚕事既登，分茧、称丝效功。又祭义天子、诸侯必有公桑。蚕室近川而为之。及大昕之朝，君皮弁素帻，卜三宫夫人、世妇之吉者，使入蚕于蚕室，奉种浴于川，桑于公桑。《汉书》，景帝诏曰："朕亲耕，后亲蚕，为天下先。"是亲蚕之礼，原与亲耕并重，一则以教民农桑而丰衣食之原，一则以修粢盛祭服而昭事神之敬，是以历代举行，具载史策。汉制，后以中牢祀蚕神，亲蚕东郊。魏黄初时，亲蚕北郊，依周典也。晋太康中，改建西郊，立先蚕坛，在采桑坛东南。宋孝武于台城西为蚕所，置大殿，立蚕观。北齐为蚕坊于京城北。隋制，先蚕坛于宫北。唐建于长安宫北苑中。贞观时，文德皇后率外内命妇有事于先蚕。宋筑先蚕坛于东郊。宣和中，后亲蚕延福宫。绍兴间，太常王湛议建亲蚕殿、蚕室、茧馆，请后就禁中行亲蚕礼。明嘉靖九年，作先蚕坛于北郊。后斋戒亲祀。祀毕，亲诣采桑位，授桑蚕母饲蚕。蚕事告成，后复亲至织堂，行治茧礼，继又改筑于西苑仁寿宫侧。坛东为采桑台，台北为蚕室，后妃亲蚕其中。又为从室，以居蚕妇，并设蚕宫署于左，其后废罢。自是，因仍旧制，未遑修复。我皇上亲耕耤田，以示重农至意。乾隆元年，议建先蚕祀宇，所以经理农桑之道至为周备。今又命臣等查议亲蚕典礼，臣等伏思躬桑亲蚕载在《礼经》，原系历代遵行常制。但查北郊蚕坛向在安定门外，前明嘉靖时，以后妃出入道远，亲莅未便，且其地水源不通，无浴蚕所，遗址久经罢废。考唐宋时，后妃亲蚕多在宫苑之中。明代亦改建于西苑。伏读圣祖仁皇帝《御制耕织图》序，于丰泽园之北治田数畦，环以溪水，陇畔树桑，傍列蚕舍。是育蚕之事，圣祖仁皇帝亲加讲求，并将分箔、上蔟、缫丝、络纬之类详悉绘成。今逢重熙累洽、礼明乐备之时，亲蚕大典关系农桑，自应遵旨举行，以光典礼。如蒙俞允，其应行相度蚕地，建立蚕坛、桑坛、蚕宫、从室之处，请敕交内务府会同工部等衙门办理。具奏至亲蚕典礼所应斋祀、躬桑、授蚕、治茧等仪注，及选择蚕母、织妇受桑、布缫一切礼文事宜，应交与礼部详议。请旨遵行可也，谨奏。伏候圣训。

（朱批：奉皇太后总会是依议。）

《清宫内务府奏销档》

（乾隆九年二月二十九日）

妃嫔、蚕妇佐助，妃嫔缫丝，并择茧之圆洁者，皇后恭献皇上、皇太后。及回宫之后，诣皇上、皇太后前行礼之处，种种皆系宫中仪节。应令（朱批：内务府大臣转传）宫殿监督领侍，逐一请旨遵行。至礼成之后，应如所请，内务府具本送阁，由内阁批发，可也。为此谨奏请旨。

乾隆九年二月二十九日

总管内务府事务纪录一次和硕庄亲王　臣　允禄

内务府大臣兼户部尚书　内务府总管　海望

议政大臣内大臣　革职留任刑部尚书内务府总管兼管理　上驷院事务　来保

户部左侍郎管理奉宸苑事务兼内务府　总管　三和

御前侍卫户部右侍郎　兼内务府总管　傅恒

大学士伯　鄂尔泰

大学士伯　张廷玉

协办内阁大学士事务礼部尚书　三泰

尚书革职留任　任兰枝

左侍郎　张廷璐

右侍郎　觉罗勒尔森

右侍郎　邓钟岳

总理乐部事务刑部尚书　张照

乐部堂官裏行　何国宗

《清宫内务府奏销档》

乾隆十一年二月辛亥，又谕："皇后亲蚕典礼，于不行亲祭之年，经该部议，照旧例遣太常寺堂官致祭。朕思从前建立蚕祠，未议皇后亲蚕之礼，是以照祭祀例遣官。今既举行皇后亲蚕典礼，若遇不行亲祭之年，自应遣妃内一人恭代致祭西陵氏之神，以昭诚敬。为是所有行礼位次及一切仪注应如何酌定之处，着大学士会同各该衙门妥议具奏。"寻奏："皇后不行亲蚕之年，既遣妃恭代行礼，应令礼部届期照例两请具题。其致祭前期，斋戒二日，不进铜人。行礼位次，应照先农坛遣官恭代之例，设拜位于坛阶下正中，不设幄次。升坛由西阶登降。除仍用先蚕坛乐章、不饮福受胙外，一切赞引、导引、拜跪、奠献、仪注，俱照遣官例行。再遣妃恭代行礼，应令文武大臣命妇照例陪祀。其需用执事女官及所用祭品，由各该衙门豫备。养蚕，交奉宸苑蚕宫令、丞率蚕母、蚕妇饲养。所得丝斤数，仍照例呈报内务府具题。"从之。

《清实录·高宗实录》卷二百五十八

乾隆十三年四月戊午，谕礼："后躬桑以供祭服。乾隆九年，先蚕坛成，皇后率妃嫔暨诸命妇行亲蚕礼，求桑献茧，效绩公宫。数年来，新丝告登，命官染织御衣，以朝以祭，此皆其所供也。章采犹新，袆褕遽渺，继自今，缲盆余缕，安可复得耶？爰命藏诸文笥，传示永久，以志遗徽。世世子孙，其保守之。钦哉。"

《清实录·高宗实录》卷三百十二

允禄等为查处先蚕坛失火责任者的题本
（乾隆十三年十一月三十日）

总管内务府事务和硕庄亲王臣允禄等谨题，为查议事。

乾隆十三年十月二十日，据管理奉宸苑事务总管内务府大臣三和奏称："本月十八日申时，先蚕坛东边养蚕房二十七间之内坐更苑户，因烧炕失火，烧房九间，即时扑灭。但此地所关甚要，皆由该管先蚕坛太监、苑户等怠玩所致，应将伊等交慎刑司从重治罪。其催总、领催等，俱系专管之人，理应谨慎不时巡查，乃致失火，甚属懈忽，亦应交慎刑司严加查议，将该管官员交该处察议。至奴才系总管之人，平素管束不严，亦难辞咎。应将奴才一并交该处查议。"等因具奏。奉旨："着交内务府大臣分别察议具奏。钦此钦遵。"随将应行查议之官员、催总、领催及应行治罪之太监、苑户交奉宸苑查报去后，续据复称，此案应行查议系郎中杨作新，八品催总扬廷浩，领催保安；应行治罪，系太监徐英，苑户福保、住儿，等因开报前来。复将三和、杨作新、杨廷浩有无加级纪录之处，交都虞司查报去后，据称，三和有加二级、罚俸十个月注册，杨作新有加一级、纪录六次，杨廷浩有加一级，等因查报前来。

该臣等议得，据管理奉宸苑事务总管内务府大臣三和，恭奏先蚕坛养房坐更苑户，因烧炕失火，烧房九间，请将苑户、太监、该管官员等及三和一并查议治罪，等因具奏。奉旨："着交内务府大臣分别察议。"一案。查苑户福保、住儿，系特派看守养蚕房之人，火烛一事，尤当小心，乃因烧炕失火，将养蚕房致被烧毁，甚属可恶。应将苑户福保、住儿照"官府公厕及仓库内失火者杖八十、徒二年"律，杖八十、徒二年，系旗人折加号三十、鞭八十。太监徐英，亦系看守该处之人，理应协同谨慎看守，乃漫不经心，以致失火，烧毁房间,亦属可恶。应将太监徐英照"不应重"律杖八十,系太监鞭八十。催总杨廷浩、领催保安,均系专管该处之人,理应加谨防范、不时巡查,乃失于查察,致被失火,殊属不合。应将催总杨廷浩、领催保安,均照"失查"例各罚俸禄钱粮一年。郎中杨作新,系管理该处之员,并未督率人役详加稽查防范,亦属不合。应将郎中杨作新照"不行详查"例罚俸六个月。总管内务府大臣三和,系总管该处之员,疏忽之咎,亦所难辞。应将总管内务府大臣三和照"疏忽"例罚俸三个月。查杨作新有纪录六次,应销去纪录一次,抵现罚俸六个月,免其罚俸。臣等未敢擅便,谨题请旨意。

批红:依议。

《清代内阁大库散佚档案选编》

乾隆十四年二月己卯朔,定派官致祭先蚕例。谕曰:"皇后亲蚕典礼,经朕降旨,若遇不行亲蚕之年,遣妃内一人恭代。前因内阁、礼部会议册立皇贵妃礼仪一疏,复经降旨,册封典礼于本年三月后举行。其亲蚕礼,俟正位中宫后,该部照例奏请。今据礼部奏称,本年三月内先蚕祭期,请照例遣妃致祭。此于礼意未协。夫妃所恭代者,代皇后也。有皇后,则妃可承命行事。皇贵妃未经正位中宫,则亲蚕之礼尚不当举行,何得遣妃恭代?应照皇帝不亲行耕耤、顺天府尹致祭先农之例,于内务府总管或礼部太常寺堂官、奉宸院卿内,酌派一人致祭,方足以明等威而昭仪制。该部即遵谕行,将此载入《会典》。"

《清实录·高宗实录》卷三百三十四

乾隆五十九年五月庚寅,谕曰:"吉庆奏,浙省乡民饲蚕,每年在轩辕黄帝庙祈祀蚕神。向不官为致祭,随安设神牌,于后殿率属致祭,三月下旬,天气晴和、蚕桑茂育等语。蚕桑本与稼穑并重。浙省杭、嘉、湖三府,尤比户饲蚕,以资生业,允宜恭祀先蚕。聿崇昭报。着每年官为致祭,载入该省祀典,并御书匾额,发往悬挂轩辕黄帝庙及先蚕后殿,以祈神贶。御书轩辕黄帝庙扁曰'利用宜民',蚕神庙扁曰'衣被功神'。"

《清实录·高宗实录》卷一千四百五十二

（乾隆五十九年四月二十九日）

谨奏查浙省乡民饲蚕，每年春间在于轩辕黄帝庙祈祀蚕神，向无官为致祭之例。伏思浙江杭嘉湖三府比户饲蚕，以资衣食，其利甚普。前蒙圣谕，浙江蚕桑与稼穑并重，垂询蚕事雨水情形。臣仰体皇上念切民依至意，即赴轩辕黄帝庙拈香，见未供奉先蚕神牌。随于后殿敬谨安设，率属致祭。自三月下旬天气晴和，桑蚕茂育。查询三府属金称数年来未有如此旺盛，可冀丰收。此皆圣德感孚，闾阎咸沾乐利，似应昭报神庥。可否于每年春祭先农之后恭祭蚕神，并请永远列入浙省祀典。伏候圣主训示，遵行谨奏。

（朱批：即启旨）

乾隆五十九年四月二十九日
闽浙总督　臣觉罗伍拉纳
福建巡抚　臣浦霖

《清宫内务府奏销档》

（乾隆五十九年）

谨奏窃照浙江省城轩辕黄帝庙及后殿蚕神，荷蒙皇上颁发御书匾额。奴才敬谨刊刻于七月十四日恭悬，官民欢感理合。附片奏闻谨奏。

乾隆五十九年七月

《清宫内务府奏销档》

嘉庆十六年甲寅，谕内阁："内务府奏开列恭从采桑福晋命妇清单，奏请钦点一折。每年皇后亲蚕，以福晋命妇七人随从采桑，系属大典。乃近年来开列单内，除近支福晋外，大率系皇后姻亲，意欲借此请安，所以年年开送，其余多托故不与。此次开列单内仅止九人，其中大臣命妇则止有二人，自系各该大臣等不令其妻恭与典礼，是以托故不行开送。似此积渐因循，必致开列人数不敷点派，成何事体！此次姑就单内圈出七人，以备典礼。嗣后各该大臣命妇除实系有故、照例声明免其开送外，余俱着一并开列。如仍前托故规避，致人数短少，着内务府查明无故不到者，将该命妇之夫参处。"

《清实录·仁宗实录》卷二百四十

道光九年二月丙寅，谕内阁："本年致祭先蚕坛，着改于三月二十三日行礼。"

《清实录·宣宗实录》卷一百五十一

（道光三十年十一月十九日）

礼部尚书臣惠丰等谨奏，为奏闻请旨事。查例载每岁钦天监选择季春吉巳日祭西陵氏于先蚕坛。前一年由部将吉期具题。前一月将届期，皇后亲蚕或遣妃恭代双请，俟命下，行文该衙门照例备办等语。又载乾隆十四年，奉上谕："据礼部奏称，本年三月内先蚕祭期，请照例遣妃致祭，此于例意未协。夫妃所恭代者，代皇后也。有皇后，则妃可承命行事，皇贵妃未经正位中宫，则亲祭之礼尚不当举行，何以遣妃恭代。应照皇帝不亲耕耤、遣官致祭先农之例，于内务府堂官或礼部太常寺堂官、奉宸苑卿内酌遣一人致祭，方足以明等威而昭仪制，等因，钦此。"又道光二十年奉旨："遣内务府大臣文庆行礼，钦此。"又道光二十一年奉旨："此后着派内务府大臣行礼，毋庸双请，钦此钦遵。"各在案，今据钦天监选择得咸丰元年三月初六日祭先蚕坛，是否遵照乾隆十四年谕旨，于内务府、礼部、太常寺堂官、奉宸苑卿内奏请遣官，抑或遵照道光二十一年谕旨，遣内务府大臣行礼之处伏候，钦定恭俟。命下臣部，届期遵旨，奏派遣官致祭外，所有祭祀先蚕日期，理合先行具奏。臣部行文该衙门照例备办，为此谨奏请旨。

（朱批：仍遵道光二十一年谕旨行。）

道光三十年十一月　十九日
礼部尚书　臣惠礼
尚书　臣何汝霖
左侍郎　臣联顺
左侍郎　臣吴钟骏　学差
署左侍郎　臣孙葆元
右侍郎　臣瑞麟
右侍郎　臣曾国潘

《清宫内务府奏销档》

（咸丰九年二月初七日）

礼部奏请改致祭先蚕坛日期。由奏随交，二月初七日大学士管理礼部事务臣瑞麟等谨奏，为请旨事。查例载每岁钦天监选择季春吉巳日祭西陵氏于先蚕坛等语。恭查道光九年三月十一日乙巳祭先蚕坛。是年二月初二日，内阁抄出。奉旨："本年致祭先蚕坛着改于三月二十三日行礼，钦此钦遵。"在案。今本年三月十一日辛巳祭先蚕坛。是日恭遇孝贤纯皇后忌辰，可否援照成案，改期举行之处，伏候命下，臣部再行题请，为此谨奏请旨。

咸丰九年二月初七日
大学士管理礼部事务　臣瑞麟
礼部尚书　臣麟魁
尚书　臣朱嶟
左侍郎　臣爱仁　留署
左侍郎　臣孙葆元　学差
署左侍郎　臣宜振　视笾豆
右侍郎　臣文惠
右侍郎　臣杨式毅

《清宫内务府奏销档》

（光绪二十八年二月十一日）

奏礼部折致祭先蚕是否皇后亲诣请旨由，二月十一日经筵讲官礼部尚书臣世续等谨奏，为请旨事。恭查例载，每岁钦天监选择季春吉巳日祭西陵氏于先蚕坛。前一月，将届期皇后亲蚕，或遣妃恭代双请。如皇后亲诣行礼，将致祭先蚕及躬桑典礼一并具题。如皇后不亲蚕，交内务府，届期奏请遣妃致祭，各等语。今光绪二十八年三月初九日己巳祭先蚕坛，届期是否皇后亲诣行礼，抑或遣妃恭代，伏候谕旨遵行。再此折系遵旨改题为奏，合并声明。为此谨奏请旨。

光绪二十八年二月十一日
经筵讲官礼部尚书　臣世续
经筵讲官协办大学士尚书　臣徐郙

左侍郎臣荣惠　差
左侍郎臣　李绂藻
右侍郎臣绵文　学差
署右侍郎　臣崇勋
右侍郎臣朱祖谋

《清宫内务府奏销档》

建先蚕坛

乾隆七年，户部侍郎三德疏言："亲蚕典礼，与亲耕并重。前代制度未备，皇上敕建先蚕坛，为旷世巨仪。请将建坛址宫殿规制及兴工告成日期，宣付史馆，以光盛典。"诏从之。

《郎潜纪闻初笔》卷五

（乾隆）十一年谕："部议皇后亲蚕典礼。于不亲祭之年，照旧制，遣太常寺堂官致祭。朕思从前建立蚕祠，未议皇后亲蚕之礼。是以照祭祀例遣官。今既举行皇后亲蚕典礼，若遇不亲祭之年，自应遣妃一人恭代，以昭诚敬。为是所有行礼位次及酌定一应仪注，大学士会同各该衙门妥议具奏。钦此遵旨。"议定，嗣后每年皇后亲蚕，或遣妃恭代，礼部照例两请具题。如遇遣妃恭代之年，着内务府请旨，其遣妃致祭。前期斋戒二日，不进铜人，行礼位次，照先农坛遣官恭代之例，公主、福晋、命妇仍陪祀如仪。十四年谕："皇后亲蚕典礼，经朕降旨，若遇不亲祭之年，遣妃一人恭代。前因内阁礼部会议册立皇贵妃礼仪一疏，复经降旨，册封典礼于本年三月后举行。其亲蚕礼，俟正位中宫后，该部照例奏请。今据礼部奏称本年三月内先蚕祭期请照例遣妃致祭，此于礼意未协。夫妃所恭代者，代皇后也。有皇后，则妃可承命行事。皇贵妃未经正位中宫，则亲祭之礼尚不当举行，何得遣妃恭代？应照皇帝不亲耕耤、遣官致祭先农之例。于内务府堂官或礼部太常寺堂官奉宸苑卿内，酌遣一人致祭。方足以明等威而昭仪制。"

光绪《清会典事例》卷四三九

（乾隆）十一年谕："部议皇后亲蚕典礼，于不亲祭之年，照旧制遣太常寺堂官致祭。朕思从前建立蚕祠，未议皇后亲蚕之礼，是以照祭祀例遣官。今既举行皇后亲蚕典礼，若遇不亲祭之年，自应遣妃一人恭代，以昭诚敬。为是所有行礼位次，及酌定一应仪注，大学士会同各该衙门妥议具奏，钦此。遵旨议定。"

光绪《清会典事例》卷一一八六

嘉庆十六年谕："内务府开列恭从采桑福晋、命妇清单，奏请钦点一折。每年皇后亲蚕，以福晋、命妇七人随从采桑，系属大典，乃近年来开列单内，除近支福晋外，大率系皇后姻亲。意欲借此请安，所以年年开送，其余多托故不与。此次开列单内，仅止九人。其中大臣命妇，则止有二人。自系各该大臣等，不令其妻恭与典礼，是以托故不行开送。似此积渐因循，必致开列人数，不敷点派，成何事体？此次姑就单内圈出七人，以备典礼。嗣后各该大臣命妇，除实系有故、照例声明、免其开送外，余俱着一并开列。如仍前托故规避，以致人数短少，即着内务府查明无故不到者，将该命妇之夫参处。"

光绪《清会典事例》卷一一八七

嘉庆元年具题，三月二十三日致祭先□……

二年准奏，三月十七日祭先蚕坛，此□……

三年准奏，三月十七日祭先蚕坛，此□……

七年具题，二月二十八日致祭先蚕坛□……

八年具题，闰二月十六日致祭先蚕坛□……

九年具题，三月初四日致祭先蚕坛，奉□……

十年准奏，三月初九日致祭先蚕坛□……

十一年具题，三月初九日致祭先蚕坛□……

十二年具题，三月初三日致祭先蚕坛。

十三年具题，三月初九日致祭先蚕坛。

十四年具题，三月初九日致祭先蚕坛。

十五年具题，三月初三日致祭先蚕坛，奉旨皇后亲诣行礼。

十六年具题，三月初九日致祭先蚕坛，奉旨皇后亲诣行礼。

十七年具题，三月初九日致祭先蚕坛，奉旨皇后亲诣行礼。

二十一年四月癸酉，皇后行躬桑礼。

二十二年三月丁未，皇后行躬桑礼。

二十三年四月己丑，皇后行躬桑礼。

咸丰三年三月乙巳朔，皇后祀先蚕。

四年三月乙巳，皇后祀先蚕。

六年三月己巳，皇后祀先蚕。

八年三月辛巳，皇后祀先蚕。

十年三月癸巳，皇后祀先蚕。

右祭先蚕

《皇朝政典类纂》礼一至三

乾隆五十九年谕："吉庆奏浙省乡民饲蚕，每年在轩辕黄帝庙祈祀蚕神，向不官为致祭，随安设神牌于后殿，率属致祭。三月下旬，天气晴和，蚕桑茂育等语。蚕桑本与稼穑并重，浙省杭、嘉、湖三府尤比户饲蚕，以资生业。允宜恭祀先蚕，聿崇昭报。着每年官为致祭，载入该省祀典，并御书匾额发往悬挂于轩辕黄帝庙及先蚕后殿，以祈神贶。"

又议准浙江省城轩辕黄帝庙蚕神，并杭、嘉、湖属二十三州县蚕神祠每年官为致祭，所需祭品照致祭先农坛之例办理。其致祭日期，查照部颁祭祀日期单内致祭先蚕吉日，一体遵行。

（嘉庆）十六年谕："内务府奏开列恭从采桑福晋、命妇清单，奏请钦点一折。每年皇后亲蚕以福晋、命妇七人随从采桑，系属大典。乃近年来，开列单内除近支福晋外，大率系皇后姻亲，意欲借此请安，所以年年开送。其余多托故不与此次开列单内，仅止九人，其中大臣命妇则止有二人，自系各该大臣等不令其妻恭与典礼，是以托故不行开送，似此积渐因循，必致开列人数不敷点派，成何事体？此次姑就单内圈出七人以备典礼。嗣后，各该大臣命妇除实系有故、照例声明、免其开送外，余俱着一并开列。如仍前托故规避，致人数短少，着内务府查明，无故不到者，将该命妇之夫参处。"

《清朝续文献通考》卷一百五十五

西苑亲蚕坛　嘉靖九年，议亲蚕礼。初拟安定门外建坛，以郊外未便，乃筑坛于西苑仁寿宫之侧。十四年，后亲蚕，并点采桑命妇。见《典礼志》。

北郊已复亲蚕礼，内苑仍开献茧宫。

缲出素丝方玉雪，织成玄衮炫山龙。

《桂洲集》

明西苑蚕室　采桑坛之东，为具服殿，北为蚕室。又为从室，以居蚕妇。置蚕宫令一员，丞二员，内臣谨恪者为之。见《典礼志》。嘉靖九年三月，皇后亲蚕，点采桑命妇一十七人。见《嘉靖祀典》。

蚕馆开周典，鸾舆扈汉仪。

棘墙春窈窕，桑沼昼涟漪。

茧献夫人日，衣明上帝时。

娥媌御王母，玉珮降瑶池。

《人海诗区》

养蚕词

饲牛须小儿，饲蚕须小女。小女才上头，灵明已如许。堂中一筐复一筐，屋左屋右皆柔桑。挑桑作蚕衾，挑桑作蚕褥。蚕食蚕衣无不足，闲来习静深闺里。一种心情更堪喜，与蚕同眠复同起。蚕行作茧女嫁夫，裁茧作女身上襦。君不见，养蚕虽劳得蚕效，拜得马头娘上轿。

《洪亮吉集》

桑园深锁绿阴酣，油盖安车重祀蚕。

召取吴兴村妇至，绮华馆内染云蓝。

门近椒园旧广场，清明初祭马头娘。

六宫慢讶春愁重，皇后亲蚕正采桑。

桑园门在金鳌玉𬘓桥之北，门南向，与蕉园门相对。每岁三月吉巳，皇后于园内亲祀先蚕西陵氏之神，妃嫔二人，公主、福晋、命妇七人，随从采桑。皇后有事，或遣妃恭代。光绪间，孝钦皇后命浙江巡抚选湖州蚕妇数人，入京教习饲蚕之法，设立绮华馆，招募机匠，缫丝织绸。

《清宫词》

民国部分

上编 史料编

一、档案

及《塘沽协定》以后，华北粗安，史语所因长江流域雨水较多，于档案的贮存殊不适宜，且关系材料的搜集，南方远不及北方之易，于是将所有档案仍行迁回。因整理的方便，我们将这些从南方迁回的档案，全行贮存于北海蚕坛，还有些残缺的三法司卷及仅存满文的红本，与装在麻袋里的碎烂档案，从前既没有南运，现在仍堆存于午门西翼楼上。

《再述内阁大库档案之由来及其整理》（《国立中央研究院历史语言研究所集刊》第三本第四分册）

逮抗战军兴，北平沦陷，本所留平同人自行解散，留书记及工友各一人看守档案。逮二十七年一月，伪临时政府教育部派伪科长来接收，将本所书记及工友逐去，封闭蚕坛，留一工友看守。是年十一月，伪教育部将蚕坛拨归伪北京大学，设立内分泌研究所，遂将档案迁往端门，置于门楼上及门洞内，由历史博物馆保管。

《中央研究院历史语言研究所整理运送及接收保管明清档案相关史料》

1939年初，北京大学医学院第九七号公函记载："为设置研究院，请暂行拨借北海蚕坛前历史语言研究所原址为院址，因亟待成立，着手修理，希查照惠允等因到会。"因事关拨借政府公产一事，故由当时的伪北京特别市公署出面，发出公字第二四五号指令："呈悉案经函准教育部二十八年一月九日咨覆，查本部所属医学院此次设立研究院，因一时无适当房屋可资应用。爰由本部将前历史语言研究所档案挪出，暂行借拨该院为院址。一俟觅得相当地点，即行迁让。相应咨请查照准予继续借用等因，准此查所请借用蚕坛房屋一节，准予暂借一年。"

北京市档案馆藏档案

国立北京大学医学院研究院（下称研究院）与北海公园委员会（下称公园）因借用先蚕坛房屋订立合同如下：

一、公园为赞助教育文化起见，依照呈准北京特别公署定案，允将蚕坛内坛全部殿宇，暂行借与研究院为办公之用。但研究院不得将该处转借转租，并不得移作他项用途。

二、暂借期限依照市公署规定以一年为度，期满，研究院应将房屋交回公园。如未届满期，研究院已另觅妥院址时，亦得提前将房交回公园。

三、借用范围，蚕坛内前后院计大小房二十八间，游廊二十四间。但界外未经公园允许，研究院不得扩充占用之。其一切打扫，仍由公园负责。

四、借用期内，遇有研究院来宾入园时，除有特别规定外，仍须照章先购公园游览券。

五、原来建筑物附着物及所有设备，研究院应加珍护，非得公园同意，不得变更。

六、借用范围内原有附着物及设备装修等件，另缮清单，附粘本合同，以资查考。

七、借用范围内，得由研究院依照旧制修葺，不加变更，但已经研究院增修之各项建筑物，及毗连之附着物，于将来交房时，一并交还公园。

八、研究院职员及其事务关系之人员，先期开单，交由公园给予入门证，工役则由公园给予腰牌，进公园前后门，必须持验其有外来差役及商贾，经呈验所送信函物件，亦得免费入园。

九、关于借用范围之清洁事项，由研究院负责。

十、研究院职员工役，务须遵照公园规章，由研究院负责。

十一、本项合同缮具三份，公园、研究院各存一份备查，并由公园呈报市公署一份备案。

国立北京大学医学院　鲍鉴清　北海公园委员会　傅增湘

附清单：

前院北房五间，前面玻璃窗户八扇，前后玻璃帘架二份，记玻璃八块。前后玻璃槅扇四扇，记玻璃八块。前后玻璃风门二扇，计玻璃二块带洋锁。前后横楣十二扇。屋内屏风一槽（只有上槛木框），内外电灯九盏。

东配房三间，玻璃窗户四扇，玻璃帘架一份，计玻璃四块，槅扇二扇，计玻璃四块，横楣九扇，隔断二槽，板门一扇带洋锁。玻璃风门一扇，计玻璃一块，带洋锁电灯四盏。西配房三间，玻璃窗户四扇，玻璃帘架一份，计玻璃四块，槅扇二扇，计玻璃四块，横楣九扇，隔断一槽。玻璃风门一扇（玻璃坏）带洋锁，电灯四盏。

东厨房一间，窗户一扇，风门一扇，电灯一盏。

亲蚕门门楼一座，大门一合带闩架，闩石墩二个，额一块。院内屏风木架一槽，石墩十个。院内门灯二盏，闩口二个。西墙木门一合带闩，电灯一盏。

北平台一间，窗户二扇，玻璃风门一扇，计玻璃四块带洋锁，玻璃横楣一扇，计玻璃二块（坏一块），电灯一盏。

院后北房五间，玻璃窗户八扇，吊窗八扇，挺钩十二根。玻璃帘架一份，计玻璃四块。玻璃风门一扇，玻璃一块带洋锁。玻璃槅扇二扇，计玻璃四块。横楣十五扇，隔断二槽，板门二扇带洋锁，电灯六盏。

东端北耳房一间，窗户二扇，板门一扇带洋锁，电灯一盏。西端北耳房一间，窗户二扇，板门一扇带洋锁，电灯一盏。

东配房三间，玻璃窗户四扇，吊窗四扇，挺钩八根。玻璃帘架一份，计玻璃四块。玻璃槅扇二扇，计玻璃四块。玻璃风门一扇，计玻璃一块带洋锁。横楣九扇，电灯四盏。

西配房三间，玻璃窗户四扇，吊窗四扇，挺钩八根。玻璃帘架一份，计玻璃四块。玻璃槅扇二扇，计玻璃四块。玻璃风门一扇，计玻璃一块带洋锁。横楣九扇，隔断一槽，板门一扇带洋锁。南面玻璃窗户二扇，计玻璃六块，窗户一扇带护窗板一块。电灯四盏。

廊子二十四间，窗户隔断六十扇，坐凳板十六段，花横楣十六扇，电灯四盏。

北厕所二间，玻璃窗户一扇，计玻璃四块，玻璃横楣二扇，计玻璃四块。

木板门二扇带洋锁，木板墙二段，电灯二盏。院内桑树七株，松树二株，槐树四株，珍珠梅四株，石墩八个。

北京市档案馆藏档案

民国三十年初，国货陈列馆奉伪北京特别市公署令"推陈出新，切实整顿"，将馆址迁移至北海先蚕坛。据北海公园委员会致伪北京特别市公署国货陈列馆公函记载："奉令将本园蚕坛房屋及东南角三合小院一所，暨东墙根群房九间，拨为市立国货陈列馆应用一案，事关公产公用，自应遵令照拨。迭经贵馆派员接洽，妥协修葺裱糊，并准来函于1月15日开始移驻蚕坛。"

原位于正阳门箭楼内的国货陈列馆于民国三十年1月7日起停止游览，筹备迁移。1月15日开始搬迁陈列物品，于1月24日全部搬运完毕。旧馆址正阳门箭楼移交外一区警察分局巡守保管。国货陈列馆员役一方面在先蚕坛新馆址内加紧整顿布置，另一方面又抽派人手向各厂商征集陈列品。各厂商"为切实提倡维护工商业之盛意，无不鼓舞参加。关于本市名贵出品雕漆、珐琅等新送陈列，共已有数百件之多，业已分部陈列"。辛巳年春节过后，国货陈列馆自迁往北海先蚕坛的各项布置整理工作已全部就绪，并于阴历正月十六日（民国三十年2月11日）上午12时举行了开幕典礼。开幕当日，伪北京特别市市长秘书、市属机关长官及各厂商代表均来到北海先蚕坛新馆址参观。因先蚕坛内空间狭小，又借用北海公园董事会房间举行了隆重的招待会。

北京市档案馆藏档案

查北海蚕坛亲蚕殿等四座保养工程即将开工，前经函请惠于饬属协助在案，准该工程需用材料（应由官发）颇多，本处现无适当材料可拨。兹查该坛东边有露顶缺墙之破屋三间，颓废已久，并无复修价值。依据整理古建筑物原则，拟予摄影记录，以备将来文献与法式上之参考。即将残存旧料拆除，移作修复亲蚕殿等工程之用，以节公帑。

北京市档案馆藏档案

案查本年度北平文物整理预算案内北海蚕坛保养工程（即亲蚕殿等现为国

货陈列馆占用），前经本处标定广和营造厂承揽，并函请北平市政府社会局饬属协助在案。正工作间，侧闻该国货陈列馆已由社会局移交贵局接管，应请惠予饬属经续协助一切。又查该保养工程范围不涉及室内，但拔草勾抹时，须揭开瓦顶，方能修葺。诚恐椽、望、泥工牵连坠落，致影响室内陈列品之安全。督工人员深苦无法预为防范，拟请查照，迅赐办理，并希见复为荷。

北京市档案馆藏档案

北海蚕坛保养工程做法说明书

甲　工程概说

蚕坛位于北海东北隅，正门三楹。入内有坛台，迤东为宰牲亭、神库等。迤北为亲蚕前殿、亲蚕后殿及东西配殿，中夹浴蚕池，回廊相继，均绿色琉璃瓦顶。全坛以久失修葺，瓦顶檐木、月台、踏跺、阶条、坛台、围墙均有走闪破坏，如全部修葺，所费颇巨。以工款有限，本工程先就主要之四殿顶及回廊施以保养，并择要局部修缮，以免渗漏继续损坏而保建筑。

乙　施工细则

一、保养做法

图示范围内全部瓦顶拔草、扫垄。拔草时，务须注意连根拔除。瓦垄隙尘埃、青苔等物，须用瓦刀或铁刷仔细铲除干净，然后扫垄。灰皮脱落处，先用水刷一遍，随用百比五青白灰麻刀查补、捉节、夹垄。瓦件松脱者，揭起，将原有瓦灰铲除，重新用一点二白灰细焦渣，瓦用百比五麻刀灰捉节夹垄，然后全部瓦顶擦拭干净。

二、局部修缮做法

在图中所注各糟朽、下垂部分，均拟予以局部修缮。凡连檐、瓦口、飞头、椽、望糟朽或下垂部分，先将瓦件灰背揭除。然后将糟朽椽、飞、望板用松木照原样剔换齐全，钉装坚固。稍有糟朽、裂缝者，以松木钉补坚实。在新钉望板上涂抹臭油二道，用一点三白灰焦渣（焦渣过节）苫背，厚随旧背，拍打出浆。再抹百比五青白灰麻刀背一层，厚约二公分。俟八成干后，用一点二白灰细焦渣（过细节）瓦瓦，百比五青白灰麻刀捉节夹垄，然后擦拭干净。凡新换各件木料露明部分，均攒生桐油二道，随旧色断白。

三、杂项

1. 亲蚕后殿及东西配殿山墙琉璃博缝多有残缺，均照原尺寸改挂木板，上钉有刺铁丝网，抹白洋灰沙子，干后涂绿色油，务使与琉璃仿佛。

2. 吻件有残坏处，改用砖砂、白洋灰及铁丝网堆砌表面，纹饰须仿原式刻做，干后，亦涂绿色油。

附注：

一、零星工程

本工程做法说明未经载明而为工程上所必需之零星工程，承揽人须照做，不得故意推诿。

二、清理工地

工竣后，承揽人须将工地清理干净，渣土送至指定地点。

三、官发材料

1. 旧木料及瓦件均由亲蚕门外东面指定破房拆用。

2. 油料四十公斤、白洋灰十五袋、洋灰五袋、铁丝网六十张、有刺铁丝二卷。以上材料均由景山材料库随工程进度临时发给，有余缴还，不足时，由承揽人员负责添配。

北京市档案馆藏档案

查北海蚕坛国货陈列馆历史已久，应继续保存，并加改善，市政府既无力保管，可将全部物品移交历史博物馆接收陈列。

北京市档案馆藏档案

本馆前以北平为我国文献之渊薮。因于北平分设本馆办事处采撷史料，以供载笔之需。经岁以来，颇有进展，惟该处办公地址系暂借中央党史会东四二条5号之房屋。现党史会收回自用在即，本馆另觅地点，极感困难。现悉贵府掌管北海公园内之蚕坛有房二十余间久未使用。拟请拨借本馆作为北平办事处办公之用，以裨史政。倘承惠允，本馆自当负责爱护，一举两得。

北京市档案馆藏档案

查该蚕坛内房屋于本年9月1日接国立北平图书馆函,请借为办理查报、阅览及存查之用。当时本园以该蚕坛房屋损毁殄重,各部分亟待修理,第以园中经费困难,无力兴工。经与该馆商洽修理办法,计第一期内,该馆先行修理,亲蚕殿前院东西配殿、围墙、内楼及神库房等顶部翻修,所有一切工料费已由该馆负担。第二期修理蚕坛全部房屋需用工程费,亦允全部担任。国史馆请借蚕坛房屋办公一节,已无余房可借。

北京市档案馆藏档案

查蚕坛院屋年久失修,榛莽荒秽,屋顶渗漏。其坍塌摧折之处,犹数见不鲜。若不及时修葺,恐损坏愈甚,更难应用。兹就贵馆借与之该坛前院、中院、东院,分为三部工程。先将各院正殿及配殿屋顶、墙头及亭廊上顶各处莠草芟除。其小厨房及东西跨院月牙河畔杂枝乱草丛生之处甚多,须一一找补齐全。其损坏较大各处,并须加工修理。为东院北殿东北隅上顶坍塌,覆瓦残破,应改换椽木补瓦。其各殿槛、柱、阶、台,亦多损坏,并应修理,此项工程需用大量白灰、麻刀、洋灰及木料。工竣之后,所有殿房既可应用,蚕坛胜迹亦可恢复旧观。一切依旧,对于原有建筑,决不变动,以期保存旧有建筑。

北京市档案馆藏档案

国货陈列结束装箱事,在原则上已经决定,惟所需经费五千三百万元。曾经详细计算,无法再减,此案系本局本身事务,自难向图书馆索款,倘图书馆情愿帮助,数目多寡,本局自无异议。其余不足之数,当由本局尽力筹措。惟何日可以筹足着手迁动,尚不能预计。

北京市档案馆藏档案

二、专述

隆裕后亲蚕事

皇后亲蚕事，先取其子而孵化之。蚕既生，皇后乃饲以桑叶。俟其长成，至于吐丝而止，每日必采鲜叶食之，日四五次，特命宫眷数人，于夜间与之食，且观其有无逃去者。蚕之生长极速，其形日异，及其长成也，所食极多，宫眷之饲之者，故甚形忙碌。皇后能于日光照之，而知其吐丝之时，苟视之而透明者，则蚕已熟，乃置之纸上。此时之蚕，一无所食，后常常视之，勿令他去可矣。吐丝四五日后，丝既竭而蚕亦萎缩，状如死者。皇后取而藏之盒中，俟其成蛾，乃取出，置厚纸上，而布子焉。苟蚕已成熟，而任其自然也，则必吐丝自缚，至于布满，而渐成茧矣。因欲知其丝之吐尽未也，乃取茧而于耳边摇之。苟丝已尽，则闻其声，继置茧于沸水中，以俟其柔，如此而蚕死矣。乃以针挑拨丝头，置于辘上而缫之。此外尚有数茧，则另蓄之。蚕既成蛾，乃破茧而出，亦置纸上，备之布子。而置之于寒凉之地，俟至来春，其子又孵化而成茧矣。丝已成，仍取至太后前，俾之鉴核。方此时，太后命一阉人取其幼时于宫中所制之丝来前，而与新丝比。其丝历年已久，然与新制者同其精美也。

《大清见闻录》

坛东为观桑台。台前为桑园，台后为亲蚕门，入门为亲蚕殿。观桑台高一尺四寸，广一丈四尺，陛三出，制如社稷坛。亲蚕殿后恭悬御书，额曰"葛覃遗意"，联曰："视履六宫基化本；授衣万国佐皇猷。"亲蚕殿后为浴蚕池，池北为后殿。后殿悬御书额曰"化先无斁"，联曰："三宫春晓觇鸠雨；十亩新阴映鞠衣。"屏间俱绘《蚕织图》，规制如前殿。今是处改为河道派出所。

《三海见闻志》

三、官方文件

指令国货陈列馆,据呈以奉谕迁往北海蚕坛。遵查房屋适宜等情准予照办。仰先估必要费用呈夺由呈件均悉准予照办,应将必要费用先行估计呈夺,除令饬北海公园委员会遵办外,仰即遵照此令件存。

中华民国二十九年十二月六日　市长　余晋龢

《市政公报》

指令北海公园委员会,据呈报已将北海蚕坛拨交陈列馆应用等情,已悉由呈悉此令。

中华民国三十年二月六日　市长　余晋龢

《市政公报》

教育部咨:咨(总)字第七七号(民国二十八年九月二十三日):

为咨行事,查本部前为国立北京大学医学院研究院借用北海蚕坛房屋一案,承贵署于本年一月二十一日咨复准予暂借一年在案。兹查该院已另觅妥院址,自应将原借蚕坛全部房屋交还,除令行国立北京大学转饬医学院移交外,相应咨请查照转饬北海公园委员会接收为荷。此咨,北京特别市公署。

教育部总长　汤尔和

《政府公报》

咨北京特别市公署咨复为请将北海蚕坛房屋准予继续借用由(民国二十八年一月九日)

为咨复事。案准贵公署贞字第六三三号公函,以北海公园蚕坛房屋前于民国二十年间借予前历史语言研究所应用在案。现时历史语言研究所业已结束。而医学院函称奉令暂拨北海蚕坛房屋为该学院研究院院址一节是否实情，希查明见复等由准此。查本部所属医学院此次设立研究院，因一时无适当房屋可资应用，爰由本部将前历史语言研究所档案挪出，暂行借拨该院为院址。一俟觅得相当地点，即行迁让，准函前因相应咨请查照，准予继续借用，至纫公谊。此咨，北京特别市公署。

《政府公报》

令国立北京大学，为令遵事。案查医学院借用北海公园蚕坛房屋为研究院院址一案，业由本部咨请北京特别市公署将上项房屋暂行借用。俟该院觅得相当地点，即行迁让在案。兹准核公署咨复略开除令北海公园委员会，准予暂借一年径订借约外，相应咨复查照饬知办理等由准此合行。令仰该大学转知医学院径与北海公园委员会订立借约为要，此令。

教育部训令　民国二十八年一月二十六日
《政府公报》

下编

研究编

一、建筑研究

北京先蚕坛的建置沿革

一、元代先蚕坛的位置

北京的先蚕坛建置始于元代，距今已有700余年的历史。据《元史》志二十七记载："武宗至大三年（1310）夏四月，从大司农请，建农、蚕二坛……纵广一十步，高五尺，四出陛，外壝相去二十五步，每方有棂星门，今先农、先蚕坛位在耤田内，若立外壝，恐妨千亩，其外壝勿筑。是岁命祀先农如社稷……先蚕之祀未闻。"[1] 这说明元武宗时期，先农、先蚕二坛同时建于皇家耤田之内。其时，元政权入主中华已历40年，元朝全盘接受中华坛庙典祀文化，从而表明其政府的法统地位。

该处坛址具体位于何处，早已湮没不清，但可大致判断其位置所在。《续通典》载："元世祖至元七年（1270）六月，立耤田于大都东南郊。"[2]《析津志》记载："庆丰闸二，在耤田东。"[3] 成宗元贞元年（1295）"耤东闸改名庆丰"[4]。由此可知，庆丰闸原名耤东闸，以其在耤田之东而得名。庆丰闸俗称二闸，现有遗址保留，并辟为公园。据此，元大都耤田当在今东便门外至东三环通惠河庆丰公园之间，方圆约五里[5]。元代的先农坛、先蚕坛就建在此范围内。

---

[1] ［明］宋濂等：《元史》卷七十六，中华书局，1976年，第1891页。
[2] ［清］嵇璜、刘墉等：《续通典》卷五十，浙江古籍出版社，2001年，第1429页。
[3] ［元］熊梦祥：《析津志辑佚》河闸桥梁，北京古籍出版社，1983年，第95页。
[4] 《元史》卷六十四，中华书局，1976年，第1589页。
[5] ［清］缪荃孙等：《光绪顺天府志》，北京古籍出版社，2000年，第1300页。

二、明代先蚕坛

明初,永乐帝迁都北京后,建立天地坛、山川坛、社稷坛、太庙等礼制建筑,但先蚕坛并未列入祀典。直到明嘉靖九年(1530),都给事中夏言等人建议:"请改各官庄田为亲蚕厂、公桑园。令有司种桑柘,以备宫中蚕事。""耕蚕之礼,不宜偏废。"嘉靖皇帝乃敕命:"天子亲耕,皇后亲蚕,以劝天下。自今岁始,朕亲祀先农,皇后亲蚕,其考古制,具仪以闻。"① 由此,明代的先蚕坛得以筹建。

然而在先蚕坛的选址问题上,却颇费了一番周折。大学士张璁等主张在安定门外建先蚕坛。詹事霍韬以道远为由,予以否定。户部官员也主张安定门外水源不足,无浴蚕之所,建议仿照唐宋时期,在皇家宫苑中,利用太液池水浴蚕缫丝。然而嘉靖帝崇尚周制古礼,仍坚持将先蚕坛建在安定门外,并且亲自制定了先蚕坛的制度与规模:"坛方二丈六尺,叠二级,高二尺六寸,四出陛。东西北俱树桑柘,内设蚕宫令署。采桑台高一尺四寸,方十倍,三出陛。銮驾库五间。后盖织堂。坛围方八十丈。"② 并于当年阴历四月在先蚕坛尚未建成的情况下,由皇后在安定门外举行了一次仓促的先蚕祭祀典礼。但是到了第二年就朝令夕改,又以皇后出入不便为由,命改筑先蚕坛于西苑仁寿宫附近(在今中南海西北部)。而安定门外的先蚕坛,则因道远不便,未完工,即废弃,长期无人管理,形成积水坑洼,成为今日所见之青年湖。③

据《明会典》卷五十一记载:"先蚕坛高二尺六寸,四出陛,广六丈四尺,甃以砖石。又为瘗坎于坛右方,深取足容物。东为采桑台,方一丈四尺,高二尺四寸,三出陛,铺甃如坛制。台之左右,树以桑。坛东为具服殿三间。前为门一座,俱南向。西为神库、神厨各三间。右宰牲亭一座。坛之北为蚕室五间,南向,前为门三座,高广有差。左右为厢房各五间。之后为丛室各十,以居蚕妇。设蚕宫署于宫左偏,置蚕宫令一员,丞二员。择内臣谨恪者为之,以督蚕桑等务。"④

---

① [清] 张廷玉等:《明史》卷四十九志,中华书局,1976年,第1273页。
② [清] 张廷玉等:《明史》卷四十九志,中华书局,1976年,第1274页。
③ 东城区志编纂委员会编:《北京市东城区志》,北京出版社,2005年,第521页。
④ [明] 李东阳等:《大明会典》卷五十一,江苏广陵古籍刻印社,1989年,第915页。

最终，在西苑建成的先蚕坛，还设置了一座办公机构——蚕宫署，并设官员管理，称蚕宫令、蚕宫丞，以负责先蚕坛的日常行政事务。每年季春（农历三月）择吉日，由皇后亲临先蚕坛拜祭"蚕神"，并观桑治茧，作为一种仪式，垂范天下，教化斯民，体现了封建王朝"男务稼穑，女勤织纴"的治国理念。

到嘉靖三十八年（1559），实行不久的亲蚕典礼即被废止，直至明代灭亡，也再未实行过。明代的先蚕坛从无到有，由兴而衰，只不过存在了短短的29年时间，只约等于明朝国祚的十分之一。而且皇后亲自参加的亲蚕仪式，也只有嘉靖九年这唯一一次，此后再无明文记载。

三、清代改建先蚕坛

清代立国之初，承袭明制，先蚕坛并未列入祀典。清圣祖康熙对蚕桑开始重视起来，他曾在中南海丰泽园之东设立蚕舍，植桑养蚕，浴茧缫丝，并在内府设置了额定825名匠役，设立织染局，织染自产蚕丝。雍正十三年（1735），河东总督王士俊奏疏请祭祀先蚕："百神各依本号，如农始炎帝，止称先农神，则蚕始黄帝，亦宜止称先蚕神。按周制蚕于北郊。今京师建坛，亦北郊为宜。"工部右侍郎图理琛奏请："立先蚕祠安定门外，岁季春吉巳，遣太常卿祀以少牢。"① 然而由于这时的雍正帝已久病缠身，自顾不暇，因而请立先蚕坛的建议就此搁置。

直到乾隆七年（1742）七月，大学士鄂尔泰又上奏折，请建先蚕坛：

> 古制，天子亲耕南郊，以供粢盛，后亲蚕北郊，以供祭服。我皇上亲耕耤田，以示重农至意。乾隆元年议建先蚕祠宇，所以经理农桑之道，至为周备。今又命议亲蚕典礼。伏思躬桑亲蚕，历代遵行，但北郊蚕坛，向在安定门外。前明嘉靖时，以后妃出入道远，亲莅未便。且其地水源不通，无浴蚕室，遗址久经罢废。考唐宋时后妃亲蚕多在宫苑中，明代亦改建于西苑……今逢重熙累洽、礼明乐备之时，亲蚕大典，关系农桑，自应遵旨举行，以光典礼。其应相度蚕地，建立蚕坛、蚕宫、从室之处，请交

---

① 赵尔巽等撰：《清史稿》卷八十三，上海古籍出版社，1986年，第342页。

内务府会同工部等衙门办理。①

鄂尔泰提出了建立先蚕坛的动因是要遵从"帝亲耕南郊,后亲蚕北郊"的古制,"以光典礼"。这时清朝立国已近百年,国家各项统治秩序已臻完善。而先蚕典礼的缺失,显然有违乾隆朝宫闱礼仪制度的完备性。在农桑为本、男耕女织的封建时代,既然皇帝要耕耤田祭先农,皇后作为六宫之首母仪天下,当然要起表率作用,因而建立先蚕坛的计划便提上议事日程。

同年八月初四,这天内务府大臣海望根据鄂尔泰的奏折,进一步提出了建坛构想。这个构想俨然是在详细考证历代先蚕祭祀之制的基础上提出的一个成熟的、具有可操作性的建坛规划:

> 奴才海望谨奏,为请旨事。窃惟古制,天子亲耕,以供粢盛,后亲蚕,以供祭服。自昔亲蚕大典,原与亲耕之礼并重。奴才谨按历代旧制,《周礼》仲春天官内宰,诏后率内外命妇蚕于北郊。有公桑蚕室,近川而为之,筑宫仞,有三尺棘墙,而外闭之。汉制,蚕于东郊。魏黄初中,蚕于北郊。晋太康年间,蚕于西郊,立先蚕坛,高一丈,方二丈,四出陛,陛广五尺。在采桑坛东南,惟宫外门之外,而东南去惟宫十丈,在蚕室西南,桑林在其东。宋孝武,置蚕室建大殿,又立蚕观。北齐,置蚕坊于京城北,去皇宫十八里,外有蚕宫,方九十步,墙高一丈五尺。其中起蚕室二十七(间),别建殿一区,置蚕宫,令巫宦者为之,路西置皇(室)后。蚕坛高四尺,方二丈,四出陛,陛各广八尺。置先蚕坛于桑坛东南,坛高五尺,方二丈,四出陛,陛各五尺,外兆方四十步,面开一门,有椽檐棍构。隋制,先蚕坛于宫北三里,为坛高四尺。唐立先蚕坛于长安宫北苑中,高四尺,周回三十步。开元年间,又为瘗堹于坛之壬地。内壝之外,方深取足容物,南出陛,又为采桑坛于坛南二十步所,方三丈,高五尺,四出陛,量施帷幛于外壝之外。宋真宗朝,筑先蚕坛于东郊,从桑生之义,其坛酌中用北齐之制。神宗年间,定祀先蚕,不设燎坛,但瘗埋以祭。徽宗朝,仿北齐制,置公桑蚕室,度地为宫,四面为墙,高仞有

---

① 张廷玉等撰:《清朝文献通考》卷一〇二,商务印书馆,1936年,第896页。

三尺，上被棘。中起蚕室二十七（间），别建殿一区为亲蚕之所，仿汉制，置茧馆，立织室于蚕宫中，养蚕于箔，度所用之树为桑林，筑采桑坛于先蚕坛南，相距二十步，方三丈，高五尺，四出陛。明嘉靖九年，建先蚕坛于安定门外，准先农坛制，旁设采桑坛，仿耤田制。共别殿如南郊。斋制少减其数，即斋宫旁起蚕房，为浴蚕室。后改筑坛于西苑仁寿宫侧。坛高二尺六寸，四出陛，广六尺四寸，东为采桑坛，方一丈四尺，高二尺四寸，三出陛。台之左右树以桑，东为具服殿，殿北为蚕室，又为从室，以居蚕妇。设蚕宫署于宫左，置蚕宫令一员，丞二员，择内臣谨恪者为之。是历代建立蚕坛规制，仿于周时，至北齐而制度略备，嗣后由唐宋以至于明，虽互有增益，大概悉仿北齐之制而扩充之。奴才谨就各朝所定，详加酌量，援古制以为程，据地形而相度，拟建先蚕坛所，南向方广二丈六尺，四出陛。采桑坛所，古制，原有东向，取桑生之义。今拟用东向，方广一丈四尺，三出陛。于坛之四围广植桑树。建蚕宫正殿五间，配殿六间为新蚕室，织室五间，茧馆六间，从室二十七间。外建神库九间，蚕宫署九间。至具服殿一区，创自明嘉靖年间，从前各朝采用帷幕，均未议定建殿宇，现已于图样内，照明代将具服殿画就，如减盖或仿晋唐之制，酌用帷幕，谨绘成图样三张。恭呈御览，伏候圣明指定，另行放样烫胎呈览。至于高下丈尺及应需工料，统俟逐细估计，奏请谕旨遵行，为此谨奏。

海望历数了前朝各代先蚕坛的规制，据此初步拟定出清先蚕坛的建筑形制，并进行了绘图和模型（烫样）制作。

同年九月初八，海望又上奏道：

乾隆七年八月二十六日，将先蚕坛烫样呈览，奉旨："照样准做，钦此钦遵。"随即率员踏勘，约估得先蚕坛祭台、采桑台、蚕宫、织室、茧馆、神库、神厨、井亭，从室殿宇房座八十七间。天门、宫门、瘗坎、方河、桥闸十一座，并各处随墙门座、大墙、月台、海墁甬路，填筑海岸河道，起培地基以及拆修外围大墙等项，除需用颜料向户部领用，琉璃瓦料、杉木、架木、席竿向工部取用，绫绢纸张、铜锡物料，向广储司领用，亮铁槽活交武备院办造,并遵旨将建福宫、瀛台等处余剩木、石、砖瓦选用外,所有办买木、石、砖、灰、绳、麻、钉、铁、杂料等项,以及各作匠夫工价,约估银九万六千五百余两。再查得兔儿山前有旋磨台一座,经年久远,倾圮不堪,其中周围砖块甚多,并有补垫河帮石料,此项旧有砖石,不便任其弃置,今现在修建蚕坛,奴才愚见,请即将此项砖石拣选添用,约估银砖块值银四千三百余两,石料值银三千四十余两,除将前项约估银两扣除外,净应需银八万九千一百六十余两,请向广储司支领应用,以便今冬备料、明春兴修。谨将约估殿宇、房座需用物料工价银两数目,另缮清单,一并恭呈御览。为此谨具奏闻。①

海望将先蚕坛的设计方案和工程预算呈报皇帝。乾隆帝大为高兴,对此规划予以批准。从乾隆七年九月二十日动工至乾隆八年九月二十七日,先蚕坛建成完工。据十一月二十一日奏销档记载,先蚕坛建设共"销算银七万四千一百二十七两七钱二分二厘",比预算有所结余。

新建成的先蚕坛,垣周160丈(合今512米),占地面积17160平方米。《日下旧闻考》卷二八记载了先蚕坛的形制:

> 先蚕坛在西苑东北隅。先蚕坛乾隆七年建,垣周百六十丈。南面稍西正门三楹,左右门各一。入门为坛一成,方四丈,高四尺,陛四出,各十级。三面皆树桑柘。西北为瘗坎。我朝自圣祖仁皇帝设蚕舍于丰泽园之左,世宗宪皇帝复建先蚕祠于北郊,嗣以北郊无浴蚕所,因议建于此。坛东为观桑台。台前为桑园,台后为亲蚕门,入门为亲蚕殿。观桑台高一尺四寸,广一丈四尺,陛三出。亲蚕殿内恭悬皇上御书,额曰"葛覃遗意",联曰:"视履六宫基化本;授衣万国佐皇猷。"亲蚕殿后为浴蚕池,池北为后殿。后殿恭悬皇上御书,额曰"化先无斁",联曰:"三宫春晓觇鸠雨;十亩新阴映鞠衣。"屏间俱绘《蚕织图》,规制如前殿。宫左为蚕妇浴蚕河。南、北木桥二,南桥之东为先蚕神殿,北桥之东为蚕所。浴蚕河自外垣之北流入,由南垣出,设闸启闭。先蚕神殿西向。左、右牲亭一,井亭一,北为神库,南为

---

① 中国第一历史档案馆藏:《内务府奏案》第40包。

神厨。垣左为蚕署三间,蚕所亦西向,为屋二十有七间。①

院内殿宇、游廊、宫门、井亭、亲蚕门、墙垣均为绿琉璃瓦屋面,通蚕桑之意。将先蚕坛建于西苑之中,既方便了皇后妃嫔等亲蚕,又与园林景观融为一体,将坛庙建筑的规整庄严融于西苑景致优美的山水风光中,既匠心独运,又相得益彰。

蚕坛建成不久,即发生火灾,烧、毁房屋十四间。乾隆十三年(1748)十月三十日奏案:

> 总管内务府谨奏:为奏闻料估钱粮数目事。据提督九门兵巡捕三营统领衙门文开,乾隆十三年十月十九日本衙门奏称,本月十八日晚间,蚕坛内东边养蚕房失火,烧毁房九间,交总管内务府修造,等因具奏。奉旨:"知道了,钦此钦遵前来。"臣等交该司料估得,据该司料估呈称,蚕坛内失火,烧毁养蚕六檩房九间,灭火拆毁养蚕房三间,太监值房二间,共房十四间,内烧毁房九间,照依旧式重复盖造,安砌台阶、柱顶,竖立大木,头停铺望板,苫背瓦布筒瓦,成砌山檐隔断坎墙,屋内定锭棚、墁地、搭炕装修,红土油油饰。拆毁房五间,挑换头停,除将宫房内现今歪斜将圮房九间拆毁,旧木砖瓦石块应用外,共用银六百三十一两七钱二分一厘,向官房收租库领取等因。

到乾隆二十二年,对先蚕坛进行了扩建。据《奏销档》记载:

> 乾隆二十二年五月二十七日,遵旨。先蚕坛南边新建宫门三间,前殿五间,抱厦三间。后殿五间,前后抱厦六间。配殿二座,记六间。周围转角游廊三十六间。殿前豆渣石水池一座。东边临河房三间,游廊十二间。随山式院墙凑长五十六丈二尺,随墙门楼一座,石桥一座,牌楼二座,山石出水河口一道。南边点景房四座计二十二间,游廊二十九间,山石水池一座,青砂石弯转桥一座,东边筒子河一道。并挪盖船坞一座,计十一

---
① 于敏中等编纂:《日下旧闻考》卷二十八,北京古籍出版社,2001年,第191—192页。

间。值房、库房十四间，院墙三十丈，龙王庙三间，请旗房四间，并成堆土山，培垫河沿，堆做山石泊岸以及油饰彩画裱糊等项目……共约需银八万八千七百三十五两。

道光十七年（1837）十二月奏案：

先蚕坛具服殿一座五间，内西稍间拆盖，其余四间揭；更衣殿一座五间，配殿四座，每座三间，游廊四座，每座五间，净房二座计二间，俱揭；神殿一座三间，配殿三座，每座三间，省牲亭一座，俱揭；井亭一座拆盖。宫门一座，亲蚕殿一座，俱夹陇；蚕池一座，水箱一座拆修，以及拆修、粘修涵洞、拜台、采桑坛、月台陛、木影壁、坛墙、院墙、随墙门口、拆墁甬路、海墁散水。

同治二年（1863）四月十九日奏案：

蚕坛内木板桥一座，栏杆间有散坏，板片间有损坏。蚕坛内外门墙垣间有坍塌。东大墙里外皮坍塌。

宣统三年（1911）六月奏案：

宣统三年三月至五月初五止，传做各项活计，……蚕坛后木板桥一座，计三孔，各长一丈，宽一丈五尺，代挂檐。满换栏杆挂檐板并桥板，计板厚五寸五分，栏杆十四堂，两边挂檐板凑长六丈六尺，宽一尺二寸，厚二寸，随铁活油饰栏杆，挂檐板俱使无光柿红油做。①

进入民国后，先蚕坛一直闲置，作为北海公园的一部分存在，建筑多已陈旧，存在不同程度的凋敝。据成书于1924年的《三海见闻志》记载，先蚕坛

---

① 中国第一历史档案馆：《奏销档》，第208册。

曾为河道派出所使用。① 1925年，北海公园开园后，被拆除的西苑小火车钢轨曾运至先蚕坛搭建房屋。20世纪30年代，先蚕坛曾先后为历史语言研究所、北京大学医学院租用。② 1941年初，国货陈列馆奉伪北平特别市公署令"推陈出新，切实整顿"，将馆址迁移至北海先蚕坛。并于阴历正月十六日（1941年2月11日）上午12时举行了开幕典礼。开幕当日，伪北平特别市市长秘书、市属机关长及各厂商代表均来到北海先蚕坛新馆址参观。因先蚕坛内空间狭小，又借用北海公园董事会房间举行了隆重的招待会。③

抗战胜利以后，先蚕坛仍为国货陈列馆使用。1948年，对先蚕坛古建筑进行了修缮保养，主要是对殿宇的屋面进行了清理修补，以防渗漏，而至于砖石基础及木构屋架部分，却没有进行有效的勘察和维护。更有甚者，将屋脊吻兽、山花博缝等琉璃构件的修补，以洋灰、沙子、木板、铁丝、绿油漆等加以仿制，其因陋就简的程度可见一斑。1948年底，平津战役已经打响，"华北剿共"节节失利，国民党军队被围困于北平城内。败退入城的傅作义主力第35军下属262师785团1营士兵强行进入先蚕坛，占据达两月有余。直至北平和平解放后，才撤出先蚕坛。驻军期间，先蚕坛的建筑设施略有损坏。④

1949年4月1日，经北京市公用局军管会批准，将先蚕坛全部房屋拨借给北海实验托儿所使用。7月，托儿所迁入先蚕坛。1951年1月23日，北京市人民政府公园管理委员会函北海公园管理处："关于北海实验托儿所借用你处蚕坛建筑房屋订立手续问题，兹拟订协议书一纸，希按此项精神，径与该所订立为荷！"⑤

北海实验托儿所初入先蚕坛时，坛内杂草丛生，一片狼藉。旋即由托儿所对蚕坛进行了修葺和改造，对原有古建筑除蚕署外均进行了修缮，将旧式门窗改成新式玻璃门窗，安装暖气及儿童漱洗设备，并油饰一新，先蚕坛祠祭署等古建筑被拆除，填平了浴蚕池。在先蚕坛台即亲蚕门西侧，添建做厨房用的平房和儿童教室、活动室、礼堂、办公室及锅炉房等混合用两层楼房，均为青砖、灰筒瓦，共约2700平方米。观桑台旧址即亲蚕门南，开辟为儿童活动场。

---

① 适园主人：《三海见闻志》卷三，京城印书局，1924年，第83页。
② 北京市档案馆藏档案 J29-3-558。
③ 北京市档案馆藏档案 J20-1-184。
④ 北京市档案馆藏档案 153-1-390。
⑤ 北海景山公园管理处编：《北海景山公园志》，中国林业出版社，2000年，第85页。

1976年，对先蚕坛内全部古建筑和建托儿所早期添建的平房和楼房，进行比较彻底的修缮和加固，并将原楼内的锅炉移至南院另添建锅炉房，由北京市房修二公司古建处施工，投资127万元。目前，先蚕神坛、浴蚕池、观桑台和蚕坛祠祭署均已无存，其余建筑保存较好，近年来，进行了两次修缮。

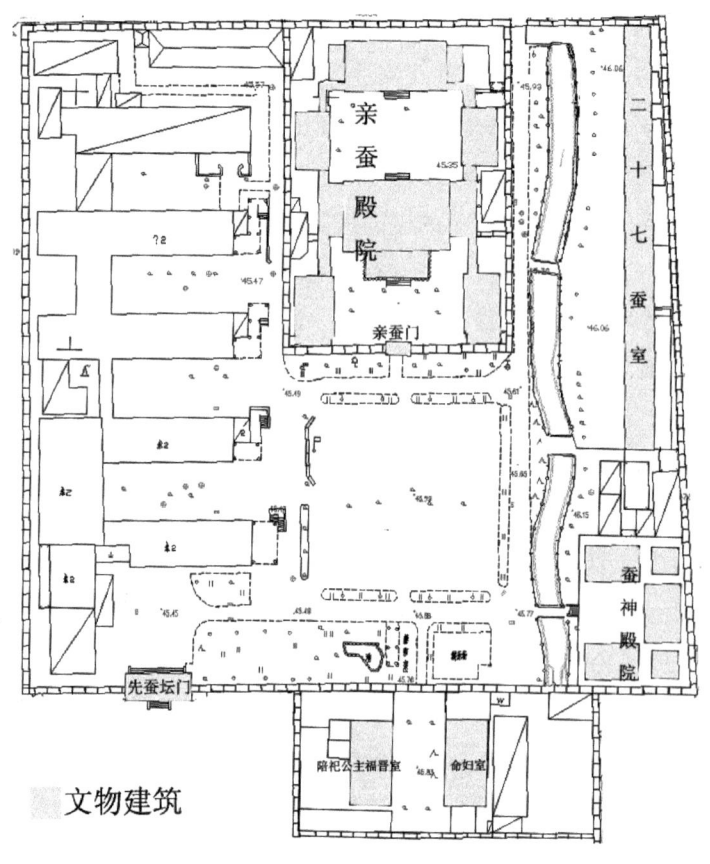

先蚕坛现状平面图

四、先蚕坛门、先蚕神坛、观桑台

先蚕坛门位于先蚕坛南垣偏西，为先蚕坛正门，南向，建筑面阔三间（13.1米），进深一间（5.1米），高约7.8米，为砖石仿木的拱券结构。在先蚕门东西两侧坛墙上，原辟有随墙式掖门各一间，现已封堵，了无痕迹。

先蚕神坛位于坛门正北50米外，坐北朝南，是一座砖石结构的方形平台，边长四丈（12.8米），高四尺（1.28米），四面各出垂带踏跺十级。坛西北原有瘗坎坑穴，用以填埋牺牲、玉帛等祭祀物。20世纪50年代，先蚕神坛及瘗坎被拆除，原地盖起幼儿园的三栋二层教学楼，这两处文物建筑由此彻底消失。

先蚕坛20世纪初照片（喜龙仁摄）

先蚕神坛东侧偏南，正对亲蚕门以南30米处，是观桑台，亦是一座砖石结构的方形平台。该观桑台坐北朝南，高一尺四寸（0.45米），宽一丈四尺（4.48米），三面各出垂带踏跺十级，可惜在20世纪50年代中被拆平，改建儿童活动场。

《孝贤皇后亲蚕图》中的观桑台（台北故宫博物院藏）

观桑台前为桑园，东、西、南三面广植桑柘。据北海公园已故原总工程师袁世文先生回忆，1950年前后先蚕坛内尚有桑树、柘树290余棵。与观桑台一样，桑、柘树现早已无迹可循。

五、亲蚕门、具服殿（亲蚕殿）、织室（后殿）

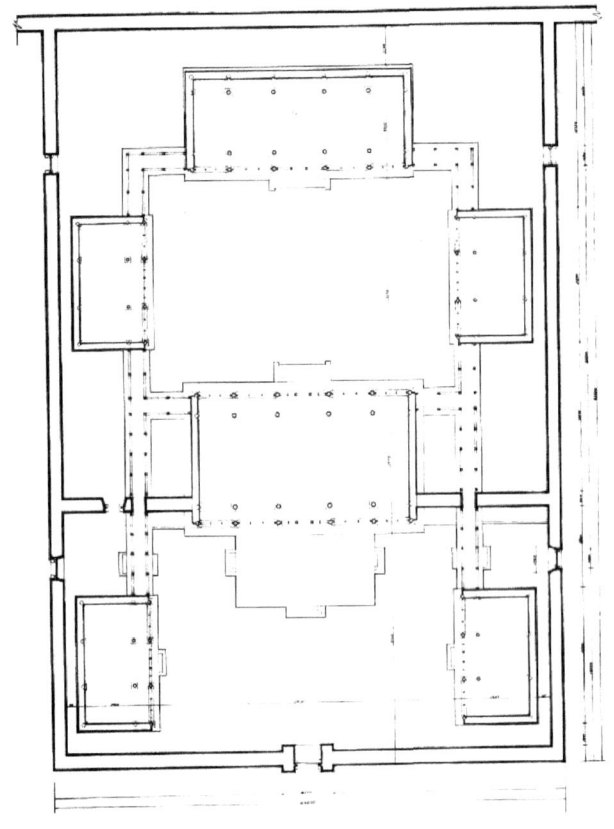

具服殿院总平面图

具服殿（亲蚕殿）院位于先蚕坛中部正北，由两进院落构成，坐北朝南，南北长62.6米，东西宽45米，占地面积2817平方米。中轴线从南向北依次为亲蚕门、具服殿（亲蚕殿、前殿）、浴蚕池（已填平）、织室（后殿）。具服殿和织室前两侧均有东西配殿相对而立，前后院东西院墙上各辟一随墙门，方便出入。

亲蚕门位于具服殿院南垣正中，为黄绿琉璃砖砌仿木结构墙垣式起脊门楼一座，过梁式方形门洞。门内原有一独立式木质影壁屏门，在《清会典》及喜仁龙所摄历史照片中均有记录。

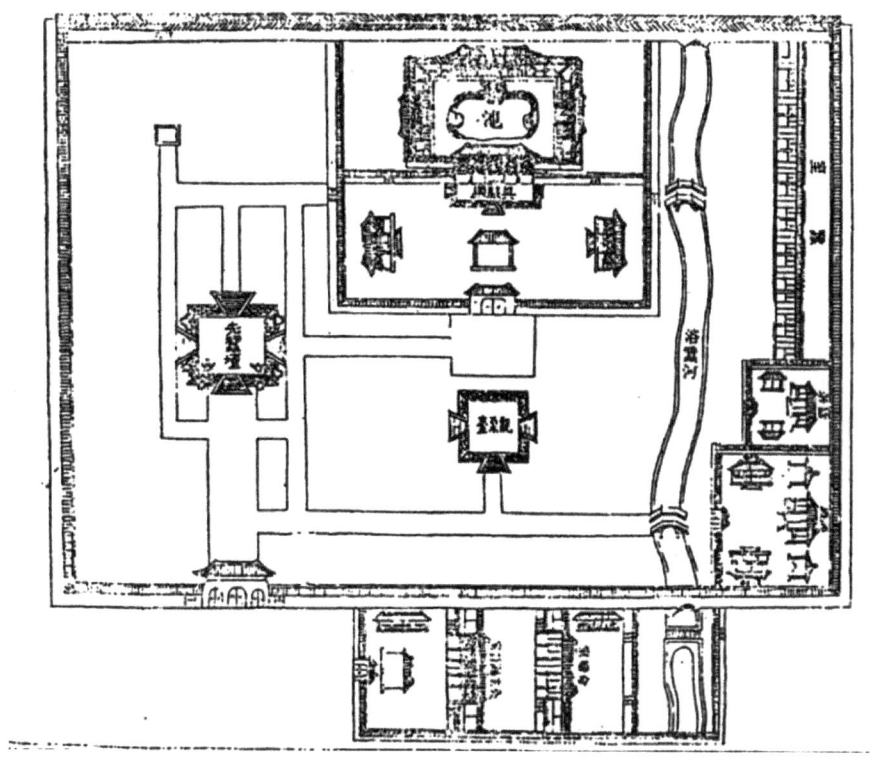

具服殿（《大清五朝会典》十四《嘉庆会典图》卷四）

具服殿为该院落第一进主殿，也是先蚕坛内最大的单体建筑，为清代皇后更换祭服、稍事休憩、挑选优良蚕种以备向皇帝和皇太后进献（献茧）之处。建筑坐北朝南，建于0.57米高的砖石基座上，面阔五间18.7米，进深七檩（加前后廊一步）10.95米，建筑面积204.8平方米，建筑台明以上至正脊高9.635米。依据1922年喜仁龙所摄照片判断，殿内原为井口天花吊顶，明间设有金凤御座、五扇屏风、须弥座围栏等供皇后更换礼服、献茧典礼的陈设用具。殿内原悬有乾隆帝御书，匾额曰"葛覃遗意"，两侧有对联曰："视履六宫基化本；授衣万国佐皇猷。"

具服殿现状(董绍鹏摄)

《孝贤皇后亲蚕图》献茧(台北故宫博物院藏)

具服殿内景历史照片（喜仁龙摄）

具服殿前东西两侧有东西厢房相对而立，形制相同。建筑面阔三间 10.34 米，进深五檩（前出廊檐一步）5.76 米，廊深 1.3 米，金柱上原有的槛墙支摘窗已拆改为檐柱上的现代玻璃窗。厢房北侧有游廊连接具服殿及第二进院。

第二进院正殿为织室，又称后殿，是清代皇后举行缫丝礼和织工用先蚕坛所产蚕丝织造丝织品的场所，面阔五间 20.4 米，进深五檩（加前后廊一步）7.7 米。织室内曾悬挂乾隆帝御书，匾额曰"化先无斁"，两侧对联曰："三宫春晓觇鸠雨；十亩新阴映鞠衣。"其他御座、宝屏等的规制与具服殿相同，只是屏风内彩绘图案由凤鸟改为《蚕织图》。

织室前两侧有东西配殿相对而立，形制相同。建筑面阔三间 10.34 米，进深五檩（前出廊檐一步）5.76 米，廊深 1.3 米，台明以上至正脊高 6.67 米。织室与东西配殿之间以及南侧第一进院具服殿之间，均连接抄手游廊，游廊共 40 间，高 3.33 米。据喜仁龙 1922 年所摄照片可知，柱间原有步步锦倒挂楣子、坐凳栏杆、花牙子、苏式彩画，现均已改造为玻璃窗槛墙形式。据历史地图及喜仁龙所摄照片显示，第二进院内原有浴蚕池供蚕妇洗茧缫丝之用。此浴蚕池水是什刹海水注入北海后，由地下暗沟向南引入该院的。据喜仁龙的老照片显示，1922年时的浴蚕池内杂草丛生，几近干涸，想是年久失修、荒于疏浚所致。1950年，北海幼儿园进驻先蚕坛后，将浴蚕池彻底填平。

织室历史照片（喜仁龙摄）

六、蚕神殿

蚕神殿院位于先蚕坛东侧，是平时供奉先蚕之神嫘祖西陵氏神位之处。其自成一座矩形院落，坐东朝西，南北长29米，东西宽21米，绿琉璃砖砌冰盘檐，绿筒瓦调大脊。随墙门开在西墙中间，前出垂带踏跺三级。主殿蚕神殿西向，面阔三间，进深五檩，前出廊，硬山调大脊，绿琉璃筒瓦屋面。

蚕神殿南北两侧有井亭、宰牲亭各一座。南侧为井亭，为提供洗涤祀神牺牲用水之所。建筑面积29.16平方米，亭为四方形，面阔一间，盝顶屋面，合角吻兽。宰牲亭是祀神前宰杀牺牲之所，位于蚕神殿北侧，与井亭位置对称，形制相同，不过是亭内无井。与井亭一样，现已改作幼儿园办公使用。

此前有文章、书籍将这两座方亭屋顶描述为四角攒尖形式[①]。但经现场考

---

① 北海景山公园管理处编：《北海景山公园志》，中国林业出版社，2000年，第138页。

证，在蚕神殿两侧逼仄狭窄的空间内，井亭及宰牲亭屋面上均未设置攒尖顶收束之用的宝顶，反而配备的是只有盝顶才安装的合角吻兽，况且在郎世宁等所绘《孝贤皇后亲蚕图》中诣坛、采桑两部分也能看到此二亭的盝顶屋面。故由此可证，此二亭之屋顶形式，必是盝顶无疑。此前的各种材料所记的四角攒尖形式，可能是依据《清会典》所绘图像误记。

蚕神殿北侧配殿为神库，为平时存放祭祀先蚕之神礼器之处，面阔三间，进深五檩，前出廊，硬山调大脊，绿琉璃筒瓦屋面。南侧配殿为神厨，为祀神时制作祭品的厨房，建筑与神库相对，形制相同。

七、其他建筑

坛内的其他主要功能建筑，还有蚕室、先蚕坛祠祭署、陪祀公主室、福晋室、命妇室。另外，坛内的浴蚕河也是先蚕坛重要的文化遗存。

浴蚕河在具服殿院东侧，纵贯先蚕坛南北。这条浴蚕河宽约4米，长约160米，是北京城内最短的一条河道。浴蚕河是由什刹海水经北皇城墙下的西压桥汇入北海后门内的水池（俗称小海）后，分流成四段。一段流入西侧的镜清斋，一段向西南注入北海，一段由地下暗沟引入织室前的浴蚕池，另一段向东南流入蚕坛北垣，并由南垣流出。最后一段河道即是所谓浴蚕河。河道两侧为花岗石驳岸，河上原架设两座木桥（现已改建为水泥桥），南北各一，桥分别连接蚕神殿、蚕室；河内还有两座水闸可以启闭，用于调节水位，清洗桑叶。

浴蚕河水南流出先蚕坛，经画舫斋、濠濮涧出北海东墙，过西板桥、白石桥，经景山西墙、山右里门（今景山西门）、鸳鸯桥，汇入紫禁城筒子河。由此可见，先蚕坛的浴蚕河与前后三海、景山和紫禁城的水流融为一体，是皇城水系的重要组成部分。可见其设计精巧，匠心独运，这一点是其他皇家坛庙所不具备的。

浴蚕河东侧北部有一组通脊连檐的排房为蚕室，是皇家举行亲桑之礼期间的育蚕之所及蚕妇居住之地。建筑坐东朝西，面阔二十七间82.3米（三间一室，共计九室27间），进深六檩5.6米，高4.9米。灰筒瓦硬山卷棚顶箍头脊，山面带排山勾滴，脊端带花草盘子砖雕。后檐墙为抽屉封护檐，墙体上身丝缝，下碱干摆。门窗为步步锦棂心。台基高0.3米，压面石为青白石基础。

蚕室南侧，蚕神殿北侧，原有先蚕坛祠祭署院落一座。该院是清代先蚕坛日常事务的管理机构，隶属内务府，相当于"先蚕坛管理处"。院内正殿面阔三间，坐东朝西，南北配殿各二间，西院墙正中辟有随墙门。该院于20世纪50年代初期拆除。据《孝贤皇后亲蚕图》显示，蚕署院落建筑均为灰筒瓦卷棚顶箍头脊。

《孝贤皇后亲蚕图》诣坛（台北故宫博物院藏）

在先蚕坛南垣外侧有一座小型院落，坐西朝东，南北长28米，东西宽59米。院内东西并列有两座五开间正房，形制相同。西侧为陪祀公主福晋室，东侧为命妇室，是陪同皇后完成祭祀先蚕之神的贵族女性于祀神当日恭候皇后驾临的临时等候处。建筑面阔五间16米，进深七檩（前后带廊）7.1米，高6.3米。灰筒瓦硬山卷棚顶箍头脊，山面带排山勾滴。门窗为槛墙支摘窗。台基压面石为青白石基础。这五间公主福晋室、命妇室南北两侧原有耳房各一间，西墙有随墙门一座，可通蚕坛正门，现已无存。流经此院东侧的浴蚕河现已成为暗沟，河上原有木桥亦无存，河东岸原有三间平房已拆除。民国初年，曾于该院东墙（也是北海公园东墙）上辟一门，称为蚕坛门，可通园外北海夹道。此门在20世纪50年代初期已经封堵。

历经近现代的沧桑巨变，先蚕坛早已失去了封建王朝的瑰丽辉煌。被北海幼儿园长期借用后，先蚕坛坛台、蚕署、观桑台等文物建筑被先后拆除。今日之先蚕坛仅余残躯败垣，建筑构件破损，彩画被涂，消防设施不完备，私搭乱建严重，与先蚕坛全国重点文物保护单位的身份极不相符。自2001年以来，就有人大代表、政协委员等提案，多次呼吁腾退先蚕坛，恢复历史原貌。果能如是，必将成为建设北京历史文化名城事业的又一善举！

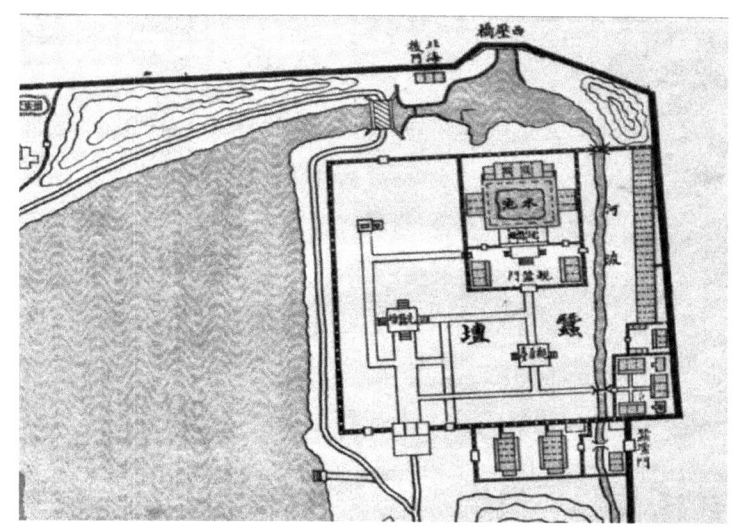

1925年《北海公园总图》中标出蚕坛的位置（首都图书馆藏）

（本文发表于《北京观察》2019年第3期，作者刘文丰）

先蚕坛建筑形制初探

一、北京先蚕坛的建筑沿革

明初,永乐帝迁都北京后,建立天地坛、山川坛、社稷坛、太庙等礼制建筑,但先蚕坛并未列入祀典。直到明嘉靖九年(1530),都给事中夏言等人的建议:"请改各官庄田为亲蚕厂、公桑园。令有司种桑柘,以备宫中蚕事。"嘉靖皇帝乃敕命"天子亲耕,皇后亲蚕,以劝天下。自今岁始,朕亲祀先农,皇后亲蚕,其考古制,具仪以闻。"① 由此明代的先蚕坛得以筹建。

然而在先蚕坛的选址问题上,却颇费周折。大学士张璁等主张在安定门外建先蚕坛,詹事霍韬以道远为由,予以否定。户部官员也主张安定门外水源不足,无浴蚕之所,建议仿照唐宋时期,在皇家宫苑中,利用太液池水浴蚕缫丝。然而嘉靖皇帝崇尚周制古礼,仍坚持将先蚕坛建于安定门外,并且亲自制定了先蚕坛的制度与规模:"坛方二丈六尺,叠二级,高二尺六寸,四出陛。东西北俱树桑柘,内设蚕宫令署。采桑台高一尺四寸,方十倍,三出陛。銮驾库五间。后盖织堂。坛围方八十丈。"② 并于当年阴历四月在先蚕坛尚未建成的情况下,由皇后在安定门外举行了一次仓促的先蚕祭祀典礼。但是到了第二年就朝令夕改,又以皇后出入不便为由,命改筑先蚕坛于西苑仁寿宫附近。而安定门外的先蚕坛,则因道远不便,未完工,即废弃,长期无人管理,形成积水坑洼,成为今日所见之青年湖。③

最终,在西苑建成先蚕坛,并设置了一座办公机构——蚕宫署,以负责先蚕坛的日常行政事务。每年季春(农历三月)择吉日,由皇后亲临先蚕坛拜祭"蚕神",并观桑治茧,作为一种仪式,垂范天下,教化斯民,体现了封建王朝"男务稼穑,女勤织红"的治国理念。到嘉靖四十一年(1562),实行不久的亲蚕典礼即被废止,直至明代灭亡,也再未实行过。

---

① [清]张廷玉等:《明史》卷四十九,中华书局,1976年,第1273页。
② [清]张廷玉等:《明史》卷四十九,中华书局,1976年,第1274页。
③ 东城区志编纂委员会编:《北京市东城区志》,北京出版社,2005年,第521页。

清代立国之初,承袭明制,先蚕坛并未列入祀典。圣祖康熙皇帝对蚕桑开始重视。他曾在中南海丰泽园之东设立蚕舍,植桑养蚕,浴茧缫丝,并在内府设置了825名匠役,设立织染局,织染自产蚕丝。雍正十三年(1735),河东总督王士俊奏疏请祭祀先蚕。工部右侍郎图理琛附议:"立先蚕祠安定门外,岁季春吉巳,遣太常卿祀以少牢。"① 然而由于这时的雍正帝已久病缠身,自顾不暇,因而请立先蚕祠的建议就此搁置。

直到乾隆七年(1742)七月,大学士鄂尔泰上奏折请建先蚕坛。鄂尔泰提出了建立先蚕坛的动因是要遵从"帝亲耕南郊,后亲蚕北郊"的古制,"以光

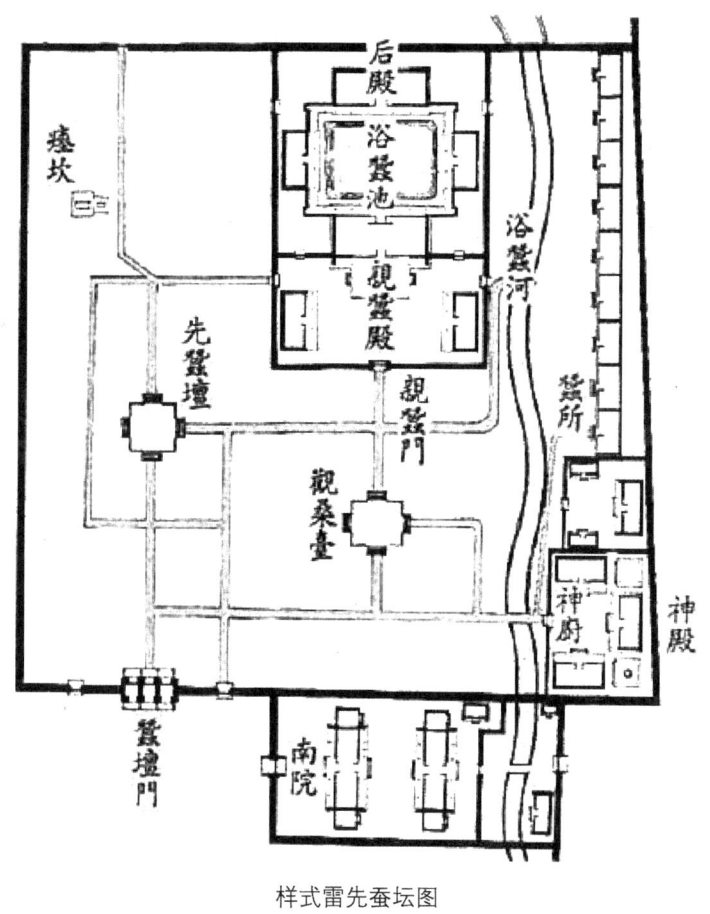

样式雷先蚕坛图

---

① 赵尔巽:《清史稿》卷八十三,上海古籍出版社,1986年,第342页。

典礼"。这时清朝立国已近百年，国家各项统治秩序已臻完善。而先蚕典礼的缺失，显然有违乾隆朝宫闱礼仪制度的完备性。在农桑为本、男耕女织的封建时代，既然皇帝要耕耤田祭先农，皇后作为六宫之首母仪天下，当然要起表率作用，因而建立先蚕坛的计划便提上议事日程。

同年八月初四，这天内务府大臣海望根据鄂尔泰的奏折，进一步提出了建坛构想。他历数了前朝各代先蚕坛的规制，据此初步拟定清代先蚕坛的建筑形制，并进行了绘图和模型（烫样）制作。

同年九月初八，海望将先蚕坛的设计方案和工程预算进呈御览。乾隆帝大为高兴，对此规划予以批准。从乾隆七年九月二十日动工至乾隆八年九月二十七日，先蚕坛建成完工。据奏销档记载，先蚕坛建设共"销算银七万四千一百二十七两七钱二分二厘"[1]，比预算有所结余。

二、先蚕坛的建筑特色

（一）位置与布局

先蚕坛建于西苑东北，水源丰沛，是面积最小，且唯一有活水流入的皇家祭坛。这是按照先蚕坛浴茧缫丝、洗桑饲蚕等功能设定的。它与西苑内其他园林建筑不同之处表现在建筑规制上，据按照《大清会典》要求，布局严整，区域分明。坛内殿宇、游廊、宫门、井亭、亲蚕门、墙垣皆为绿琉璃瓦屋面，通春生桑蚕之意。将先蚕坛建于西苑之中，既方便了皇后妃嫔等亲蚕行礼，又与园林景观融为一体，将坛庙建筑的规整庄严融于西苑景致优美的山水风光中，既匠心独运，又相得益彰。先蚕坛又与丰泽园同处西苑之内一南一北，相互呼应，构成了皇帝亲耕和皇后亲蚕的男耕女织格局，丰富和深化了园林的内涵和功能，借此昭示天下重视农业、劝课农桑。

《礼记集说》载："东南阳地，而耕为阳事，故于之以耕，北者阴地，而蚕为阴事，故于之以蚕，而南又盛阳之地，故天子耕于南郊。"[2] 正是如《礼记集说》中的描述那样，先蚕坛在方位上与先农坛南北对应，符合阴阳学说女为阴、北为阴的理论。后妃及女官人等祭祀先蚕于此，恰如其分。但清代先蚕坛

---

[1] 中国第一历史档案馆藏《内务府奏案》第40包。
[2] ［宋］卫湜：《礼记集说》卷一百十四，《四库全书》本。

却并不在城郊,而是设在皇城西苑的东北角,这与城郊祀坛的理论有所区别。实际上这与后妃不宜出宫远行、抛头露面有很大的关系。因此先蚕坛选于毗邻紫禁城西侧的北海营建,并与先农坛正南北呼应,既符合阴阳学说,又方便后宫妃嫔的出行祭祀。

清代立国之初,承袭明制,先蚕坛并未列入祀典。直到乾隆七年(1742)七月,大学士鄂尔泰上奏折,请建先蚕坛:"古制,天子亲耕南郊,以供粢盛,后亲蚕北郊,以供祭服。我皇上亲耕耤田,以示重农至意。乾隆元年,议建先蚕祠宇,所以经理农桑之道,至为周备。今又命议亲蚕典礼。伏思躬桑亲蚕,历代遵行,但北郊蚕坛,向在安定门外。前明嘉靖时,以后妃出入道远,亲莅未便。且其地水源不通,无浴蚕室,遗址久经罢废。考唐宋时,后妃亲蚕多在宫苑中,明代亦改建于西苑……今逢重熙累洽、礼明乐备之时,亲蚕大典,关系农桑,自应遵旨举行,以光典礼。其应相度蚕地建立蚕坛、蚕宫、从室之处,请交内务府会同工部等衙门办理。"①

同年八月初四,内务府大臣海望根据鄂尔泰的奏折,进一步提出了建坛构想。这个构想俨然是在详细考证历代先蚕祭祀之制的基础上提出的一个成熟的、具有可操作性的建坛规划:

> 奴才海望谨奏,为请旨事。窃惟古制,天子亲耕,以供粢盛,后亲蚕以供祭服。自昔亲蚕大典,原与亲耕之礼并重。奴才谨按历代旧制,《周礼》仲春天官内宰,诏后率内外命妇蚕于北郊。有公桑蚕室,近川而为之,筑宫仞,有三尺棘墙,而外闭之。汉制,蚕于东郊。……明嘉靖九年,建先蚕坛于安定门外,准先农坛制,旁设采桑坛,仿耤田制。共别殿如南郊。斋制少减其数,即斋宫旁起蚕房,为浴蚕室。后改筑坛于西苑仁寿宫侧。坛高二尺六寸,四出陛,广六尺四寸。东为采桑坛,方一丈四尺,高二尺四寸,三出陛。台之左右树以桑。东为具服殿,殿北为蚕室,又为从室,以居蚕妇。设蚕宫署于宫左,置蚕宫令一员,丞二员,择内臣谨恪者为之。是历代建立蚕坛规制,仿于周时,至北齐而制度略备,嗣后由唐宋以至于明,虽互有增益,大概悉仿北齐之制而扩充之。奴才谨就各朝所定,

---

① [清]张廷玉等:《清朝文献通考》卷一百二。

详加酌量，援古制以为程，据地形而相度，拟建先蚕坛所，南向方广二丈六尺，四出陛。采桑坛所，古制原有东向，取桑生之义。今拟用东向，方广一丈四尺，三出陛。于坛之四围广植桑树。建蚕宫正殿五间，配殿六间为新蚕室，织室五间，茧馆六间，从室二十七间。外建神库九间，蚕宫署九间。至具服殿一区，创自明嘉靖年间，从前各朝采用帷幕，均未议定建殿宇，现已于图样内照明代将具服殿画就，如减盖或仿晋唐之制，酌用帷幕，谨绘成图样三张。恭呈御览，伏候圣明指定，另行放样烫胎呈览。至于高下丈尺及应需工料，统俟逐细估计，奏请谕旨遵行，为此谨奏。①

海望历数了前朝各代先蚕坛的规制，据此拟定出清先蚕坛的建筑形制，并进行了绘图和模型（烫样）制作。海望将先蚕坛的设计方案和工程预算呈报皇帝。乾隆帝大为高兴，对此规划予以批准。从乾隆七年九月二十日动工至乾隆八年九月二十七日，先蚕坛建成完工。新建成的先蚕坛，选址在明嘉靖帝北海道场雷霆洪应殿旧址，垣周160丈（合今512米），占地面积17160平方米。《日下旧闻考》卷二八记载了先蚕坛的形制：

南面稍西正门三楹，左右门各一。入门为坛一成，方四丈，高四尺，陛四出，各十级……坛东为观桑台，台前为桑园，台后为亲蚕门，入门为亲蚕殿……宫左为蚕妇浴蚕河……先蚕神殿西向。左、右牲亭一，井亭一，北为神库，南为神厨。垣左为蚕署三间，蚕所亦西向，为屋二十有七间。②

（二）单体建筑

先蚕神坛位于坛门正北50米外，坐北朝南，是一座砖石结构的方形平台。北京的皇家祭坛分为圆形、方形两种。根据阴阳理论，天为阳为圆，因此天坛的祈谷坛、圜丘坛与朝日坛为圆形③。

---

① 中国第一历史档案馆《奏销档》206册。
② 于敏中等编纂：《日下旧闻考》卷二十八，北京古籍出版社，2001年，第391—392页。
③ 朝日坛墙墙为圆形，坛体为方。

皇家祭坛坛台形制对比

名称	形状	层数	坛体尺寸			台阶
			上层	中层	下层	
圜丘坛	圆	三	径九丈，高五尺七	径十五丈，高五尺二	径二十一丈，高五尺	四出陛，每层各九级台阶
祈谷坛	圆	三	径二十一丈三，高五尺五	径二十四丈七，高五尺五	径二十八丈二，高五尺五	八出陛，每层各九级台阶
朝日坛	圆方	一			长五丈，高五尺九	四出陛，各九级台阶
夕月坛	方	一			长四丈，高四尺六	四出陛，各六级台阶
方泽坛	方	二		长六丈，高四尺二	长十丈六，高四尺二	四出陛，每层各八级台阶
社稷坛	方	三	长五丈，高三尺	长五丈二，高三尺	长五丈五，高三尺	四出陛，每层各四级台阶
先农坛	方	一			长四丈七，高四尺五	四出陛，各八级台阶
先蚕坛	方	一			长四丈，高四尺	四出陛，各十级台阶

通过以上表格内容可以看出，先蚕坛等属阴类的祭坛形制皆为方形。坛体尺寸、台阶数量也均为偶数。坛台层数与祭礼的规制大小有关。祭天、祈谷、祭社稷为大祀，坛制三层。祭地次之，坛制二层，余则坛制一层。其中又以先蚕坛的坛台尺寸最小，体现了阴阳有别、南尊女卑的传统观念。

先蚕神坛东侧偏南，正对亲蚕门以南30米处，是观桑台，亦是一座砖石结构的方形平台。该台坐北朝南，高一尺四寸，宽一丈四尺，三面各出垂带踏跺十级，台上地面由金砖铺砌。

观桑台的建筑形式，与乾隆朝以前的先农坛观耕台的形式十分相似。先农坛观耕台始建于明嘉靖年间，当时为木结构，每年皇帝亲耕前临时搭建，用后拆除。直至清乾隆十九年（1754），乾隆帝因考虑观耕台每年搭建耗费银两，下旨对先农坛观耕台进行改造[①]。改造后的观耕台尺寸没变，但外观装饰发生了巨大变化，由过去一座普通的木台摇身一变为琉璃砖须弥座，汉白玉栏板的砖石巨台。而乾隆八年（1743）建成的先蚕坛观桑台，其建筑外观则是参照改造前先农坛的木质观耕台仿制的。这个影像从遗存至今的《雍正帝先农坛亲祭图》中还可窥其端倪：观耕台为木质搭建，台上设靠背扶手御座宝屏，四周围以清式寻杖栏杆。这与乾隆《孝贤皇后亲蚕图》中的观桑台何其相似。只不过

---

① 《钦定大清会典事例》卷八百六十五："观耕台，着改砖石制造。"

是把观耕台的木质台座更换为观桑台的砖石台座而已，连木质栏杆柱头的颜色都没有变化（红漆栏板、绿色柱头）。可以判断这种农桑观礼台的建筑形式，必然存在着一定的传承关系。无论从历史年代，还是建筑形式看，观桑台都介于木质与石质观耕台之间，从而显得更加珍贵。

从20世纪20年代留存的影像记录中，我们可以看到观桑台只余下砖石质的台座，木质栏板已然无存。至20世纪50年代初，这座文物已经消失。

具服殿是为皇帝在祭祀仪式中进行更衣、休憩提供的场所。在皇家祭坛中，日坛、月坛、先农坛、先蚕坛这些规模较小的祭坛，均设有具服殿。天

《孝贤皇后亲蚕图》中的观桑台形象

坛、地坛规制较高，设置斋宫，而无具服殿。

先农坛具服殿建于明永乐年间，面阔五间，单檐歇山绿琉璃瓦顶，建于高1.65米的高台之上，前出巨大的月台，正对南侧的观耕台。建于嘉靖年间的日坛具服殿为独立院落，正殿坐北朝南，面阔三间，单檐歇山绿琉璃瓦顶，东西两侧配殿各三间，硬山绿琉璃瓦顶。月坛具服殿院落规制与日坛相同。

先蚕坛具服殿位于先蚕坛中部正北，由两进院落构成，坐北朝南，中轴线从南向北依次为亲蚕门、具服殿、浴蚕池（已填平）、织室。具服殿和织室前两侧均有东西配殿相对而立。

具服殿为该院落第一进主殿，又称亲蚕殿或茧馆，也是先蚕坛内最大的单体建筑，为清代皇后更换祭服、稍事休憩、挑选优良蚕种（献茧）之处。建筑建于0.57米高的砖石基座上，面阔五间。建筑为单檐歇山顶调大脊，绿琉璃筒瓦。先蚕坛具服殿仿照先农坛具服殿样式，建于高台之上，前出月台三出陛，开间、瓦色、屋顶形式完全相同。明确了皇后亲蚕与皇帝亲耕之间的合理对位关系，使得皇家祭祀体系更加规整完备。

第二进院正殿为织室，是清代皇后举行缫丝礼和织工用先蚕坛所产蚕丝织造丝织品的场所。面阔五间，建筑为悬山顶绿琉璃筒瓦。织室前两侧有东西配殿相对而立，形制相同。建筑面阔三间，绿琉璃筒瓦。织室院落内原有浴蚕池供蚕妇洗茧缫丝之用。此浴蚕池水是什刹海水注入北海后，由地下暗沟向南引入该院的。浴蚕池及其东侧的浴蚕河南流，经画舫斋、濠濮涧出北海东墙，过西板桥、白石桥，经景山西墙、山右里门（今景山西门）桥、鸳鸯桥，汇入紫禁城筒子河。由此可见，先蚕坛的浴蚕河与前后三海、景山和紫禁城的水流融为一体，是皇城水系的重要组成部分。可见其设计精巧、匠心独运，这一点是其他皇家坛庙所不具备的。

蚕神殿院位于先蚕坛东侧，自成一座矩形院落，坐东朝西。主殿蚕神殿西向，面阔三间，硬山绿琉璃筒瓦，是平时供奉先蚕之神嫘祖西陵氏神位之处。而先农坛神厨库正殿是悬山顶五开间，削割瓦屋面，等级略低于先蚕神殿。这可能与明初先农坛神厨库的建筑等级较低有关。

蚕神殿南北配殿分别为先蚕坛的神厨、神库，面阔三间，硬山调大脊，绿琉璃筒瓦屋面。北京皇家祭坛的神厨、神库多为悬山顶，只有先蚕坛的神厨、神库与众不同。

北京各祭坛神库、神厨建筑形制对比

祭坛名称	神库			神厨		
	朝向	面阔	屋顶形制	朝向	面阔	屋顶形制
圜丘坛	坐北朝南	5	悬山，绿琉璃瓦	坐东朝西	5	悬山，绿琉璃瓦
祈谷坛	坐北朝南	5	悬山，绿琉璃瓦	东西二座	5	悬山，绿琉璃瓦
方泽坛	坐南朝北	5	悬山，绿琉璃瓦	坐西朝东	5	悬山，绿琉璃瓦
朝日坛	坐东朝西	3	悬山，绿琉璃瓦	坐北朝南	3	悬山，绿琉璃瓦
夕月坛	坐西朝东	3	悬山，绿琉璃瓦	坐南朝北	3	悬山，绿琉璃瓦
社稷坛	坐西朝东	5	悬山，黄琉璃瓦	坐西朝东	5	悬山，黄琉璃瓦
先农坛	坐东朝西	5	悬山，削割瓦	坐西朝东	5	悬山，削割瓦
先蚕坛	坐北朝南	3	硬山，绿琉璃瓦	坐南朝北	3	硬山，绿琉璃瓦

通过以上表格内容可以看出，神库、神厨为与祭坛主要建筑的瓦面颜色有所区别，多用绿色琉璃瓦。其面阔、间数也依据各祭坛规制大小有所区分，或五间或三间。明代建设的神厨、神库均为悬山式顶。只有清乾隆年间的先蚕坛神厨、神库为硬山顶，也体现了先蚕坛的较低等级。

蚕神殿南北两侧有井亭、宰牲亭各一座，形制相同，为四角方亭形式。宰牲亭为祭祀前准备牺牲之所，一般紧邻神库、神厨建设。在各祭坛中，宰牲亭多为重檐歇山顶，面阔三间，绿琉璃瓦顶，如日坛、月坛的宰牲亭。先农坛的宰牲亭最为特殊，是北京唯一一处重檐悬山式屋顶。现总结北京各祭坛内宰牲亭建筑规制如下。

北京各祭坛宰牲亭建筑形制对比

祭坛名称	面阔间数	屋顶形制
圜丘坛	3	重檐歇山，绿琉璃瓦
祈谷坛	3	重檐歇山，绿琉璃瓦
方泽坛	3	重檐歇山，绿琉璃瓦
朝日坛	3	重檐歇山，绿琉璃瓦
夕月坛	3	重檐歇山，绿琉璃瓦
社稷坛	3	重檐歇山，黄琉璃瓦
先农坛	上3下5	重檐悬山，削割瓦
先蚕坛	1	方形盝顶，绿琉璃瓦

从以上表格内容可以看出，先蚕坛宰牲亭为盝顶合角吻，绿琉璃筒瓦屋面，面阔仅为一间，形制在众坛庙中等级最低，已与普通井亭无异。

（三）装修装饰

先蚕坛与同为中祀规格的日坛、月坛、先农坛的建筑风格相似，故屋脊走兽多用5个（除太岁殿用7个），建筑彩画也多用龙锦纹旋子彩画（除月坛具服殿用金凤和玺彩画），整体等级不高，规模不大。

先蚕坛门位于先蚕坛南垣偏西，为先蚕坛正门，南向。建筑面阔三间，为砖石仿木的拱券结构，歇山顶调大脊。从整体上看，原本三间的先蚕坛宫门（后期填堵，只留下明间一间），在建筑形制上与天坛、先农坛的坛门相近。从建筑细节上看，先蚕坛宫门仍具有明代拱券券脸的做法特征，并不是如清代券脸是完整的弧线，而是边线挤出边角，保留牙子的做法，但是后期修缮已被磨平。梁枋绘金线大点金旋子彩画，枋上承单昂三踩磨砖斗拱，每开间斗拱均为六攒，山面斗拱亦为六攒。檐下斗拱、额枋、椽子都是砖石所做，但初视几乎与木构无异。为了适应砖石材料的特点，其斗拱个体较小，在砖石上刻出万拱架在昂头上，出檐也较短。但从外观上看，比一般木构建筑显得更为厚重。明间辟拱券门洞，左右两侧次间亦应为拱券门洞，现已封堵。在亲蚕门东西两侧坛墙上，原辟有随墙式掖门各一间，业已封堵。清代每逢祭典入坛时，皇后走明间中央一门，公主、福晋、命妇等行于次间侧门，侍从、执事人等走左右掖门，整体配置规格严谨庄重、等级分明。

亲蚕门位于具服殿院南垣正中，为黄绿琉璃砖砌仿木结构墙垣式起脊门楼一座，过梁式方形门洞。单檐歇山调大脊，绿琉璃筒瓦。额枋为黄绿琉璃砖雕一整二破旋子彩画。枋上承单翘单昂五踩绿琉璃砖雕斗拱。门两侧立柱墙装饰中心四岔琉璃砖西番莲雕花。基础部分为汉白玉须弥座，莲瓣束腰内雕饰椀花结带图案。亲蚕门内原有一独立式木质影壁，此门在《清会典》及喜仁龙所摄历史照片中均有记录。此门精致小巧，花草图案生动艳丽，颇具女性审美趣味。

在先蚕坛南垣外侧有一座小型院落，坐西朝东，南北长28米，东西宽59米。院内东西并列有两座五开间正房，形制相同。西侧为陪祀公主福晋室，东侧为命妇室，是陪同皇后完成祭祀先蚕之神的贵族女性于祀神当日恭候皇后驾临的临时等候处。建筑面阔五间,灰筒瓦硬山卷棚顶箍头脊。西墙有随墙门一座,现已无存,门内原有木影壁一座,应与亲蚕门内的木影壁相似。根据与历史照片比对,其式样应与故宫东西六宫内木影壁形制相似,此处可与现存翊坤宫、永福宫等处的木影壁相比照,是宫苑女性居所普遍所用。

翊坤宫内木影壁

依据1922年喜仁龙所摄照片判断,先蚕坛具服殿内原为井口天花吊顶,明间设有金凤御座、五扇屏风、须弥座等供皇后更换礼服、举行献茧仪式的陈设用具。殿内原悬有乾隆帝御书,匾额曰"葛覃遗意",两侧有抱柱联曰:"视履六宫基化本;授衣万国佐皇猷。"这种具服殿正中设置屏风、宝座、匾额、对联的陈设装修，在日坛、月坛、先农坛等祭坛中同样存在。可惜现在均已消失，只能通过历史影像去参考比照了。

日坛与先蚕坛具服殿内宝座屏风的历史照片对比

三、小结

先蚕坛的建筑形制有着悠久文化渊源和清晰历史传承。从规划定位、朝向、祀主、建筑功能、装修装饰等方方面面，无一不渗透着中国传统哲学的深厚底蕴，亦是封建王朝重农务本思想在"形而上"的理论表达。

而北京先蚕坛就是这样一座蕴含着千年积淀，代表着乾隆盛世的礼乐华章。从《周礼》发源，到嘉靖定制、乾隆建成，北京先蚕坛就是中国古代亲蚕文化的最后结晶。通过对现存先蚕坛建筑组群的勘查及与北京其他皇家祭坛建筑的比对，可以发现今存之先蚕坛群组与明嘉靖朝创建的皇家祭坛有着千丝万缕的联系，且现存诸多建筑也保留着部分明代特征。由此可见，先蚕文化薪火相传，生生不息。

（本文发表于学苑出版社出版的《北京古代建筑博物馆文丛》第八辑〔2021〕，作者刘文丰）

北京先蚕坛瘗坎方位试论

"国之大事，在祀与戎"，祭祀是中国古时一项非常重要的社会活动。在原始社会就已经出现了祭祀性质的活动，随着人类文明的进步，祭祀制度逐渐得到完善，祭祀建筑也逐渐形成体系。贾公彦《疏》云："山林无水，故埋之；川泽有水，故沉之；是顺其性之含藏也。"可见，古人对于祭祀方式的选择非常直接，顺从不同祭祀对象的表象选择不同的祭祀方式。在众多的祭祀方式当中，一个很重要的形式就是"埋"或称"瘗"，其对应的祭祀设施称为"坎"。《说文解字》："瘗，幽薶也。""幽"和"薶"都有"埋"的意思，我们可以把"瘗"理解为"埋"。瘗坎（或称瘗池、埋坎）就是祭祀神灵时，为掩埋祭品而挖的土坑，所以"瘗祭"也可以称为"坎祭"。

一

瘗祭起源于原始祭祀活动。在距今5000多年的红山文化的祭祀活动中就已经出现了瘗祭。辽宁凌源牛河梁遗址第五地点共发现九个祭祀坑，坑口平面呈圆形，坑底和坑壁均经火烧烤，形成硬面。9个祭祀坑均未发现兽骨的随葬，只有石器和陶器。祭祀时，人们将特制的祭器放入祭祀坑中，在仪式之后，用土掩埋，祈求大地降福赐祉。河南杞县鹿台岗龙山文化祭祀遗址附近发现了一处直径达10.35米、深度超过4米的灰坑，坑壁斜直而规整，坑底又有一小坑，坑内出土有鹿角、兽骨及禽骨类的遗物。经专家推测，这些与祭祀土地神有一定的关系，应为一处祭祀土地神时掘坎挖坑的遗迹。这种存在瘗祭痕迹的遗址在我国各地都有发现，说明瘗祭在原始社会就已经广泛存在。

《诗经·大雅·云汉》中写道："靡神不举，靡爱斯牲。圭璧既卒，宁莫我听。旱既大甚，蕴隆虫虫。不殄禋祀，自郊徂宫。上下奠瘗，靡神不宗。"在西周时，就已经确定了"瘗"这一祭祀方式，其在古代祭祀典礼中经常出现并且意义举足轻重。《尔雅》曰："祭天曰燔柴，祭地曰瘗埋，祭山曰庪县，祭川曰浮沉。"《礼记·祭法》中说到："燔柴于泰坛，祭天也。瘗埋于泰折，祭地也。"这都说明了"瘗"是祭祀活动中一种重要的祭祀形式。《后汉书·祭祀志中》:"北郊在洛阳城北四里,为方坛四陛……奏乐亦如南郊。既送神,瘗俎实于坛北。"在此之前的文献中,虽然有提及瘗祭,但是只提到了瘗地相对于城市的大方位,"位于北郊"。直到此时才开始记载瘗祭相对于祭坛的具体方位。《隋书·礼仪志一》记载:"(后齐制)方泽为坛在国北郊……广深一丈二尺。"说明后齐时已经对瘗坎的规制有了明确的规定。随着祭祀制度的不断发展,唐代已经出现了"望瘗位",这是祭祀进行时皇帝站立观看瘗埋祭品过程的位置。《新唐书》志第四《礼乐志四》:"皇帝孟春吉亥享先农,遂以耕籍……望瘗位于坛西南,北向。"并且此时针对不同的祭祀对象,瘗坎的规制也有所不同。《新唐书》志第二《礼乐志二》:"为坎深三尺,纵广四丈,坛于其中,高一尺,方广四丈者,夕月之坛也……岳镇、海渎祭于其庙,无庙则为之坛于坎,广一丈,四向为陛者,海渎之坛也。"这代表着瘗埋这一流程在整个祭祀过程中的重要性得到了提升,祭祀制度进一步得到完善。唐代之后,祭祀时瘗埋仪式则趋于固定化。

历朝历代对于瘗祭的方位多少有所记载,目前笔者查得较早的记载为上文所引《后汉书·祭祀志中》:"(北郊)既送神,瘗俎实于坛北。"明确指出瘗俎在坛的北方,但是此处"坛北"所指是正北还是偏北,不得而知。《魏书》志第一〇《礼志一》记载:"癸亥,瘗地于北郊,……瘗牲体右于坛之北亥地,从阴也。"此后所记,祭祀瘗坎大多设置在坛之"壬地":

(后齐制)方泽为坛在国北郊……又为瘗坎于坛之壬地,中壝之外。

《隋书》志第一《礼仪志一》

瘗坎皆在内壝之外壬地,南出陛,方深足容物。此坛坎之制也。

《新唐书》志第二《礼乐志二》

祀汾阴后土,请如封禅,以太祖、太宗并配。其方丘之制,八角,三成,每等高四尺,上阔十六步……为瘗坎于坛之壬地外壝之内,方深取足容物。

《宋史》志第五七《吉礼七》

郊社令帅其属,扫除坛之上下,为瘗坎在内壝外之壬地。

《金史》志第一〇《礼志二》

以上记载中指代方位的"亥""壬",推测应源自用于罗盘指向的"二十四山法"。《钦定协纪辨方书·本原》中说道:"卦四天干八地支十二,共为二十四方位,阴阳家名二十四山……八卦惟用四隅,而不用四正者,以四正卦正当地支,子午卯酉之位故不同卦,而用支即用卦也。八卦即定,四正则以八干辅之……和四维八干十二支共二十四。天干不用戊己者,戊己为中央,土无定位也。以二十四山分属八卦,则一卦管三山……以二十四山分属五行,诸家不同,具各有义。""二十四山法"是将地理环境中360°圆周一圈分为二十四山,二十四山分别由八天干:甲、乙、丙、丁、戊、己、庚、辛、壬、癸,十二地支:子、丑、寅、卯、辰、巳、午、未、申、酉、戌、亥,以及乾、坤、艮、巽四卦组成。每一山向正好15°。每一山向的每一度凶吉都不同。二十四山向与八卦配合时,八卦即是八个方位,每个方位统辖三个山向。南方离卦统辖丙午丁、东南巽卦统辖辰巽巳、东方震卦统辖甲卯乙、东北艮卦统辖丑艮寅、北方坎卦统辖壬子癸、西北乾卦统辖戌乾亥、西方兑卦统辖庚酉辛、西南坤卦统辖未坤申。

二十四山方位(《钦定协纪辨方书》)

从"二十四山向"分析,《魏书》中所指"坛之北亥地"位于神坛西北方,《隋书》《新唐书》中所记"壬地"为北方。

虽然瘗埋的祭祀形式出现得很早,但瘗坎相对于整个祭祀建筑群来说相对渺小，所以各代对于瘗池的记载并不详细。唐以前并没有专门记载先蚕祭祀中的瘗坎。到了唐代，政治稳定，国力强盛，统治者有实力重新考证制定各类神祇的祭祀制度，因此对于祭祀流程的记载相较于前代也更加详尽。《大唐开元礼·吉礼》中出现明确记载先蚕祭祀中瘗坎在建筑群中的整体方位和与坛台的相对位置："又为瘗坎于坛之壬地，内壝之外，方深取足容物。"瘗坎位于先蚕祭坛壬地，也就是北方。《新唐书》志第五《礼乐五》也对先蚕祭祀流程有较为详细的记载，其中便包含在祭坛西北瘗坎瘗埋祭品的环节："尚宫请就望瘗位，司赞帅掌赞就瘗坎西南位，皇后至望瘗位，西向立。尚仪执篚进神座前，取币，自北陛降坛，西行诣瘗坎，以币置于坎。司赞曰：'可瘗坎。'东西各四人实土半坎。"

二

清代先蚕坛瘗坎位于先蚕祭坛西北，是举行先蚕祭礼时掩埋祭祀用毛血、馔等礼神物品之处，现已无存。清代文献对于先蚕坛瘗坎有少量的记载。乾隆《大清会典·工部·营缮清吏司·坛庙》载："先蚕坛在西苑之东北，制方，南向，一成，径四丈，高四尺，四出陛，各十级，西北为瘗坎。"嘉庆《钦定大清会典图·礼制四·先蚕坛》记载："先蚕坛在西苑之东北隅，制方，南向，一

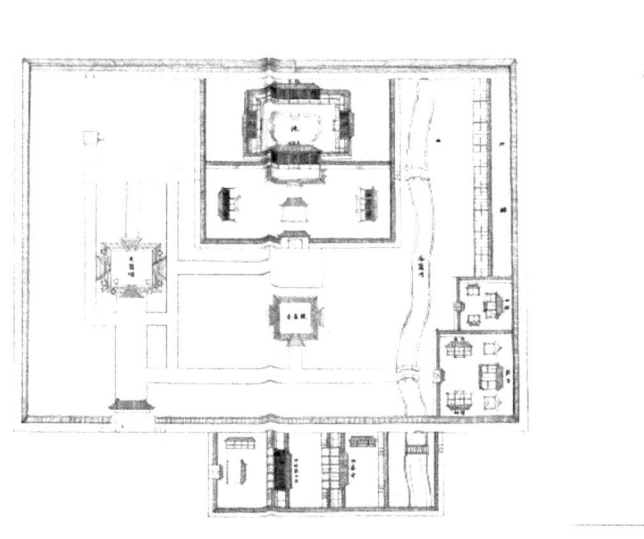

先蚕坛图（《钦定大清会典图》）

成，方四丈，高四尺。面砌金砖，环以白石。四出陛，均十级。南阶上下，鼎炉各二。东西阶下鼎炉各二。西北瘗坎一。"清代遵循前朝一贯传统，将先蚕坛瘗坎也设置在西北方。

先蚕坛瘗坎是根据统治者对于先蚕神属性理解而设置的。北宋熙宁年间，曾沿袭唐月令，认为蚕马同气，而代表马的星宿——房宿，又称天驷，因此蚕与马同为天驷星，将先蚕神属性认为是天神，以燎祭祭祀，而不是配以瘗祭。

礼义罗曰：今礼享先蚕，无燔柴之仪，明不祀天驷星也。今享先蚕，其坛在东郊。熙宁祀仪又有燎坛，则是沿袭唐月令以先蚕为天驷，误也。《周礼》，后蚕于北郊，以纯阴为尊。伏请就北郊为坛，以享始蚕之人，仍依《开元礼》，不设燎坛，但瘗埋以祭。其余自如故事。从之。

《续资治通鉴长编》神宗元丰元年—八年

这种情况只是先蚕国家祭祀中的特例，神宗时便纠正了这一观点，仍以瘗埋祭先蚕。

在五行观念中，金为西方，木为东方，水为北方，火为南方，土为中央。五行与阴阳学说相结合，又认为木火为阳，金水为阴，土为阴阳平衡。结合正

正五行（《钦定协纪辨方书》）

五行(《钦定协纪辨方书》所记:"亥壬子癸属水,甲卯乙巳巽属木,巳丙午丁属火,申庚酉辛乾属金,辰未戌丑坤属土。此八卦干支之五行也,后有双山洪范诸家,因名此为正五行。")"亥""壬"属水,而水属阴。上文所引《魏书》志第一〇《礼志一》:"癸亥,瘗地于北郊,……瘗牲体右于坛之北亥地,从阴也。"将瘗坎设置在北方也是为了顺从阴象的。

中国传统男耕女织的农耕经济模式,不仅造就了先蚕之神嫘祖这一中国古代为数不多的女性祭祀神祇,更形成"皇帝躬耕,以供粢盛,皇后亲蚕,以供祭服"的祭祀制度。皇后"以为天下先",为天下女性做出表率,来进行一众国家祭祀中最独特的,只属于女性的先蚕祭祀。清代进行先蚕祭祀的陪祀人员皆为女性,祭祀仪式也均由女官参与,祭祀流程中一些无法由女性完成的内容,如乐生,则由太监担任。众所周知,中国古代认为男性为阳,女性为阴,"郑氏谓:'妇人以纯阴为尊',则蚕为阴事可知"。自中国上古之祭法,一般使用瘗埋方式所祭的对象应属阴象,例如祭祀方泽、社稷、地祇都设置有瘗坎,并皆因其神祇属性为阴象,而将瘗坎设置在祭坛的西北方:

> (方泽坛)各成面砖用六八阴数。四出陛,各八级。北门外西为瘗位,瘗祝帛。
>
> 《春明梦余录·地坛》
>
> 社稷坛在阙右,北向。坛制方二成,高四尺。上成方五丈,二成方五丈三尺,四出陛,皆白石各四级……北门内西北瘗坎。
>
> 《钦定日下旧闻考·国朝宫室》
>
> (地祇坛)广十丈,纵六丈,高四尺,四出陛,各六级。西北瘗坎一。
>
> (嘉庆)《大清会典事例·工部三·坛庙规制》

所以,清代先蚕坛瘗坎位于西北方,是因为女性为阴,蚕事为阴的阴阳属性,结合"二十四山""正五行"中西北"亥"位属水、属阴的特性,又遵循前代瘗坎方位传统,综合考量而设置的。

关于北京先蚕坛瘗坎方位的原因,在文献中并没有记载,各代关于瘗坎的记载也是少之又少。同时,中国古人并没有固定、统一的信仰,今天我们探讨古人某一事物背后的原因，也不能仅仅从单一角度出发，它们往往是诸多因素共同形成的结果。我们只能通过在历史文献中找寻线索，找到最可能接近合理情况的缘由。先蚕坛瘗坎的试论，并不能给出确定的结论，以待日后在查阅更多的历史文献后，再得出更加合理的推论。

（本文未发表过，作者陈媛鸣）

民国时期先蚕坛的使用与修缮状况

一

先蚕坛位于北海公园的东北隅，总占地面积约17000平方米，是清代著名的皇家祭坛之一。它是皇后祭祀先蚕之神的场所，属国家典祀范畴。从乾隆九年至宣统三年，历朝后妃（少数因故遣官）致祭不辍。但从八国联军占据北京起，先蚕坛逐渐遭到破坏，曾一度为蒙古人（阐福寺喇嘛）占用，成为火葬场，臭味难闻。

八国联军在先蚕坛留影

民国以降，先蚕坛的祭祀功能消失，一直空置作为北海的一部分，建筑多已陈旧，存在不同程度的凋敝。

据成书于1924年的《三海见闻志》记载，先蚕坛曾为河道派出所使用。1925年北海公园开园以后，被拆除的西苑小火车钢轨，曾运至先蚕坛搭建房屋。1926年曾在先蚕坛召开孙中山逝世周年纪念会。

织室旧影，此时的浴蚕池已经干涸（喜仁龙摄）

1929年，"中央研究院"历史语言研究所从广州迁至北平后，经与外交部协商，将北海静心斋（所本部）和先蚕坛（考古组）用作办公场所。其间，李济、梁思永两位先生合开考古学、人类学等课程，在先蚕坛上课。1933年长城抗战后，华北渐入危机。史语所除第一组外全部迁往南京，留下徐中舒等人负责整理明清内阁大库的档案资料。徐中舒等人将这批内阁大档，从午门移至先蚕坛保存，直至抗战爆发前撤离。战后这批资料存于南京，1949年又随"中研院"南迁台湾保存。

二

1939年初，北京大学医学院决定暂借北海先蚕坛成立研究院。据北京大学医学院第九七号公函记载："为设置研究院，请暂行拨借北海蚕坛前历史语言研究所原址为院址，因亟待成立，着手修理，希查照惠允等因到会。"因事关拨借政府公产一事，故由当时的伪北京特别市公署出面，发出公字第二四五号指令："呈悉案经函准教育部二十八年一月九日咨覆，查本部所属医学院此次设立研究院，因一时无适当房屋可资应用。爰由本部将前历史语言研究所档案挪出，暂行借拨该院为院址。一俟觅得相当地点，即行迁让。相应咨请查照，准予继续借用等因，准此查所请借用蚕坛房屋一节，准予暂借一年。"

1939年5月15日，国立北京大学医学院研究院（下称研究院）与北海公园委员会（下称公园）因借用先蚕坛房屋订立合同如下：

一、公园为赞助教育文化起见，依照呈准北京特别公署定案，允将蚕坛内坛全部殿宇暂行借与研究院为办公之用。但研究院不得将该处转借转租，并不得移作他项用途。

二、暂借期限依照市公署规定以一年为度。期满，研究院应将房屋交回公园。如未届满期，研究院已另觅妥院址时，亦得提前将房交回公园。

三、借用范围，蚕坛内前后院计大小房二十八间，游廊二十四间。但界外未经公园允许，研究院不得扩充占用之。其一切打扫，仍由公园负责。

四、借用期内，遇有研究院来宾入园时，除有特别规定外，仍须照章先购公园游览券。

五、原来建筑物附着物及所有设备，研究院应加珍护，非得公园同意，不得变更。

六、借用范围内，原有附着物及设备装修等件，另缮清单，附粘本合同，以资查考。

七、借用范围内，得由研究院依照旧制修葺，不加变更，但已经研究院增修之各项建筑物，及毗连之附着物，于将来交房时，一并交还公园。

八、研究院职员及其事务关系之人员，先期开单，交由公园给予入门证，工役则由公园给予腰牌，进公园前后门必须持验，其有外来差役及商贾，经呈验所送信函物件，亦得免费入园。

九、关于借用范围之清洁事项，由研究院负责。

十、研究院职员工役务，须遵照公园规章由研究院负责。

十一、本项合同缮具三份，公园、研究院各存一份备查，并由公园呈报市公署一份备案。

国立北京大学医学院　鲍鉴清　北海公园委员会　傅增湘

在这份合同之后，附有一份当时北海先蚕坛的房屋装修清单，对当时先蚕坛的建筑格局及房屋装修作了比较详细的描述：

前院北房五间，前面玻璃窗户八扇，前后玻璃帘架二份，记玻璃八块。前后玻璃槅扇四扇，记玻璃八块。前后玻璃风门二扇，计玻璃二块带洋锁。前后横楣十二扇。屋内屏风一槽（只有上槛木框），内外电灯九盏。

东配房三间，玻璃窗户四扇，玻璃帘架一份，计玻璃四块，槅扇二扇，计玻璃四块，横楣九扇，隔断二槽，板门一扇带洋锁。玻璃风门一扇，计玻璃一块，带洋锁电灯四盏。西配房三间，玻璃窗户四扇，玻璃帘架一份，计玻璃四块，槅扇二扇，计玻璃四块，横楣九扇，隔断一槽。玻璃风门一扇（玻璃坏）带洋锁，电灯四盏。

东厨房一间，窗户一扇，风门一扇，电灯一盏。

亲蚕门门楼一座，大门一合带闩架，闩石墩二个，额一块。院内屏风木架一槽，石墩十个。院内门灯二盏，闩口二个。西墙木门一合带闩，电灯一盏。

北平台一间，窗户二扇，玻璃风门一扇，计玻璃四块带洋锁，玻璃横楣一扇，计玻璃二块（坏一块），电灯一盏。

院后北房五间，玻璃窗户八扇，吊窗八扇，挺钩十二根。玻璃帘架一份，计玻璃四块。玻璃风门一扇，玻璃一块带洋锁。玻璃槅扇二扇，计玻璃四块。横楣十五扇，隔断二槽，板门二扇带洋锁，电灯六盏。

东端北耳房一间，窗户二扇，板门一扇带洋锁，电灯一盏。西端北耳房一间，窗户二扇，板门一扇带洋锁，电灯一盏。

东配房三间，玻璃窗户四扇，吊窗四扇，挺钩八根。玻璃帘架一份，计玻璃四块。玻璃槅扇二扇，计玻璃四块。玻璃风门一扇，计玻璃一块带洋锁。横楣九扇，电灯四盏。

西配房三间，玻璃窗户四扇，吊窗四扇，挺钩八根。玻璃帘架一份，计玻璃四块。玻璃槅扇二扇，计玻璃四块。玻璃风门一扇，计玻璃一块带洋锁。横楣九扇，隔断一槽，板门一扇带洋锁。南面玻璃窗户二扇，计玻璃六块，窗户一扇带护窗板一块。电灯四盏。

廊子二十四间，窗户隔断六十扇，坐凳板十六段，花横楣十六扇，电灯四盏。

北厕所二间，玻璃窗户一扇，计玻璃四块，玻璃横楣二扇，计玻璃四块。木板门二扇带洋锁，木板墙二段，电灯二盏。院内桑树七株，松树二株，槐树四株，珍珠梅四株，石墩八个。

1939年11月2日，北京大学医学院研究院另觅他址，从北海先蚕坛迁出。依据伪北京特别市公署公字第四〇八四号指令，上述租借合同注销。

三

1941年初，国货陈列馆奉伪北京特别市公署令"推陈出新，切实整顿"，将馆址迁移至北海先蚕坛。据北海公园委员会致伪北京特别市公署国货陈列馆公函记载："奉令将本园蚕坛房屋及东南角三合小院一所暨东墙根群房九间拨为市立国货陈列馆应用一案，事关公产公用，自应遵令照拨。迭经贵馆派员接洽，妥协修葺裱糊，并准来函于1月15日开始移驻蚕坛。"

原位于正阳门箭楼内的国货陈列馆于1941年1月7日起停止游览，筹备迁移。1月15日开始搬迁陈列物品，于1月24日全部搬运完毕。旧馆址正阳门箭楼移交外一区警察分局巡守保管。国货陈列馆员役一方面在先蚕坛新馆址内加紧整顿布置，另一方面又抽派人手向各厂商征集陈列品。各厂商"为切实提倡维护工商业之盛意，无不鼓舞参加。关于本市名贵出品雕漆、珐琅等新送陈列，共已有数百件之多，业已分部陈列"。辛巳年春节过后，国货陈列馆自迁往北海先蚕坛的各项布置整理工作已全部就绪，并于阴历正月十六日（1941年2月11日）上午12时举行了开幕典礼。开幕当日，伪北平特别市市长秘书、市属机关长官及各厂商代表均来到北海先蚕坛新馆址参观。因先蚕坛内空间狭小，又借用北海公园董事会房间举行了隆重的招待会。

1945年抗战胜利后，先蚕坛仍为国货陈列馆使用，至1948年国货陈列馆准备迁出。据1948年4月27日北平市政府府秘二字第六一九〇号令载："国货陈列馆现存物品，原主既未取回，准由教育局所属第一、二两民众教育馆接收负责保管。如原主请领，仍应发还。馆址交还北海公园。"

随后，国立北平图书馆致信给北海公园理事会欲借先蚕坛作为图书馆新址，并愿意承担古建筑修缮工程经费。信中写道："敝馆近来书籍日益增多，原有馆址已感不敷应用。查北海蚕坛为故都名胜，以之藏书，见称适宜。拟请贵会准予借用蚕坛全部及其东南三合小院，期间所有房屋之修理均归敝馆担任，借答赞助厚意，相应函达，即希查照惠允，见复为荷。"

因为涉及文物古建修缮问题，故行政院文物整理委员会于1948年5月21日致函北海公园理事会："查北海蚕坛亲蚕殿等四座保养工程即将开工，前经函请惠于饬属协助在案，准该工程需用材料（应由官发）颇多，本处现无适当材料可拨。兹查该坛东边有露顶缺墙之破屋三间，颓废已久，并无复修价值。依据整理古建筑物原则，拟予摄影记录，以备将来文献与法式上之参考。即将残存旧料拆除，移作修复亲蚕殿等工程之用，以节公帑。"由此可知，因为解放战争期间时局动荡，国统区经济凋敝。文物整理委员会工程处无力负担先蚕坛修缮工程的全部建筑材料，不得不利用坛东三间残损老房（悬山顶筒瓦过垄脊）的旧料，拆东墙补西墙，实属权宜无奈之举。

1948年6月9日，为了先蚕坛修缮工程的顺利进行，北平文物整理委员会工程处致函（工字九一号）北平市教育局，称修缮中需要揭瓦露顶，希望国货陈列馆能将陈列展品尽快移出，以便修缮工作顺利进行。信函内容如下：

> 案查本年度北平文物整理预算案内北海蚕坛保养工程（即亲蚕殿等现为国货陈列馆占用），前经本处标定广和营造厂承揽，并函请北平市政府社会局饬属协助在案。正工作间，侧闻该国货陈列馆已由社会局移交贵局接管，应请惠予饬属经续协助一切。又查该保养工程范围不涉及室内，但拔草勾抹时，须揭开瓦顶，方能修葺。诚恐椽、望、泥工牵连坠落，致影响室内陈列品之安全。督工人员深苦无法预为防范，拟请查照，迅赐办理，并希见复为荷。

由上述内容可知，当时的国货陈列馆已由北平市社会局移交给北平市教育局接管。国货陈列馆虽然应于4月将先蚕坛归还北海公园，但2个月后，该馆陈列品仍未腾出。另外，负责这次先蚕坛修缮工程的施工方为广和营造厂。在该公函之后，另附有一份北海先蚕坛保养工程的做法说明书，使我们能够清晰地看到当时先蚕坛的保存状貌和具体修缮细节。

北海蚕坛保养工程做法说明书

甲　工程概说

蚕坛位于北海东北隅，正门三楹。入内有坛台，迤东为宰牲亭、神库等。迤北为亲蚕前殿、亲蚕后殿及东西配殿、中夹浴蚕池，回廊相继，均绿色琉璃瓦顶。全坛以久失修葺，瓦顶檐木、月台、踏跺、阶条、坛台、围墙均有走闪破坏。如全部修葺，所费颇巨。以工款有限，本工程先就主要之四殿顶及回廊施以保养，并择要局部修缮，以免渗漏继续损坏而保建筑。

乙　施工细则

一、保养做法

图示范围内全部瓦顶拔草、扫垄。拔草时，务须注意连根拔除。瓦垄隙尘埃、青苔等物，须用瓦刀或铁刷仔细铲除干净，然后扫垄。灰皮脱落处，先用水刷一遍，随用百比五青白灰麻刀查补、捉节、夹垄。瓦件松脱者，揭起，将原有瓦灰铲除，重新用一点二白灰细焦渣，瓦用百比五麻刀灰捉节夹垄，然后全部瓦顶擦拭干净。

二、局部修缮做法

在图中所注各糟朽、下垂部分，均拟予以局部修缮。凡连檐、瓦口、飞头、椽、望糟朽或下垂部分，先将瓦件灰背揭除。然后将糟朽椽、飞、望板用松木照原样剔换齐全，钉装坚固。稍有糟朽、裂缝者，以松木钉补坚实。在新钉望板上涂抹臭油二道，用一点三白灰焦渣（焦渣过节）苫背，厚随旧背，拍打出浆。再抹百比五青白灰麻刀背一层，厚约二公分。俟八成干后，用一点二白灰细焦渣（过细节）瓦瓦，百比五青白灰麻刀捉节夹垄，然后擦拭干净。凡新换各件木料露明部分，均攒生桐油二道，随旧色断白。

三、杂项

1. 亲蚕后殿及东西配殿山墙琉璃博缝多有残缺，均照原尺寸改挂木板，上钉有刺铁丝网抹白洋灰沙子，干后，涂绿色油，务使与琉璃仿佛。

2. 吻件有残坏处改用砖砂、白洋灰及铁丝网堆砌表面，纹饰须仿原式刻做，干后，亦涂绿色油。

附注：

一、零星工程

本工程做法说明未经载明而为工程上所必需之零星工程，承揽人须照做，不得故意推诿。

二、清理工地

工竣后，承揽人须将工地清理干净，渣土送至指定地点。

三、官发材料

1. 旧木料及瓦件均由亲蚕门外东面指定破房拆用。

2. 油料四十公斤、白洋灰十五袋、洋灰五袋、铁丝网六十张、有刺铁丝二卷。以上材料均由景山材料库随工程进度临时发给，有余，缴还，不足时，由承揽人员负责添配。

从上述工程做法可以看出，1948年的这次先蚕坛修缮是一次简单的养护性抢险工程。由于经费极其有限，其只对主要殿宇的屋面进行了清理修补，以防渗漏。而对于砖石基础及木构屋架部分，却没有进行有效的勘察和维护。更有甚者，将屋脊吻兽、山花博缝等琉璃构件的修补，以洋灰、沙子、木板、铁丝、绿油漆等加以仿制，其因陋就简的程度可见一斑。

到了1948年8月间，先蚕坛房屋内仍堆积国货陈列馆家具物品，坛东27间蚕室中18间为北海公园的库房及工人宿舍占用。北海公园理事会就是否将蚕室借予北平市图书馆及敦请国货陈列馆迁出等问题，向北平市参议会提请核议。8月25日，经北平市参议会文化教育委员会审议决定："查北海蚕坛国货陈列馆历史已久，应继续保存并加改善，市政府既无力保管，可将全部物品移交历史博物馆接收陈列。"照此决议，随后北海公园准备将除18间蚕室外的全部先蚕坛房屋借予北平市图书馆。

与此同时，民国"国史馆"亦相中先蚕坛这块古迹，希望借用作为北平办事处办公。于是发出史总字第七四三号公函给北平市政府表达此意："本馆前以北平为我国文献之渊薮。因于北平分设本馆办事处采撷史料，以供载笔之需。经岁以来，颇有进展，惟该处办公地址系暂借中央党史会东四二条5号之房屋。现党史会收回自用在即，本馆另觅地点，极感困难。现悉贵府掌管北海公园内之蚕坛有房二十余间久未使用，拟请拨借本馆作为北平办事处办公之用，以裨史政。倘承惠允，本馆自当负责爱护，一举两得。"

1948年9月22日，时任北平市市长刘瑶章开具介绍信给"国史馆"纂修金毓黻、贺培新。次日，金、贺二人持市府信函，与北海公园理事会接洽商讨借用事宜。但由于北平市图书馆借用在先，"国史馆"之请只得作罢。次日北海公园答复北平市政府称："查该蚕坛内房屋于本年9月1日接国立北平图书馆函请借为办理查报、阅览及存查之用。当时本园以该蚕坛房屋损毁珍重，各部分亟待修理，第以园中经费困难，无力兴工。经与该馆商洽修理办法，计第一期内该馆先行修理，亲蚕殿前院东西配殿、围墙、内楼及神库房等顶部翻修，所有一切工料费已由该馆负担。第二期修理蚕坛全部房屋需用工程费，亦允全部担任。'国史馆'请借蚕坛房屋办公一节，已无余房可借。"

1948年10月2日，先蚕坛已经正式开工修缮。北海公园将《蚕坛殿宇修缮计划书》抄录一份，交由北平文物整理委员会工程处代为审查，并请其派员赴工地指导修缮。《蚕坛殿宇修缮计划书》内容如下：

> 查蚕坛院屋年久失修，榛莽荒秽，屋顶渗漏。其坍塌摧折之处，犹数见不鲜。若不及时修葺，恐损坏愈甚，更难应用。兹就贵馆借与之该坛前院、中院、东院，分为三部工程。先将各院正殿及配殿屋顶、墙头及亭廊上顶各处莠草芟除。其小厨房及东西跨院月牙河畔杂枝乱草丛生之处甚多，须一一找补齐全。其损坏较大各处，并须加工修理。为东院北殿东北隅上顶坍塌，覆瓦残破应改换橡木补瓦。其各殿槛、柱、阶、台亦多损坏，并应修理，此项工程需用大量白灰、麻刀、洋灰及木料。工竣之后，所有殿房既可应用，蚕坛胜迹亦可恢复旧观。一切依旧，对于原有建筑决不变动，以期保存旧有建筑。

从这份修缮计划中可以看出，民国时期的古建筑保护理念已经相当成熟，与当代文物建筑"最小干预，修旧如旧"的修缮原则颇有异曲同工之处。

1948年12月8日，占用先蚕坛的国货陈列馆家具物品等仍未腾出。北平市社会局杨德馨科长宣称："国货陈列结束装箱事，在原则上已经决定，惟所需经费五千三百万元。曾经详细计算，无法再减，此案系本局本身事务，自难向图书馆索款，倘图书馆情愿帮助，数目多寡，本局自无异议。其余不足之数，当由本局尽力筹措。惟何日可以筹足着手迁动，尚不能预计。"北平市图书馆馆长袁同礼答复道："经向教育部及信记局请求拨贷各款尚未拨到。稍迟几日，拟筹二千万元交付社会局。"由此至1949年1月31日北平和平解放，国货陈列馆的这批家具物品总计300余件，才得以从先蚕坛腾出，最终由后来的北京市教育局接收。

与此同时，平津战役已经打响，"华北剿总"节节失利，国民党军队被围困于北平城内。败退入城的傅作义主力第35军下属262师785团1营士兵强行进入先蚕坛，占据达2月有余，直至北平和平解放后，才撤出先蚕坛。驻军期间，先蚕坛的建筑设施略有损坏。1949年2月7日，北平市教育局财务股派专员将傅作义部队占用的房屋一一加以查封上锁，并统计了损坏状况。当时看守国货陈列馆物品的工人王俊清及警士胡维启开列的损坏公物名目包括：残破路椅三个、瓷痰盂十三个（内残破者居多）、残损藤椅六个、桥上木板压坏十五块、黑长方凳三个、桌面二块，余下的零碎杂物或有损失，已无从查计。

1949年4月1日，经北京市公用局军管会批准，将蚕坛全部房屋拨借给北海实验托儿所使用。7月，托儿所迁入先蚕坛。1951年1月23日，北京市人民政府公园管理委员会函北海公园管理处："关于北海实验托儿所借用你处蚕坛建筑房屋订立手续问题，兹拟订协议书一纸，希按此项精神，径与该所订立为荷！"由此，先蚕坛正式转为北海幼儿园使用至今。

北海实验托儿所初入先蚕坛时，坛内杂草丛生，一片狼藉。第一任园长陆琳，为修建园舍四处求援。承蒙陈毅、贺龙、罗荣桓、薄一波等领导的支持，筹集到资金。由建筑史家梁思成推荐的张昌龄教授在先蚕坛台原址设计了一栋建筑面积3800平方米的二层楼，并对原有部分殿宇进行了修缮，安装了暖气及儿童漱洗设备并油饰一新。朱德、宋庆龄、周恩来、邓颖超、李先念等老一辈革命家，都曾来园看望教师和孩子。2008年北京奥运会前后，先蚕坛各进行过一次大规模修缮，有效地解决了这处重要古迹的维护保养问题。

昔日的神殿、祭台、桑园已经成了孩子们的教室、礼堂、活动场。尽管没了观桑台、蚕宫署等古建筑，但浴蚕河仍川流不息，红墙碧瓦庄严壮美，皇家气势犹在，见证了北京首善之区的沧桑变化。

（本文发表于学苑出版社出版的《北京古代建筑博物馆文丛》第六辑〔2019〕，作者刘文丰）

二、礼仪研究

先蚕西陵氏嫘祖与先蚕坛祭享源流考

在北京北海公园的东北角处，有一组平日不开放的、面积不大、封闭的古建区，这就是闻名全国的北海幼儿园。几十年来，知道这里是幼儿园的人不计其数，但古建区的前身是什么，则少有人关注，在繁华热闹的城区中，这里颇显几分神秘。其实，稍微懂得一些北京历史知识的人就会知道，这里是中国古代绝无仅有的皇家女性祭祀传说中创造衣食之着中养蚕术和丝织术的人文先祖——西陵氏嫘祖的坛场，名曰北京先蚕坛。说它绝无仅有，那是因为当年这里举办的国家祭祀大典，活动主体几乎都是女性，而它的活动主题，就是与北京先农坛的核心文化内涵父仪天下亲耕耤田相对应的母仪天下亲桑织造。当然，封建国家的皇后自然就是演出的主角。

中国古代神话故事的一大特点，就是神话人物林林总总，不计其数。不过众多神话的文化核心，总是围绕着发源于以黄土地带为中心的农耕文明展开，因此神话人物多是披着农耕文明外衣，而农耕文明的一大特征，即是男耕女织。像炎帝神农氏作为中国古代农耕文化始创者一样，西陵氏嫘祖也成为古代蚕丝织造的始创人，千年以来，一直得到古代社会以至当今一些地域人们的崇拜。

一、西陵氏嫘祖

古人崇尚万物有灵，更重视对造福民生的圣贤之人的纪念。人们认为，必定有一位神祇开创了桑蚕养殖与丝纺之术，逐渐地，人们把创造丝织物的无名之氏作为圣贤之人加以崇拜，并将之称为"先蚕氏之神"，含义与先农氏、先医氏、先牧氏等等先某氏一样，意即在某一行业的开创之人。

先蚕之神的国家祭祀（典章完备的国家祭祀）在周代即已出现。在周天子一家的祭祀神祇活动中，包含王后北郊亲祀先蚕之神、行躬桑之礼。不过，自先秦文献上出现祭祀先蚕行躬桑之礼，直至北朝的最后一个王朝北周之前，中国历代王朝祭祀的先蚕之神均非后世明确的黄帝正妻嫘祖，而分别由西汉的"苑窳妇人、寓氏公主"，甚至黄帝本人充当。直到北周确立先蚕祭祀制度时，后世人们所知道的嫘祖才登场，成为自北周以降1300多年的皇家祭祀之先蚕之神：

  后周制：皇后乘翠辂，……至蚕所，以一太牢亲祭进奠西陵氏神。
                 《隋书》志第二《礼仪二》

所谓西陵氏，就是传说中作为中华民族直系祖先炎黄之一的黄帝轩辕氏正妻西陵氏嫘祖，后人又称其为"先蚕娘娘""蚕神女圣""西陵圣母"（四川新津民谣有："三月三日半阴阳，农妇养蚕勤采桑。桑蚕创自西陵母，穿绸勿忘养蚕娘。"）。

为何北周时嫘祖成为官祀先蚕之神呢？《史记·五帝本纪》说黄帝"顺天地之时，幽明之占，死生之说，存亡之难，时播百谷草木，淳（驯）化鸟兽虫蛾"，这不过是把种植百谷和驯化家禽家畜的功劳都记在黄帝名下，本来先农之神炎帝神农氏开创的种植农业、辨五谷识百草，这里都张冠李戴记在黄帝头上，如果虫蛾包括桑蚕的话，那么将野桑蚕驯化成家蚕、家蚕能吐丝也就是黄帝的功劳了。《史记·五帝本纪》的这种神话记载所包含的政治目的十分明确，也可作为将黄帝当作先蚕之神的一家之言。依据历代祭祀先蚕之神的记载，推测南北朝时由于北齐把黄帝轩辕氏作为先蚕之神加以祭祀，后人感觉让一个男性充当女红之神实在不妥，于是改由黄帝的夫人西陵氏嫘祖来充当，这样黄帝父仪天下、妻西陵氏嫘祖母仪天下，更能体现出传统世俗礼教的合理性。

西陵氏嫘祖对于人们来说，其实并不陌生，因为文献中已有描述，当然神话色彩浓厚，如：

流沙之东，黑水之西，有朝云之国，……黄帝妻雷祖，生昌意，昌意降处若水，生韩流。

《山海经·海内经》

黄帝居轩辕之丘，而娶于西陵氏之女，是为嫘祖。嫘祖为黄帝正妃。生二子，其后皆有天下。

《史记·五帝本纪》

古汉语中的通假字很多，嫘祖的"嫘"字出现较晚[①]，而使用较多的是雷、累、儽、儽，几字通用，其中雷字最为古老。

可见，这个时期嫘祖不过以是黄帝的正妻形象示人，根本与桑蚕或其他家蚕饲养之事无关。

但自从北周王朝将西陵氏嫘祖列为正式的官方先蚕之神加以祭祀后，北周以降的文献就陆续出现之前文献所没有的对嫘祖身世详细描述的内容，如：

西陵氏之女嫘祖为帝元妃，始教民育蚕。

《资治通鉴外纪》

陵氏之女嫘祖为帝元妃，始教民育蚕，治丝茧，以供衣服，而天下无皴瘃之患，后世祀为先蚕。

《路史·后纪五》

这类促使嫘祖传说继续圆满、内容更加丰富的现象，一直持续到清代。这种在前代的描述上添枝加叶的做法，史书中比较常见，是一个神话传说在历史流变中不断自我完善的过程。

围绕着嫘祖还有形形色色的传说故事，其中比较重要的是三项内容，其一为嫘祖的故国西陵氏之地在四川、在河南、在湖北等地之争，其二为嫘祖是行路之神，其三为嫘祖是百家姓中方姓、雷姓、元姓之祖之说。这些说法有的依靠我国古代桑蚕业发端地的历史依据为证据，有的以古地名的考据为证据，有的干脆以汉以后几部古书中的描述为印证依据，且多以后人添枝加叶的记述互

---

① 《说文解字》未收录，证明该书成书之时尚未有"嫘"字。

为印证。

所谓嫘祖始创桑蚕织作技术之说，像神农氏始创培植五谷、开辟农耕之术的传说一样，是人们怀念先祖泽被后世丰功伟绩的一种浪漫主义诠释。而将功绩归于一人，实质上是为人民便于流传和记忆。

正如先农之神炎帝神农氏一样，先蚕之神西陵氏嫘祖，是封建专制社会中的国家官祀之神，不是中华民族唯一的先蚕之神，或曰不是唯一的蚕神。农业之神还有后稷，而桑蚕之神还有马头娘，她在民间广为人们祭祀的程度远远超过西陵氏嫘祖。此不详述。

二、亲桑享先蚕：明代之前的先蚕之神国家祭祀

中国古代的每一个神祇，都有其漫长的产生发展之路。无论是对自然神祇的崇拜，还是对古圣先贤的敬祀，人们除了出于功利的考虑，还掺杂着对自然的畏惧。这也符合人类演化发展的规律，即对自然由害怕到敬服，再由长期的观察总结出认知规律后，最终变为试图对自然的掌控，使自然为人所用，由自然王国走向必然王国。

先蚕之神和众多中国古代神祇一样，起源于对朴素生活的认知，上升于日后的社会政治活动。我们知道，越是远古的社会，统治者的日常政治生活越是加大区别于后世的政治繁复，较为接近人类早期生活的本源目的。古人说"国之大事，惟祀与戎"，已经十分明确了人类社会早期政治生活的核心，即对外征战与祭祀神祇。作为神祇之一的先蚕之神，在国家的政治生活中享有一席之地是顺理成章之事。

据史书记载，在成为日后两千多年历代典章效法的周代，祭祀先蚕之神就已列入国家典章活动，成为先蚕之神国家祭祀的发端。我们沿着史书的记载描述，一直下延到后世的元代，大致将这一历史阶段的先蚕之神国家祭祀予以还原。

周代

> 贞元示（音 qí）五牛，蚕示三牛，十三月。

这是商代甲骨文献中记载卜示祀蚕之事的一条重要的卜辞[①]，说明早在殷商

---

① 见胡厚宣：《殷代的蚕桑和丝织》，《文物》1972年第11期。

下编 研究编

时期对于蚕事已有祭祀活动。

众所周知，周代因其完善的国家典章制度，特别是对神祇的国家祭祀制度，成为周以降，尤其是西汉独尊儒术后儒家大力提倡的礼法根源。史书上说，周代天子（帝）亲耕耤田，将收获的谷物作为向宗庙等庙宇神祇供奉的祭品；王后（后）亲蚕，将丝织品作为祭祀宗庙等庙宇神祇时穿着的祭服的衣料（天子亲耕以供粢盛，王后亲蚕以供祭服）。应该说，周代在商代只有祭祀之事而无祭祀典章的基础上有了质的飞跃：

仲春，诏后率内外命妇，始蚕于北郊。

《周礼·天官·内宰》

天子诸侯，必有公桑蚕室，就川而为之。大昕之朝，夫人浴种于川。

《尚书大传》

命野虞无伐桑柘。鸣鸠拂其羽，戴胜降于桑，具曲植籧筐。后妃齐戒，亲东乡，躬桑。禁妇女毋观，省妇使，以劝蚕事。蚕事既登，分茧称丝效功，以共郊庙之服。

《礼记·月令》

古者天子诸侯，必有公桑、蚕室，近川而为之。

《礼记·祭义》

王后蚕于北郊，以供纯服；夫人蚕于北郊，以供冕服。

《礼记·祭统》

这里所说的亲蚕具体包括以下内容：

首先，天子、王后与诸侯、公卿的夫人们都有作为代表国家进行活动的场所"公桑蚕室"，在国家公有土地"公田"（也简称田）上种植的桑树林附近建亲蚕活动设施；地点选在都城的北郊（古人将男性定义为阳，女性定义为阴。所以男性的亲耕之礼在正位为阳的南郊举行，女性的亲蚕之礼在非正位为阴的北郊举行）靠近有河流湖泊的近水之处，便于洗涤"蚕种"（蚕茧）；"公桑蚕室"外要有"仞有三尺"的宫墙围绕（周代，一尺合今 0.231 米。又或理解为宫墙高为一仞又三尺。周制一仞八尺，即宫墙高十一尺），墙上还要植上荆棘

205

之类的植物（因蚕室是女性活动场所，墙上植有刺的植物能够预防异性进入）；时间选在"季春吉巳"日，也就是每年农历三月中的一个天干吉祥、地支为"巳"的吉日；参与人员为王后及三公九卿的夫人们，以及民间熟练的蚕工、蚕母等；仪式分祭神与躬桑两部分，仪式前斋戒以示虔诚。

其次，大致仪程是：亲蚕当天，王后先是祭神，然后躬桑，即按照天子亲耕"三推"的做法，亲自摘三片桑树叶放在筐中，三公九卿的夫人们依次摘下五片、九片桑叶放入筐中，然后再按三、五、九之数选蚕种交给蚕工进行洗蚕种。

第三，作为补充的相关祭祀措施，命令山林管理机构在养蚕吐丝的相关月份禁止砍伐桑树，以保证桑蚕的食物供给；同时命令整修蚕事用具、工具，以确保蚕事的顺利进行。

王后的亲蚕之仪，涵盖祭神与躬桑两个重要内容。全部过程中，以躬桑最为体现出"以为祭服"的核心目的，并借此向天下人宣示蚕事的重要性，达到给天下人做出表率的初衷。

不难看出，平民百姓男耕女织的社会经济生活特性，在周的天子之家不仅同样存在，而且更具重要性、更具象征性。重要性在于，统治者既要代表自己敬奉神祇"为祀重"，还要为天下人作出表率，父仪天下、母仪天下，既然天下是自家的，天子王后也就是天下人的政治父母，因此给大家做出积极的榜样不容推脱。象征性在于，尊为天子之家不可能等同于寻常百姓，因此天子推耕三趟木犁、王后摘取三片桑叶加上再选三粒蚕种，意思意思也就达到目的了。从根本上讲，王后的亲蚕之仪与天子的亲耕之仪政治意义大于实际意义。

从此以后，亲蚕之礼就成为后世儒家舍命提倡的一项国之大礼，它与亲耕之礼一并成为日后中国农业社会封建专制国家的重要典章。周代的亲蚕之礼，虽史书上没有明确记载具体哪位周之王后亲行过，但因其出自后世儒家的经典《礼记》所讲述，一样使人坚信不疑亲蚕之礼是周王室所创。周制中所确定的亲蚕日期、选址、设施要求、人员构成，以及"三、五、九"之数的应用，成为后世依行的制度参照，个别朝代虽有更改，但总体上是遵照周礼之制。

这时的先蚕之神没有具体所指，为虚化之称，是只祭名为先蚕的神祇。

两汉时期

西汉与周代一样,史书上没有具体的亲蚕记载,只记有制度,如:

> 春正月丁亥,诏曰:"夫农,天下之本也。其开藉田,朕亲率耕,以给宗庙粢盛。
>
> 十三年春二月甲寅,诏曰:"朕亲率天下农耕,以供粢盛,皇后亲桑,以奉祭服,其具礼仪。"

《汉书·文帝纪第四》

西汉时,亲蚕之仪的主要内容包括:所祭的先蚕之神有了名称,但分为两个神祇加以分别祭祀①;祭神与躬桑分于两地进行,祭神于都城东郊②,躬桑于禁苑之中;祭祀的等级为中牢(祭品为羊与猪);出现了先蚕坛、采桑台,其中先蚕坛高一丈、方二丈、四出陛;躬桑活动完成后,奖给参与活动者蚕丝。

东汉与西汉区别的是,特别强调了皇后的活动仪仗(如乘鸾辂,青羽盖,驾四马),明确了皇家祭祀的威仪;设置了管理亲蚕之仪相关事项的官员"蚕宫令、丞"③。对先蚕之神的祭祀等级未作改变。

有意思的是,东汉祭祀的神祇又改回先蚕之称。

同时,史书上也出现了有确切纪年的官祀先蚕之神记载:

> (明帝永平二年三月)是月,皇后率公卿诸侯夫人蚕,祠先蚕,礼以少牢。

《后汉书·志第四·礼仪上》

汉明帝永平二年为公元59年。这一年成为中国历史上有文献纪年记载的官祀先蚕之神的第一次。

两汉时期的亲蚕之仪,起到沿袭周制并为汉以降亲蚕之制的演变定型完成

---

① 苑窳妇人、寓氏公主。窳,音 yǔ,见《汉官旧仪》:"今蚕神曰苑窳妇人、寓氏公主,凡二神。"
② 五行中东为木,主青,代表生命。
③ [清]马端临:《文献通考·郊社考二十·亲蚕祭先蚕》。

过渡的作用。虽然汉代距周代接近，但因中间历经战国的"礼崩乐坏"及秦代的礼法大变革，完全照搬周制有相当的难度。

需要说明的是，西汉祭祀的先蚕之神"苑窳妇人、寓氏公主"，仅于此时出现过，这两位神祇成为历史上官祀先蚕之神中的特例。

魏晋南北朝时期

这一时期，亲蚕之仪的演变出现了成为后世最终规制的变化，即祭神躬桑设施的成型完备、祭祀议程的繁复完善，最为重要的，就是将原本与蚕事无干系的传说中的黄帝及黄帝之妻"西陵氏嫘祖"先后转换为官方认可的先蚕之神（黄帝只历北齐一代），正式开启了西陵氏嫘祖的官祀历史。

这一时期亲蚕的记载有：

(魏)文帝黄初七年，命中宫蚕于北郊。

《晋书》志第九《礼上》

晋武帝太康六年，蚕于西郊。

《文献通考·郊社考二十·亲蚕祭先蚕》

(宋孝武帝)大明四年三月甲申，皇后亲蚕于西郊。

《宋书》本纪第六《孝武帝》

(北齐)于京城北设蚕坊，皇后行先蚕礼。

《隋书》志第二《礼仪二》

三国魏的亲蚕应该是遵从了周制，亲蚕地点重新回到北郊。

晋代亲蚕之礼的恢复，是依周代帝耕耤、后蚕桑的古礼对于帝王社稷乾坤之道的重要性而行的。太康六年（285）有人奏晋武帝司马炎："今陛下以圣明至仁，修先王之绪，皇后体资生之德合配乾之义，而坤道未光，蚕礼尚缺"[①]，要求恢复先蚕之礼。但晋的先蚕之礼可以说比较特立独行。首先，亲蚕地点的选择，既没有遵循周之古礼选在北郊，也未尊从汉制于东郊，而是选在西郊。《文献通考》说其选在西郊"盖与耤田对其方也"，为的是与东郊的耤田相对。另一说是因为晋从三国吴的做法，但史书中对三国吴是否行亲蚕之礼并无明确

[①] [唐] 房玄龄等：《晋书》志第九《礼上》。

记载，只从三国吴韦昭的《西蚕颂》认为吴曾于西郊亲蚕。其次，蚕坛及采桑台的规制却仍沿用汉制，即先蚕坛高一丈，方二丈，四出陛。第三，躬桑之三、五、九之数袭周制。第四，出行车仗卤簿仿汉魏之制，"衣青衣、乘油画云母安车、驾六骝马"①。晋代虽仅进行过一次亲蚕之礼，但对活动的重视程度可说是博采历代之长，可以想象当年是一种何等盛况。

南朝宋沿用了晋代制度，没做调整。宋孝武帝大明三年（459）下诏，要求于大明四年六宫实行亲桑之礼，"宋孝武大明四年，始于台城西白石里为蚕所，设兆域，置大殿，又立蚕观"②，虽然划定祭祀蚕神的活动范围并建造了设施，却"其礼皆循晋氏"，不过是前晋的礼仪继续。

史书中虽未记载北齐高氏王朝亲蚕的具体事例，但对高氏王朝的亲蚕制度有着较为详细描述，与皇帝亲耕一样，可以看出北齐政权对于耕、蚕二礼制度的重视较其他政权更为到位。具体来看大致有以下内容③：

蚕坊位于京城邺城城北的西侧（即城西北方），距皇宫十八里外。这个方位与位于城东南皇帝行亲耕之礼的藉田相对亲蚕设施的布局及建制：蚕宫方九十步（五尺为一步），墙高一丈五尺（北齐一尺合今0.2997米），上被以棘。内有蚕室二十七间，桑台方二丈、高四尺、四出陛；先蚕坛方二丈、高五尺，四出陛。外围总长四十步，四面各一门。

祭祀日期：每岁季春（三月）的雨后吉日。

祭祀等级、陈设：如祀先农，用太牢（牛羊猪各一）。

皇后仪仗等：法驾、服鞠衣、乘重翟。

祭祀对象：黄帝轩辕氏，无配位。

由太监充任蚕坛的管理官员蚕宫令、丞。

躬桑之数为三、五、七、九，皇后为三，命妇中服鞠衣者五、展衣者七、褖衣者九。

礼毕，设劳酒，赏赐随从。

---

① ［元］马端临：《文献通考·郊社考二十·亲蚕祭先蚕》。
② ［元］脱脱等：《宋书》本纪第六《孝武帝》。
③ ［唐］魏征等：依照《隋书》志第二《礼仪二》。

按史书记载，北齐高氏政权是一个短命且极度荒淫无道的朝代。虽然仁政不施，但对于处于胡汉交融大时代环境下的一个近于汉化的少数民族政权来说，努力采用汉法以维护统治秩序是明智的选择。从文献记载上看，北齐政权将周制、晋制的亲蚕之制（特别是其中的西方亲蚕）融会贯通，为后代实施亲蚕之礼打下了较为全备的可以依循的参照。

值得一提的是，把一个男性（黄帝轩辕氏）作为先蚕之神，而古时男性又不进行女红之责，这种违背传统男耕女织社会分工且自相矛盾的神祇祭祀，历史上恐怕绝无仅有。

重翟（chóng dí）：古代王后祭祀时乘坐的车子。《周礼·春官·巾车》："王后之五辂，重翟，锡面朱总。"郑玄注："重翟，重翟雉之羽也……后从王祭祀所乘。"贾公彦疏："凡言翟者，皆谓翟鸟之羽，以为两旁之蔽。言重翟者，皆二重为之。"

鞠衣：古代王后六服之一，九嫔及卿妻亦服之。其色如桑叶始生，又谓黄桑服，春时服之。《周礼·天官·内司服》："掌王后之六服：袆衣、揄狄、阙狄、鞠衣、展衣、缘衣，素沙。"汉郑玄注："鞠衣，黄桑服也，色如鞠尘，象桑叶始生。"《礼·月令》季春之月："天子乃荐鞠衣于先帝。"亦为诸侯之妻从夫助君祭宗庙的祭服。

展衣：古代王后六服之一。白色，用以朝见皇帝和接见宾客；又为世妇和卿大夫妻的礼服。《周礼·丧大记》作"襢衣"。展，通"襢"。郑玄注："郑司农云：'展衣，白衣也。'……以礼见王及宾客之服。"一说展衣色赤。

褖（tuàn）衣：古代王后六服之一，亦作"缘衣"。郑玄注："此缘衣者，实作褖衣也。褖衣，御于王之服，亦以燕居。"《礼·玉藻》："再命袆衣，一命襢衣，士褖衣。"因此也指卿大夫等士妻的命服。

魏晋南北朝时期亲蚕之礼的最大举动，就是于北周时在制度上明确了西陵氏嫘祖为国家祀典中正式的先蚕之神：

后周制：皇后乘翠辂，……至蚕所，以一太牢亲祭进奠西陵氏神。礼毕，降坛，昭化嫔亚献，淑嫔终献，因以公桑焉。

《隋书》志第二《礼仪二》

从此，传说中的神话人物、作为中国古代大一统皇权专制政治最高化身的黄帝轩辕氏一家登上了先蚕之神的宝座，黄帝正房妻西陵氏嫘祖摇身成为日后1300多年中国家祀奠的先蚕之神。她的祀奠等级和规模与作为中华民族农业之神的先农炎帝神农氏近似，到晚期祭祀之礼，干脆就是照搬先农之礼，只不过换个神牌。先蚕之神的最终明确，为这尊神祇在中国文化中的定位提供了最终依据，更使传说中的民族祖先黄帝继续进行全能式的政治发酵，自然他的夫人也沾荣光，成为中华民族的政治崇拜核心、精神崇拜核心。

隋唐时期

隋代与唐代在历史上虽说常常并列提起，唐的政治制度包括典章在内的各方面虽多效仿隋制，但隋的亲蚕之礼仍与之前南北朝历代做法一样仿晋制，史书上讲隋"先蚕坛于宫北三里为坛，高四尺。季春上巳，皇后行先蚕礼"，"服鞠衣，以一太牢、制币，祭先蚕于坛上"，除了将晋制蚕坛设于西方改回周制设于北方，其余仍旧多依照晋制，不过是稍有增减①。因此隋制仍可看成一种过渡。

唐代，亲蚕之礼发生了与晋代之制同等重要的重大变化。这一点，与皇帝亲耕之礼的变化性质相同。唐初，在礼法上实行皇帝与大臣就事议事的原则，并没有形成明确制度，因此史书没有留下制度的记载。到唐玄宗李隆基开元之时，才最终形成完备的各项制度，其中也包括皇后亲蚕之制。《大唐开元礼》中，像记载皇帝亲耕之制一样，详细地记载了皇后的亲蚕之制（皇后季春吉巳享先蚕仪），这些制度归纳起来有以下几个方面：

一、祭祀日期：明确规定为季春吉巳日，也就是周代所定农历三月天干属吉的巳日。

二、祀前斋戒。一共斋戒五日，其中散斋三日、致斋二日。其中，致斋于皇后寝宫正殿内进行，散斋于后殿内进行。至于其他陪祀官员，散斋则在家，致斋的第一天在家，第二天在蚕坛。六尚、命妇人等也要与各自住所斋戒。

---

① ［唐］魏征等:《隋书》志第二《礼仪二》:"自齐及周隋，其典法多依晋仪，亦时有损益。"

什么是散斋、致斋呢？斋戒，是古人敬神祭祀前的一种礼仪，也是一种身心上的准备工作，表示隆重诚敬的意思。斋戒时，主祭人要事先数日沐浴、更衣、戒酒、用素食等，以使心地纯一、无杂念，诚恳恭敬，不怠慢。除了祭祀外，有时遇到重大事件也要进行斋戒。斋戒可分为"斋"与"戒"两个部分。"斋"，又称为致斋；"戒"，又叫作散斋。《礼记·坊记》中说："七日戒，三日斋。"具体说出了斋戒的时间。一般来说，致斋宿于内室中，散斋宿于外室里。古代天子或诸侯主要的居宿地叫作"正寝"，里面还有内室。他们平时居宿于"正寝"，不遇到重大的事情，是不宿于外的。"散斋于外"，是因为国家有了大事。国君要不是致斋或患病，也不会昼夜居于内的。"致斋于内"，是因为要斋戒独居。致斋时，一般在正寝，散斋时，要在正寝之外的室内居住。《礼记·檀弓》中说"君子非有大故，不宿于外；非致斋也，非疾也，不昼夜居于内"，就是这个意思。

六尚，古代官职名、官署名。"尚"是掌管帝王之物的意思。战国时已有尚衣、尚冠等官。秦有六尚，即尚冠、尚衣、尚食、尚沐、尚席、尚书。汉初仍之。后尚书渐为执政要员，余五尚之职分由人他官所掌。隋文帝始在内廷设女官六尚，即尚宫、尚仪、尚服、尚食、尚寝、尚工，各三人，相当于从九品。隋炀帝大加扩充，依外廷尚书省，设女官局二十四司，将外廷门下省所辖的殿内局，扩建为殿内省，辖尚食、尚药、尚衣、尚舍、尚乘、尚辇六局，亦称六尚。各局设奉御（正五品）、直长（正七品）等员。唐依隋制。

三、祭祀陈设。主要涉及为参加亲桑活动诸人明确各司其职的工作位置。按祭祀工作的程序分成四步：祀前第三天，设置祭祀用帷幔。祀前第二天，设置雅乐乐悬，摆好位置；建造采桑台（在先蚕神坛南二十步，方三丈，高五尺，四出陛）。祀前第一天，划定参加祭祀人等各司其职的工作位置，如皇后在先蚕神坛上的御位、望瘗位、皇后在采桑台上的御采桑位、命妇采桑位，等等。祭祀当天，天亮前的十五刻宰牲（唐代，作为时间计量单位的一刻，是以一个时辰分五刻计算的，所以唐的一刻约等于今天24分钟。十五刻就是6小时），以豆取毛血，马上开始烹煮牺牲（当时没有固定的神厨建筑，只是在先蚕神坛的东方设一座临时帷幔充当神厨）；天亮前的五刻（2小时），有司于先蚕神坛上摆设先蚕氏神牌，南向。

四、皇后车驾出宫。祭祀活动前一天的晚上，有司就把部分活动参与者（外命妇）进行召集，带好各自活动道具。活动当天天亮前的四刻（96分钟），命妇等这些低层次的活动人员就进入现场以南，更换服装，各执器具（钩、筐）。从三刻到活动正式开始，每一刻有司各锤一遍鼓，以示提醒。到皇后出宫时，主要以六尚和内命妇迎奉皇后，皇后服鞠衣，乘车而不鸣鼓乐，前往先蚕神坛。

五、祭祀。祭祀当天的仪程繁复，主要由三献、三拜组成，其间分别奏《永和之乐》《正和之乐》《肃和之乐》《雍和之乐》《寿和之乐》，经进酒、献胙等项，止于奠瘗。祝文：

> 维某年岁次月朔日，子皇后某氏，敢昭告于先蚕氏：惟神肇兴蚕织，功济黔黎，爰择嘉时，式遵令典。谨以制币、牺齐、粢盛、庶品，明荐于神。尚飨。

六、皇后亲桑。唐代采桑之数沿袭传统，为三、五、九之制。皇后采三片桑叶，器具交尚宫。参与五、九采桑之数的，是内外命妇（一品各二人，二品及三品各一人），因此一品命妇各采五片、二品及三品命妇各采九片。桑叶交蚕母，蚕母将桑叶切开，交给一名由司宾领入蚕室的婕妤喂食桑蚕。

婕妤，古时皇帝后妃中的一个等级。唐代的规定是：贵妃、淑妃、贤妃、德妃、惠妃为夫人；昭仪、昭容、昭媛、修仪、修容、修媛、充仪、充容、充媛为九嫔（以上各一人）；婕妤、美人、才人各九人为二十七世妇；宝林、御女、采女各二十七人为八十一御妻。

七、皇后车驾回宫。与出宫时相对，距活动结束三刻到正式结束，每一刻有司各锤一遍鼓，以示提醒。皇后车驾启程时，金鼓齐鸣，内命妇像来时一样陪同皇后还宫，而外命妇在有司引导下各自回家。

八、劳酒。也就是犒赏。皇后于回到皇宫的第二天，在自己的寝宫正殿摆酒犒赏昨日随从进行亲蚕活动的内外命妇。

综上所述，不难看出唐代对于先蚕之礼的制度制定，较先前历代的规定都更为正规严格，除了依周制为制度制定基本原则外，各项议程的细节在历史上第一次达到极为繁复的程度，明显看出唐的统治者试图依据亲蚕之礼的完备，来达到以礼仪教化民众的强烈愿望。这与唐代皇帝的亲耕之礼在《大唐开元礼》中的体现是相同的。男耕女织的农业社会传统，在唐代以国家制度的形式得以充分的肯定，其仪程细节成为唐以后历代制度效法的首选依据。

饶有趣味的是，从《大唐开元礼》的记载中，我们得知参与皇后亲蚕活动的主要随从人员，其实就是皇后周边的后宫嫔妃及宫中女官，国家三省六部之类的品官没有出现，这不能不说，亲蚕之礼的活动人员构成体现出该活动在国家政治生活中的真正地位，实质上比同为农之根本的皇帝亲耕之礼要低得多，可以看成亲耕之礼的陪衬，更可看成是"家天下"统治观念中富于"家"之特性的祭祀活动代表。

唐代，也是中国古代官方祭祀先蚕之神次数最多的朝代之一，共计八次（仅次于清代），史书上的记载从早期到中期都有体现，以唐高宗李治在位为频繁，晚期亲蚕事例未见记载，应该是已经废弛。《文献通考·郊社考二十·亲蚕祭先蚕》载：

> 太宗贞观九年三月，文德皇后率内外命妇，有事于先蚕。
> 高宗永徽三年三月，制以先蚕为中祠。
> 显庆元年三月，皇后有事于先蚕。
> 总章二年三月，皇后亲祠先蚕。
> 咸亨五年三月，皇后亲祠先蚕。
> 上元二年三月，皇后亲祠先蚕。
> 玄宗先天二年三月，皇后亲祠先蚕。
> 肃宗乾元二年三月，皇后祠先蚕于苑中。

重点说明的是，唐代皇后亲桑之礼与之前历代最大不同，就是将周制的皇后北郊亲桑，改为在皇家禁苑中亲桑，"唐先蚕坛在长安宫北苑中，高四尺，周回三十步"①。这一制度的改变，表面上说皇后身为一国之母，频出郊外，多有不便，众嫔妃为皇帝家室，更不能随意示人，实质上如前所述，是封建皇帝

---

① ［元］马端临：《文献通考·郊社考二十·亲蚕祭先蚕》。

将女性主导的皇后亲桑之礼完全看成家之祭祀,因此可以在自家之中进行,只不过在祭祀仪式上参照祭祀先农之礼的官祭排场罢了。这一做法,对后代,尤其是清代的先蚕祭祀之制有着直接的影响。

宋元时期

宋代是一个农桑典章有制无行的时代。说其有制,也不过是进行过几次朝廷官员建议恢复皇后亲桑之礼的进言,亲桑之礼就这样一直在讨论—定制—再讨论—再定制中原地打转,其遵循的古礼摇摆不定。如宋真宗景德三年(1006),真宗想恢复先蚕之礼,先是大臣陈述一遍先蚕之礼的重要性,建议依从祭祀先农的制度,尔后负责祭祀事物的太常礼官又建议对唐制改弦更张,不用唐制而退回到北齐的祭祀制度,不仅如此,还别出心裁地建议真宗把新的先蚕坛建造在都城东郊,"请筑先蚕坛于东郊,从桑生之义"。这种别出心裁的想法,其思考的出发点与当年唐太宗李世民不从礼官建议南郊亲耕而改为东郊亲耕以迎东方主青之"生"气的理由相同。到神宗元丰四年(1081),前代的祭祀定制未见施行,这时又起更改,在礼官建议下,又改回周代北郊亲蚕之制。制度改了,但实际上仍未见亲蚕之礼的实行。

一直到宋徽宗时期,北宋开国已150余年,摇摆不定的亲蚕之礼还在讨论,从记载中可以看出,至少到宋徽宗政和元年(1111)四月,北宋政权的先蚕祭祀竟然连公桑蚕室、亲蚕殿等先蚕坛基本礼制建筑都未建造,应该只有先蚕神坛①。为此,宋徽宗赵佶召集大臣又对蚕坛的规制、方位等等技术细节喋喋不休地讨论,这一次讨论的结果虽然仍未完全照搬施行,不过北宋朝廷终于进行了两次皇后亲蚕之礼,也算是对开国以来论而不行式的纸上谈兵有了一个交代,《文献通考·郊社考二十·亲蚕祭先蚕》载:

> 宣和元年三月,皇后亲蚕于延福宫。
> 六年闰三月,皇后亲蚕。

宋徽宗宣和元年与宣和六年分别是1119年、1124年,皇后终于能够在禁苑中亲行母仪天下之责,进行险些荒废的亲蚕之礼。此时,距离羸弱的北宋王

---

① [元]脱脱等:《宋史》志第五十五《礼五》:"庆历用羊、豕各一,摄事献官太尉、太常、光禄卿,不用乐。"

朝灭亡仅剩三年。

南宋，外侮不断而内政不修，一个民族精神上萎靡不振和扭曲变态的朝廷在苟延残喘中惶惶不可终日度过了152年，国无大志，只求苟安。初年，只求偏安的高宗赵构除了对大臣装模作样以"朕已在宫中养蚕……可少知女工之艰辛"敷衍外，恢复亲蚕之礼不了了之，直至南宋灭亡。

作为历史上号称倡行汉家礼法的南北两宋，以延续319年之久只进行区区两次皇后亲蚕之礼（庆历年间的献祭只为官员代祭，非皇后亲蚕），载入极不光彩的史册。

元代作为中国历史上一个典型的少数民族入主中原的政权，起初蔑视汉家礼法。随着元代统治者分而治之理念的确立，认识到以汉家礼法治汉对巩固统治的重要性，于是逐步从统治阶层开始恢复以亲耕享先农、亲桑享先蚕为代表的汉家典章，以元世祖带头亲耕为始，终于在开国30多年后确立农桑祭享的国家制度：

> 武宗至大三年夏四月，从大司农请，建农、蚕二坛。博士议：二坛之式与社稷同，纵广一十步，高五尺，四出陛，外墙相去二十五步，每方有棂星门。今先农、先蚕坛位在籍田内，若立外墙，恐妨千亩，其外墙勿筑。
>
> 《元史》志第二十七《祭祀五》

元武宗至大三年（1310），元武宗采纳大司农的建议，建立了元代的先农坛、先蚕坛，二坛不设围墙，均建在皇帝的亲耕籍田之中。虽然史籍中均未见元代皇后亲蚕的记载，但农桑二坛的确立，表明了作为草原游牧民族的蒙古统治者对汉家礼法政治上的高度重视，也是在当时蒙古民族统治下的中国实现和谐稳定政治的重要表现。

帝躬耕、后躬桑，自周代开始的统治者父仪天下、母仪天下，以亲行耕桑之礼为天下众人之先，既为祭享神祇提供粢盛、祭服，同时也带动天下人重农桑、从本根。周代至元代亲蚕之礼的逐渐明确，从形而下的坛制、布局，到形而上的祭礼、先蚕之神的演变，唐代时完全成熟。唐制成为中国古代先蚕之礼的国家祭祀典范与制度模板。后世清代的先蚕祭祀之法，不过是唐制的延续。

三、明清先蚕之祭与北京先蚕坛

明代，汉民族重新成为大一统专制国家的统治民族。在历经南宋以来长达250年的少数民族与汉民族争夺中国统治权的拉锯战过程中，社会生产力遭到极大破坏，人民流离失所，国家人口极度下降。在当时正统汉家上层看来，外夷的长期乱华必然带来汉家礼乐之制的大倒退、大破坏。因此，元末的割据枭雄朱元璋在自称吴王时期就着手恢复唐宋时期的各种国家祀典，并试图依此确立自己的典章制度。1368年，朱元璋称帝，建立明王朝。开国伊始，便命李善长等人考订历代典章，确立大明的典章制度。明初的典章涉猎广泛，诸如吉、凶、军、宾、嘉五礼等都在参照前代基础上重新考订。这其中，属于祭祀各类神祇的吉礼占了相当大的一部分。作为源自周代的亲蚕古礼，在分类上属于吉礼。但《大明集礼》中没有相关记载，《明实录·太祖实录》亦无记载，日后的《明会典》说"国初无亲蚕礼"[①]，因此可以肯定地说，朱元璋建国后虽恢复一系列古礼以正汉家典章，但这一系列举动中不含皇后亲蚕之制。

明代徐光启《农政全书》中有"太祖洪武二年二月，上命皇后率内外命妇蚕北郊，供郊庙衣服如仪，自是岁如常"的记载，因其无任何史书可对质，故不为史学界采纳。

嘉靖帝大礼议与先蚕之礼创立的大致过程

永乐十八年（1420），明代新都北京宣告建成，永乐十九年（1421），成祖朱棣颁诏正式迁都北京。史书上说，新建的北京宫殿、坛庙、衙署"悉仿南京旧制"，就是说成祖为了凸显大明政治上的承继性，在北京原样克隆了南京城太祖留下来的各种官制建筑。由于明太祖时没有先蚕之礼，因此这时的北京也就不可能有先蚕之坛。

一晃儿，时间到了1521年，这一年是明正德十六年。明武宗正德皇帝驾崩，由于长期荒淫无度，死时仅31岁，且没有后代。国不可一日无君，于是时在湖广安陆府、年仅15岁的朱厚熜被安排急忙赴京继位，次年改元嘉靖，即明世宗。

---

① ［明］申时行：《明会典》卷五十一《亲蚕》。

朱厚熜是正德帝的堂弟，他的父亲兴献王是弘治帝的弟弟，就藩湖广安陆（今钟祥）。正德帝是弘治帝的独子。朱厚熜16岁登基、60岁去世，在位45年，是明朝实际统治时间最长的皇帝。

嘉靖帝朱厚熜统治期间，开始了表面上完善祖制、恢复周礼，实质上明确自身政治正统性、加强了皇权、打击排斥了前朝元老的"大礼议"。

开始，嘉靖的政治意图十分清晰，就是将自己的亡父兴献王纳入天子昭穆之制，进入明帝的统治序列，这样，自己的政治身份就自然而然地体现出完全符合帝制传位传统，也拔高了自身血缘的含金量。也就是因为此事，招致满朝文武的极力反对。身为藩王之后，从小远在天边无拘无束的生活，使嘉靖一直反感宫廷中的繁文缛节，为此在进京当初就因为各种礼仪之事与当朝大臣闹得不愉快。随后出于政治与感情需要，想将亡父身份拔高一下，也要与大臣争锋相对，为此持续了三年，虽最后嘉靖以皇权人治战胜了千年以来的尊古循古之礼，但宫廷内的各种开国祖制、典章也借此在他面前走了个过场。这个所谓早年还算意气风发的年轻皇帝，从小在荆楚之地沾染了足够丰富的好鬼神、好自然崇拜的习惯，此时心里逐渐展开一幅要对帝王敬鬼神、拜神祇礼制的变更计划，并逐步加以施行，如：拆除天地坛长方形的大祀殿，改建三层重檐，施以青、黄、绿三色琉璃瓦圆形攒尖顶的大享殿（后世清代祈年殿的前身），更名天地坛为天坛；将天地坛中"地"的成分另于北郊辟建地坛，祭祀皇地祇；将天地坛中的日、月于东西郊外辟建朝日坛、夕月坛；将山川坛中合祀的风云雷雨、岳镇海渎另行辟建天神坛、地祇坛（合称神祇坛）。要说明的是，嘉靖此时所做的一切，不过是表明他自己内心蕴含的再造大明政治社稷的政治权谋，这些新建的礼制建筑只不过是他的政治道具而已，他虽然好鬼神，但满足政治之需是根本利益出发点，因此嘉靖十九年（1540）以前的系列折腾，切切实实地为自己的皇权专制统治秩序的稳固奠定了强大基础。行不行礼并不重要，因为只要礼制建筑建成了就是目的。此后，嘉靖帝就可以放心地一头扎进皇家御苑西苑（今北海、中海、南海）炼丹修道，并以道长自居，常年不理国政，以享逍遥自在。

明代先蚕之礼的创立，就是在这个亦私亦公的政治大折腾下登上了政治舞台。

下编 研究编

《明实录·世宗实录》卷一百零九记载：

> （嘉靖九年正月丙午）吏科都给事中夏言奏："臣向被命查看顺天田土，曾请改各官庄田为亲蚕厂、公桑园名额，令有司种桑柘，以备宫中蚕事，未见举行。迩者陛下有事于南郊，臣猥以侍从之末，叨陪法驾，仰见陛下对越严恪，馨香升闻。……帝轸念民事，已无不尽其诚矣。臣感激之余，窃念向所建亲蚕之议，有助于陛下敬天勤民之事，且足以绍圣祖之制，作补当代之阙遗。夫农桑之业，衣食万人，不宜独缺耕蚕之礼，垂法万世，不宜偏废。倘蒙采纳。敕礼官会议，以闻令儒臣参酌考订，慨然施行，则天下万世永有瞻仰。

夏言，嘉靖在位前半段时期的重臣，以正直敢言著称，后死于昏君的无道和奸臣严嵩的陷害。其人在嘉靖大礼议及其相关的典章更定过程中，为嘉靖扮演着大力支持者的角色。

史书记载上说，夏言从嘉靖帝忙于祭祀神祇并表现出对随从人员呵护的言行中，不仅看到了年轻皇帝的朝气蓬勃、大明后继有人，更为皇帝的新气象所感动。特别从国家祭祀神祇的新气象中，感到皇帝既然对天地日月敬祀有加，那么作为关涉到社稷安危之本的农桑耕蚕之礼——帝躬耕、后躬桑，也应该得到更加深刻的认识，不应当被荒废。因此，夏言诚恳建议年轻的皇帝一定要恢复亲耕耤田以为粢盛，而皇后要恢复亲桑先蚕以为郊祀祭服。显然，年轻的嘉靖从登基以来一直注意到夏言对自己的政治支持，对夏言的建议即刻采纳。于是马上给礼部下达了命令：

> 朕惟耕桑，王者重事也。古者，天子亲耕，王后亲蚕，以劝天下。朕在宫中，每有称慕。自今岁始（嘉靖九年），朕躬祀先农，与本日祭社稷，毕，既往先农坛行礼，皇后亲蚕，礼仪便会官考求古制，具仪以闻。
>
> 《明实录·世宗实录》卷一百零九

那么，对于建造开国以来并未有过的亲蚕之坛，这么重要的大事由谁来督

219

造呢？这个重要的政治任务落在当朝大学士张璁的身上。

张璁（1475—1539），字秉用，号罗峰，卒谥文忠。浙江温州府永嘉三都人，张璁因和明世宗嘉靖朱厚熜同音，世宗为其改名孚敬，赐字茂恭。因支持嘉靖，成为大礼议的核心人物之一，官拜文渊阁大学士。

张璁熟读三礼之书，名不虚传，他向皇帝提出：先蚕坛选址在都城之北的安定门外，以符合周礼北郊亲桑古礼；蚕坛的建造尺寸与先农坛相同；附属建筑设采桑台、蚕室、别殿、斋宫、二十七间育蚕室。张璁所提的建议符合古制，嘉靖帝就同意了。不过，坛址选择一波三折。张璁的提议提出后，有朝臣就说"皇后出郊，难以越宿，且郊外别建蚕室，则宫嫔命妇未得亲见蚕事，势难久行"[①]，要求就近选择坛址。

这时的嘉靖皇帝表现出深明古礼的君王之态，申明"亲蚕礼，朕心决之久矣"，指出皇后出宫虽远至安定门外，但更改祭祀地点不能以远近为理由，礼部也曾经说过北郊虽有空地，但没有河流湖泊，无法取得浴蚕之水，因而也建议在城里的太液池另行辟建蚕坛，所以此事要慎重。嘉靖帝还指出，唐宋把蚕坛祭祀一律改在禁苑，已完全不合周之古制，不值得完全效法，否则，会对天子带来政治道义上的危害（实质上，嘉靖是故作姿态，他本对宫中的礼仪繁文缛节忍受不了，但出于塑造自身形象而不得不忍耐，因此危害只是托词）。最后，嘉靖帝采取了折中的办法，将亲蚕坛（就是先蚕坛，含先蚕神坛、采桑台等）筑于北郊安定门外稍西侧，让皇后率公主及内外命妇前去采桑叶；同时在西苑的西北角空地建造织堂，用来最终完成织造郊庙祭服的任务。

由于分开两地进行亲蚕建筑建造，因此很快便完工，"九年二月，建先蚕坛于北郊"[②]。但是根据其他文献记载，推测应该完工的是坛内主体建筑，如先蚕神坛和采桑台。嘉靖九年（1530），也就是蚕坛建成后的第二个月，明政府在北郊先蚕之坛举行了明代历史上的第一次皇后亲蚕之礼：

（嘉靖九年）三月，始立先蚕氏之祭。岁春择日皇后祭，用少牢、礼三献、乐六奏。……公主、内外命妇陪祀。

《国朝典汇》卷十八

---

① ［明］郭正域：《皇明典礼志》卷十二。
② ［明］徐学聚：《国朝典汇》卷十八。

皇后从西华门出宫，众随行女官前呼后拥，热热闹闹抵达北郊安定门外的新建祭坛，按古礼祭祀先蚕之神西陵氏嫘祖，而后行采桑。

不过，就是这首开的亲蚕礼，也让朝中食古及体恤皇帝真正心思的大臣坐不住了，嘉靖十年（1531）二月，朝臣对嘉靖说：去年皇后的亲桑之举，已经成功地为天下人示范了桑蚕之事的重要性。现在，相关的蚕坛建筑还在收尾施工，这种情况下还是遣官祭祀为好。又说，去年皇后娘娘出城遇到大雾弥漫，天气不是很妥当，这种情况下根据古制可以考虑皇后不用出宫，在皇宫里举行代祭之仪，同样也可以体察到民间织妇蚕事之艰辛，因此只要达到明察大义的目的就可以了，不一定非要年年出城亲自祭祀[①]。其实，嘉靖何尝不是如此考虑？本来，建个祭坛做做样子就是他的本来目的，因此大臣所说被采纳了，嘉靖最终以皇后出入不便、北郊无浴蚕之水、一事分二地进行不妥等，下旨在西苑西北角已建织室的地方再建先蚕神坛、采桑台，拆除了北郊的建筑设施。这样，沿袭周之古礼的北郊亲蚕终于还是被在皇帝自家禁苑内行事所替代，唐宋开始的宫内亲蚕已经彻底取代了周代皇后代表国家亲蚕，成为皇帝自家行亲蚕之礼，也就是说，原本的"太祭"已经演变为"帝祭"，国事成了家事。到后世清代就更为明确，祭祀等级虽为中祀，但祭祀事宜管理改为管理皇帝家事的内务府进行，与国家机关的管理完成脱离。

《明会典》卷五十一《亲蚕》载：

> 坛高二尺六寸，四出陛，广二丈六尺，甃以砖石。又为瘗坎于坛右方，深取足容物。东为采桑台，方一丈四寸，高二尺四寸，三出陛，铺甃如坛制。台之左右树以桑。坛东为具服殿，三间。前为门一座，俱南向。西为神库、神厨，各三间。右宰牲亭一座。坛之北为蚕室，五间、南向。前为门三座。高广有差。左右为厢房，各五间，之后为从室各十，以居蚕妇。设蚕宫署于宫左偏，置蚕宫令一员、丞二员，择内臣谨恪者为之，以督蚕桑等务。

---

① 《明实录·世宗实录》卷一百二十二。

《国朝典汇》卷十八亦载：

> （嘉靖）十年……三月，建土谷坛、先蚕坛于西苑。

明代的西苑蚕坛，也成为后世清代建造先蚕之坛的样板。清雍正时，虽然将明的蚕坛改建为祭祀雨神龙王的时应宫，但它的影响却无法从历史中完全抹去，如蚕坛的西墙外明末清初形成名为"蚕池口"的地名，名称中就透露出这里原来具有的历史功能的信息。新坛建成后，原来安定门外的蚕坛建筑随之废弃。而前文所说的那位建议皇帝复行耕蚕之礼的夏言，"以耕蚕礼成，赐吏科都给事中夏言四品服"。

嘉靖十年（1531）四月，皇后举行了第二次亲蚕之礼：

> 四月，皇后行亲蚕礼于西苑。……止筵宴、用勿前导……赐蚕母王氏等二十七人各布一匹。
>
> 《国朝典汇》卷十八

嘉靖九年、十年的两次亲蚕，成为大明历朝276年中仅有的两次祭祀先蚕之神。嘉靖四十一年（1562），当礼部礼官提请嘉靖遣女官祭祀先蚕之神时，这位自称道长、好鬼神皇帝终于揭下伪装了30多年的假面具，以一句"耕蚕二礼，昔自朕作，即亲耕，亦虚渎耳，必有实意为之"，表达了自己心底的真实想法，于是亲耕耤田、亲桑先蚕"具罢之"，结束了明代短命的皇后亲桑享先蚕之礼。

清代先蚕之祀确立的大致过程

清代，是中国古代大一统专制制度下的最后王朝。清代对于先蚕之祀的认识，不像对于先农之神的认识那样到位，存在一个逐渐认知到彻底落实的过程。与明代相比，认识先蚕之祀的重要性虽稍滞后，但最终能够落实到典章活动中的实处，虽无法摆脱为了政治做做样子之嫌，但远比明代那位自称道长的嘉靖帝只说不做、彻彻底底自欺欺人的做法值得称道得多。

根据文献记载，清代的先蚕之祀从认识到落实大致经历了三个过程。

康熙帝的西苑蚕舍

清康熙帝（爱新觉罗·玄烨，清圣祖，1654—1722），是清朝入主中原后的第二位皇帝，在位长达60余年，也是清代在位年限最长的皇帝（清乾隆帝是另一位，但不计其三年太上皇）。康熙帝在位期间，除了继续通过军事、政治手段巩固国土、加强皇权外，也对源自明末来华的西洋天主教、基督教等教派传教士带来的近代科学知识和科学技术产生浓厚兴趣，用了较多的时间向西洋传教士领略近代科学的奥妙，同时通过自己的一些实践对所学到的科学知识加以验证。在诸多的"科学实践"中，康熙帝深知由来已久的古训"民以食为天"对江山社稷的重要性，同时也认识到，清的国家政治秩序尚在打基础阶段，对于清的统治阶层来说，尽快稳定全国范围内的反清思想带来的政治不稳，不仅是通过所谓法律和分而化之的政治手段，还要通过改善民生的行动使民族的不满情绪得以缓和，使汉民族等清帝国内的民族认识到一个良好的皇帝才是人民安康的国家保证。当然达到这一目的方法多样，而康熙帝除了采取传统行之有效的方式之外，更是别出心裁地冒着别人可能认为是"奇技淫巧"的讥笑，试行粮食作物的优选优育，且亲行桑蚕养殖，从行动上试图使自己更为清晰地了解农桑之艰、之重要（但需要说明的是，康熙帝也无法逃脱传统帝王御人之术的影响，他的亲历农桑之举只局限在使自己更为清楚而不想使国民明白的愚民之说之中。因此他的亲历农桑之举，也可以理解成对农桑之学的把玩）。无论如何，康熙帝还是吸取了西洋近代科学提倡的实证方法，较为重视试验，尚实而虚文，在中南海"西苑"创建丰泽园，并开辟稻田数亩，在丰泽园投入了大量"业余时间"钻研水稻种植技术，亲自试验水稻良种的优育优选，培育出籽实粒大、成色诱人的良种稻"御稻米"，以至"岁取千百，四十余年以来，内膳所进，皆此米也"[①]，并向全国推广；同时在丰泽园的东侧建蚕舍数间，并植桑树成排，养蚕、浴蚕种、缫丝、纺丝，使丰泽园一带成为皇家专用的农业试验场。

康熙帝的这一举动，不仅受到后世子孙"劝课农桑""重农从本"的称道，事实上也为皇家对蚕事在国家政治生活中的地位提供了说辞。先行的事实为后行的祭祀铺垫了行为上的依据。

---

① 《康熙几暇格物篇》。

雍正与乾隆之交时期的先蚕祠

清雍正帝（爱新觉罗·胤禛，清世宗，1678—1735），是中国历史上较为少有的勤政皇帝之一，在位仅13年，却以超常的工作效率载入史册，据称在位期间批阅文件的文字、批示达千万字。虽然为了加强皇权做了一些违背情理之事、为了钳制人民思想大兴文字狱，但其人在体恤民生方面却值得大书特书。可以这样说，雍正皇帝力图通过自己的行为，提振已经显现的满清贵族的颓废人心，试图不断以为人之先做出表率，改进吏治，促进国家长治久安。在国家经济政策上采取一些列措施，著名的如"摊丁入亩、火耗归公"，安定了人心，客观上也为社会生产特别是传统农业的发展提供了条件。

转眼到了雍正十三年（1735），这一年的四月有位大臣对雍正帝奏称，北京作为国都，理应按古制建立先蚕之坛，以祭祀先蚕之神西陵氏嫘祖。这样，一耕一蚕、帝亲耕后亲蚕的格局才能确立。这类提振国家农桑根本认知的大臣奏议，马上为雍正帝批准。不仅如此，雍正帝又以当初向全国推广先农之神地方官祭的思路，诏谕全国推行先蚕之祭：

> 四月己亥，礼部议覆：河东总督王士俊奏请奉祠先蚕。……周制蚕于北郊，其坛应设于北郊。祭日用季春吉巳。一切坛制祭品，俱视先农典礼。京师为首善之地，应于北郊建坛奉祀。届期，派礼部堂官一员承祭。通行直省各府州县，一体遵行。从之。
>
> 《清实录·世宗实录》卷一百五十五

也就是说，在京城北郊和地方治所北郊一律建立先蚕之坛，每年季春巳日致祭，且"一切礼仪均依祭先农典礼"[1]。

不凑巧的是，雍正帝这年的八月离世。爱新觉罗·弘历（乾隆帝，清高宗，1711—1799）成为继任者。先前推行地方官祭先蚕之神的计划暂时搁浅。

乾隆元年（1736），又有大臣旧事重提，仍请求按先帝遗愿在地方设立先蚕之坛，所不同的是，设立范围缩小到有养蚕业的省份。不过这次也有人提出别的看法，认为为先蚕设坛祭祀在大清从未有过，要设立的话，只宜在京城先

---
[1] 光绪《清会典事例·礼部》卷三一四。

设先蚕祠进行遣官祭祀：

> 春正月癸卯，直隶总督李卫疏请出蚕省份，建立先蚕坛。总理事务王大臣议覆，为坛以祀先蚕，经传未闻，未便各省城通立。应于京师建祠奉祀，至期，遣礼部堂官一员承祭。从之。
>
> 《清实录·高宗实录》卷十

其实这不过是对先前雍正帝时打算在京城设先蚕坛做法的一次调整。因为清代自建国还未有过设立先蚕之坛、考证先蚕之礼的过程，看来不宜速动，礼仪制定要慢慢来，先在北京城北部偏东侧的安定门外建个先蚕祠进行一下过渡。

关于这座先蚕祠，文献没有什么可以说明问题的文字记载，大致能够知道的，只有两项：其一，每年农历三月遣太常寺官员前去告祭；其二，祭品使用少牢，即一头羊、一头猪。从《清实录》中，我们得知自乾隆三年（1738）到乾隆八年（1743），清政府共计遣官六次告祭先蚕之神。后来，随着位于北海东北部新的先蚕坛的建成，这座先蚕祠也就荒废了。

乾隆帝创建先蚕坛

众所周知，清乾隆帝个性好大喜功，擅远游，又好诗文，同时在位期间对立国以来的国家典章进行较大规模的完善补充。但有一点是承继了康熙、雍正的做法，那就是对维护并加强农桑之国本的传统治国政策没有放松，深知农桑是民之维生的根本，是社稷永祚的首要，是国家经济命脉，因此加强农桑对于社稷重要性的认识，从实际行动上、从典章上都要采取措施。

前述中已知，乾隆帝即位后基本遵照雍正帝的想法，在北郊设立先蚕祠，派官员祭祀。祠的祭祀等级属于官方祭祀中最低一级，即群祀。导致乾隆帝正式创立清代皇后躬桑享先蚕之礼的想法，原本是由当时大学士鄂尔泰编纂《国朝宫史》，考虑到乾隆帝登基以来完善各项典章，但按照古制，唯独尚缺皇后的北郊亲蚕之礼，故而上奏乾隆，请求创建先蚕坛，实行皇后亲桑享先蚕。

乾隆帝深知创立皇后亲蚕之礼的政治意义，不仅是在国民面前树立"天子亲耕、皇后亲蚕"的父仪天下、母仪天下的家天下政治形象，更是实现自己所谓"千古一帝"崇文尚虚政治高大全形象所必需。因此乾隆帝立即同意了这个请求，还与臣下就沿袭周礼北郊躬桑之制还是采用唐宋内廷亲蚕之制进行了探讨，总的来说，在坛址选择与坛内建筑布局上实行了中庸，即：皇后乃一国之母，出京城远行亲蚕之礼多有不便，北郊也没有浴蚕之水，因此选址采用唐宋内廷祭祀的做法，在西苑的东北角前明的雷霆洪应殿旧址，辟建清的先蚕坛。之所以选在这里，一是为了尽最大限度符合北郊亲蚕的北之方位之意，二是可以使用北海之水作为浴蚕河，自北而南穿过坛内，实现了浴蚕的客观需求。乾隆帝较为严格地采纳了内务府大臣海望的历史考证，尽最大可能还原自周代起始的先蚕之祭所涉及的功能建筑：

具服殿，也称亲蚕殿，茧馆，皇后在坛内祭神前更换祭服之处，也是行献茧礼、选蚕种之处；

织室，皇后行缫丝礼之处，也是坛内女性丝织工人（织妇）缫丝与纺丝之处，布料用来制作皇家祭祀礼服之用；

先蚕神坛，祭祀国家的先蚕之神西陵氏嫘祖的祭坛，砖石台；

观桑台，也称采桑台，是皇后按周代古制亲自采摘三片桑叶后，观看嫔妃摘五片、福晋摘九片、命妇终采等事项的砖石台；

蚕舍，二十七间，养蚕之处；

当然，时至清代也要有当时的祭祀考虑，比如设立供奉先蚕之神神位的蚕神殿（先蚕之神享殿）、收纳祭祀用品的神库及制作祭品的神厨、管理机构先蚕坛祠祭署等等，使先蚕坛的使用功能达到历史上最为完善的状态（关于先蚕坛建筑相关情况的介绍，详见第三章）。

乾隆七年（1742），"八月辛卯。定亲蚕典礼"[①]；乾隆十一年（1746），"正月庚午，钦定祭祀中和乐章名。……先蚕坛乐：迎神，《麻平》；奠帛、初献，《承平》；亚献，《均平》；终献，《齐平》；彻馔，《柔平》；送神，《洽平》"[②]；乾隆十一年（1746）二月，参照先农坛遣官代皇帝祭祀先农之制，又制定遣妃恭代皇后祭祀先蚕之礼；乾隆十三年（1748），"正月丁亥，定祀典祭器。……日、月、先农、先蚕各坛之爵，社稷、日、月、先农、先蚕豆、登、簠、簋、

---

① 《清实录·高宗实录》卷一百七十二。
② 《清实录·高宗实录》卷二百五十六。

铏、尊,均用陶"①,先蚕坛的祭祀礼器与先农坛相同;乾隆十四年(1749),因乾隆帝的正室孝贤皇后富察氏于前一年过世,尚未册立新后,"二月己卯朔,定派官致祭先蚕例……应照皇帝不亲行耕耤、顺天府尹致祭先农之例,于内务府总管或礼部太常寺堂官、奉宸院卿内,酌派一人致祭,方足以明等威而昭仪制"②。

至乾隆十五年(1750)时,最终完成了清之先蚕坛一切相关制度的确立。

清代先蚕之祀的内容

清代自乾隆帝确立的先蚕之祀,从祭祀礼仪、祭祀陈设、祭祀乐章、祭祀乐器,以及祭祀的组织管理工作,包括管理机构、蚕坛工作人员等,都有详尽的规定。

我们这里先要提及一下先蚕坛的管理,因为这是其与其他坛庙的最大不同之处,也是先蚕坛所独有的管理特色。

我们知道,传统农业社会的经济运行模式是男耕女织。自周代开始,在国家典章制度活动中就出现了天子南郊亲耕耤田以为宗庙粢盛(粢盛,意即祭祀供品)、王后北郊亲桑以为祭服的做法,这一耕一桑,虽说原本用意是指向"国之大事,惟祀与戎"中的"祀",即祭祀祖先和神祇,但其活动形式却是实实在在的农业生产活动内容,因此帝后的耕桑之举逐渐地还是转变为代表统治者重视农桑、劝课农桑的朴素目的,到清代,这一目的更为明确。虽然说帝代表一国之父,后代表一国之母,耕与桑都是为天下人作出表率,但男女社会地位的不平等,使神圣的祭神活动也打上了性别不平等的印记,这在清代的先蚕之神祭祀活动管理中得以突出体现。与之前历代不同,清代的先蚕祭祀不是由政府机关六部之一的礼部及太常寺、光禄寺等国家机关管理,而是由专门管理皇家内部事务的"管家"内务府归口管理,从管理上把国事事实上降格为家事,但又维持五礼之中吉礼的中祀规模,且又对外宣称皇后亲桑母仪天下。从表面看,会感到这样处理先蚕之神祭祀比较怪异,其实,这正是封建专制王朝家天下的政治体现,即国就是家、家就是国,主持祭祀的皇后是皇帝内人、从属皇帝,内人祭神自然就完全可看成自家之事,因此由内务府管理先蚕坛事务

---

① 《清实录·高宗实录》卷三百六。
② 《清实录·高宗实录》卷三百三十四。

也就顺理成章。

还有一个现象，因为养蚕纺丝都是女性行为，参加先蚕坛的祭祀人员如皇室、官员夫人及平日工作人员也都是女性，在古代男女授受不亲的封建礼教约束下，这类女性进行的活动不可能让男性参与，所以参与先蚕坛的祭祀活动人员，除了上述人员外，就是那些所谓阴阳人的太监。因为有些工作非女性所为，只有太监可以胜任，比如吹奏祭祀乐章的乐工，就不是由天坛神乐署的乐舞生充当，而是由太监充任，以强调男女有别。参与祭祀仪式全程的女官，均由宫女中选出充任，如人数不足，则于内务府或八旗的命妇中选出充任。

正因为如此，如遇皇后或嫔妃、皇亲国戚等无法亲自祭祀先蚕之神时，指派皇帝的"管家"内务府大臣代行祭祀就成为可能。依照《清实录》统计，有清一代由内务府大臣代行祭祀先蚕之神计有15次，出现于清咸丰朝及其以后时期。

先蚕坛的日常事务性管理，由先蚕坛祠祭署进行，设蚕宫令一员、蚕宫丞一员（先蚕坛祠祭署归内务府辖）。工作人员分为专门饲养桑蚕的蚕妇和指导管理蚕妇技术工作的蚕母（类似今军队中管理士兵的军士长）。蚕妇多是由南方养蚕大省，如浙江省、江苏省等处优选而来，每年养蚕季节到京完成相关工作。按清代有关档案记载，这些远道而来的南方养蚕妇人被安置在圆明园专门为她们建造的住处，每日进行熟练完成育蚕及参加祭祀先蚕之神活动议程的训练，甚至充当打扫圆明园工作人员的角色①；而在桑蚕孵化到结茧的适值皇家亲行亲桑之礼期间，这些蚕工临时居住在先蚕坛的蚕室，以完成育蚕相关工作。蚕母则由内外命妇中熟悉养蚕之事的年长者充任。

先蚕坛祭祀诸方面，按清帝的要求基本参照先农坛的做法实行，尤其是祭祀先蚕之神程序，以及祭祀陈设、祭祀乐器，甚至皇后行躬桑礼时的躬桑采桑歌的形式、采桑歌的乐器等，多与先农坛相同。这是出于农桑本一家朴素认知的礼制选择。

根据清代文献记载，先蚕坛的祭祀活动内容主要为亲桑三礼：

一、亲祭礼，即祭祀先蚕之神西陵氏嫘祖。与先农坛祭祀先农之神炎帝神农氏一样，这是参仿始自周代的皇家祭祀仪程沿袭下来的标准祀神活动。规模为中祀，活动日期为每年农历二月或三月的"吉巳"之日（季春"吉巳"日）。

---

① 清内务府《奏销档》。

活动地点在先蚕神坛，神坛上的陈设与先农坛相同（见本节附），即坛上北侧设黄色神幄，内有神案（怀桌），上奉"先蚕之神"红地金字神牌，礼器若干，坛上南侧设皇后的黄色拜幄，行初献、亚献、终献等三献之礼，祭祀的馔、帛等物瘗埋于神坛西北角的瘗坎。祭祀由皇后亲自进行（皇后不能亲祭时，由妃、福晋、内务府大臣代祭，仪式从简）。台下设乐工、歌工（均由太监充任），演奏、演唱祭祀先蚕之神的相关乐章，不设舞生，就是说，先蚕之祀有乐无舞，这是与其他中祀活动的最大不同之处。

二、躬桑礼，与先农坛躬耕一样，躬桑是先蚕坛内独有的祀神礼仪之一。主要内容是：皇后祭神完毕的第二天，如果蚕已孵化出生，遂与妃嫔（2人）、福晋（3人）、命妇（4人）再次来到先蚕坛，在桑树林中按照周代"三、五、九"古制，皇后先用金钩采摘三片桑叶，然后登上观桑台，观看妃嫔与福晋、命妇各自采摘五片、九片桑叶。这些桑叶由蚕母亲自送到蚕舍，由蚕妇切成桑叶条，将其喂食新孵化出的小蚕蚁。桑树林其余的桑叶，由参与活动的蚕妇们继续采摘。皇后祭神完毕的第二天，如果蚕尚未孵化出生，则由内务府奏请另行择日进行。躬桑礼行前一日，先由内务府官员在龙亭、彩亭中陈设采桑器具：皇后金钩、黄筐，妃嫔银钩、柘黄筐，福晋、夫人、命妇铁钩、朱筐。接着这些器具还要陈设于交泰殿中的陈设案，由皇后亲自审视。审视完毕，仍放回龙亭、彩亭，由内务府官员运至先蚕坛观桑台附近摆放。

三、献茧、缫丝礼，与躬桑礼共同组成先蚕坛内独有的祀神礼仪。按照桑蚕的生命规律，孵化成蚕蚁的桑蚕要大量蚕食桑叶，历经三眠、吐丝作茧，这时（约农历四月或五月），内务府官员提请皇后再到先蚕坛，在具服殿内亲自拣选由蚕母奉上的优质蚕茧（从中再挑出外观养眼的几枚，带回皇宫献给皇帝、皇太后观看），然后在织室金盆内缫丝三次，从祭的妃嫔缫丝五次。

采桑叶、缫丝这些原本出自民间生产生活的平常内容，在皇家礼仪活动中升格为肃穆、凝重的祭神仪程。这些活动与先农坛亲耕耤田一样，成为中国古代祭祀文化中特色鲜明的、富有浓郁农业生产特色的、紧接中华民族农业文明地气的独特祭祀形式。

清代历史上最为隆重的一次皇后先蚕坛亲祭先蚕之神、行躬桑之礼，发生在乾隆九年（1744）。乾隆七年（1742），新的先蚕坛建成，乾隆八年（1743），乾隆帝确定清的皇后亲祭先蚕坛仪程仪轨。九年农历三月初三，"皇后亲享先蚕坛，翼日行躬桑之礼"①，由皇后富察氏按照先蚕仪程仪轨进行了开国第一次亲桑享先蚕，活动庄严、肃穆、圆满，仪式隆重，可谓首开告成。乾隆帝在欣喜之余，命宫廷画师郎世宁绘制《孝贤皇后亲蚕图》，以志纪念。

皇后富察氏于乾隆十三年（1748）病逝，乾隆帝因追思亡妻之故，命人将首次亲蚕礼成后所得蚕丝织造的丝帛永远作为纪念之物，以为宫中观瞻。

至清亡，皇后亲行先蚕祭祀、躬桑之礼计54次，亲行缫丝之礼计4次②。有趣的是，亲行先蚕祭祀、躬桑之礼贯穿乾隆以降，而行缫丝之礼却只出现于光绪年间。由此，清代成为中国古代国家祭祀先蚕之神西陵氏嫘祖次数最多的王朝。

"宣统三年三月丁巳，祭先蚕之神，遣总管内务府大臣增崇行礼"③，这是清代最后一次举行先蚕坛的祭祀活动。从此以后，先蚕之神西陵氏嫘祖的国家祀典正式退出了中国历史舞台，随着文明的演进逐渐为人们所遗忘。

（本文发表于学苑出版社出版的《北京古代建筑博物馆文丛》第四辑〔2017〕，作者董绍鹏）

---

① ［清］张廷玉等：《清朝文献通考》卷一百二《郊社十二》。
② 以上数据来自《清实录》。
③ ［清］史宝安：《宣统政纪》卷五十一。

从国家之祀到私家之祀——略说唐代先蚕祭享对后世的影响

我国自古就是农桑为先的国家，农桑之业在国家经济生活中的地位不仅是重要的，而且也是很长历史时期内的财富主要来源、国家的税收、国家的经济实力体现，甚至一定程度上国家的对外影响力强弱，几乎都有赖于农桑（当然，封建社会后期还有其他手工业产品如瓷器的影响）。在漫长的历史中，农耕农业的男耕与女织，构成了世界历史上的经典小农自然经济的代表。

我们知道了先农之祀在中国古代封建国家中的历史沿革和地位，即自从汉代逐渐恢复的，历经南北朝时期的发展，隋唐宋时期完全定型，至明清出现发展巅峰的一项沿袭自远古社会的以奉祀宗庙社稷神祇为原始本意，后来演变为作为封建国家天下子民发展农耕农业生产的一种礼仪核心内容。先农之祀在中国古代封建时代发挥的作用，意义深远。

与先农之祀相对应的，中国古代历史时期中还存在先蚕之祀。先农之祀属于男耕女织中的男性所承担祭享，而先蚕之祀则属于女织中的女性承担祭享。它与先农之祀构成一个农耕农业社会完整的经济基础在上层建筑的体现。

所不同的是，先蚕之祀虽然对应于先农之祀中的亲耕，有史可考的国家祭祀活动始于周代，但在后世2000余年的封建大一统历史时期中，先蚕之祀因属"非常祀"，祭享活动时有时无，祭享活动不仅相当的不连续，没有构成一项主要的国家祀典内容，反而随着历史的演进，由周代的国家之祀演变为天子的私家之祀，这一重要的转变节点发生在唐代，且一直影响到清代。北京先蚕坛的建造，即是唐代这一思想延续。

一、唐代以前的先蚕国家祭享活动制度内容和主要活动记载

周代，因其相对于前世完备的国家制度建设，被后世尊为制度之始，成为后世效法的典范。已知的先蚕之祀，就是出现于这个时期，当时，先蚕之祀属于自然神祇崇拜，不是后世的嫘祖先蚕崇拜，只有先蚕之名，别无其他。

周代先蚕之祭的目的，是为周天子宗庙进行祭祀之时穿的衣物提供衣料，所谓后亲蚕以供祭服指的就是这个意思，将妇女进行采桑喂食桑蚕仪式化，并

将原始为衣食住行之需的"衣"提升为祖先祭祀的相关用途,拔高了祭享的政治高度:

> 命野虞无伐桑柘。鸣鸠拂其羽,戴胜降于桑,具曲植籧筐。后妃斋戒,亲东乡,躬桑。禁妇女毋观,省妇使,以劝蚕事。蚕事既登,分茧称丝效功,以共郊庙之服。
>
> 《礼记·月令》
>
> 古者,天子诸侯,必有公桑、蚕室,近川而为之。
>
> 《礼记·祭义》
>
> 王后蚕于北郊,以供纯服;夫人蚕于北郊,以供冕服。
>
> 《礼记·祭统》

祭享活动的内容:

首先是祭享场所的选择。

天子、王后与诸侯、公卿的夫人们都有作为代表国家进行活动的场所"公桑蚕室",位于公有土地"公田"(也简称田)的桑树林;位置,在国都北郊(古人将南方定义为阳,北方定义为阴。男性对应为阳,亲耕之礼在正位为阳的南郊举行,女性对应为阴,亲蚕之礼也即先蚕祭享在非正位为阴的北郊举行);靠近有河流湖泊的近水之处,便于洗涤"蚕种"(蚕茧)。核心内容:公田桑林、国都北郊、必有水源。

其次是祭享时间的选择。

时间选在"季春吉巳"日,也就是每年农历三月中的一个天干吉祥、地支为"巳"的吉日。

再次是祭享礼仪活动参与人员的选择。

国家级祭享,有王后及三公九卿的夫人们,以及挑选的民间熟练的蚕工、蚕母等。

第四,是祭享活动的内容组成。

祭享活动,仪式由祭祀不具姓名的先蚕神与王后亲自采摘桑叶的"躬桑"两部分组成。仪式前,须斋戒,以示虔诚。

第五，祭享活动的仪程。

活动当天，王后先是祭祀先蚕之神，然后躬桑，即按照天子亲耕"三推"的做法，用金钩亲自摘三片桑树叶放在筐中，三公九卿的夫人们依次摘下五片、九片桑叶放入筐中。然后再按三、五、九之数选蚕种交给蚕工进行洗蚕种。

第六，作为补充的体现恤蚕事的相关措施，命令山林管理机构在养蚕吐丝的相关月份禁止砍伐桑树，以保证桑蚕的食物供给；同时命令整修蚕事用具、工具，以确保蚕事的顺利进行。

其中，以躬桑最为体现出"以为祭服"的核心目的，引申含义向天下人宣示蚕事的重要性，达到为天下人做出表率"母仪天下"的目的。

从此，先蚕之祀就成为后世以儒家为代表提倡的一项国礼，它与亲耕之礼一并成为日后中国农业社会大一统封建专制国家的重要典章。周代的先蚕之祀虽史书上没有明确记载具体哪位周代王后亲行过，但因其出自后世儒家经典《礼记》的追述，成为后世制度之始的内容之一。

周代所确定的祭享活动的选址要求、活动日期、活动人员构成、活动的组成、活动的内容，以及从天子亲耕承袭而来的"三、五、九"之数的应用，成为后世确定自己当代先蚕祭享活动的制度参照。

后世所谓周礼之制，先蚕祭享制度位列其中。

西汉时，不仅逐渐恢复先蚕之祀、增添祭享建筑种类，同时也有对祭享活动选址自己的理解。先蚕之神从不具名称到有了名称，但分为两个神祇加以分别祭祀（苑窳妇人、寓氏公主。窳，音 yǔ）；祭神与躬桑不再是北郊一地，而是分于两地进行：祭神于都城东郊（五行中东方属性为木，主青，代表生命，因此祭蚕于东方），而躬桑于禁苑之中进行，不具方位；祭祀的等级为中牢（祭品为羊与猪）；出现了先蚕坛、采桑台这两种祭享专用建筑（先蚕坛高一丈、方二丈、四出陛）；躬桑活动完成后，犒赏给参与活动者蚕丝。西汉所祭先蚕之神虽然有了具体名称，但不同于其他历史朝代的虚拟之神或人格化之神（后世的嫘祖为人格化先蚕之神），而是针对蚕虫形象赋予的具有文学化描绘的具象之神。这个命名只历西汉一代，虽然短暂，但在以后的民间先蚕信仰中被不知所以然的百姓依然坚持。

总结来说，西汉的先蚕之祀对中国古代先蚕之祀做出的贡献，一是增添了祭享活动的建筑种类——先蚕坛、采桑台，二是明确了祭祀活动的物质供奉等级为中，三是明确了要对皇后祭享活动的参与人员实行奖励。以上三项，也成为后世先蚕之祀制度化建设的重要内容，是对周礼先蚕之祀制度化内容的必要补充。

而两汉之一的东汉对先蚕祭享的贡献，是明确皇后祭享活动仪仗，以及设置祭享活动设施的政府管理机构。据《文献通考·郊社考二十·亲蚕祭先蚕》的描述，东汉设置了管理先蚕祭享的官员"蚕宫令、丞"；明确皇后参加活动的仪仗内容如乘鸾辂、青羽盖、驾四马，即四马所驾、有车盖的、外观有装饰的大车。这个内容，同样也成为后世先蚕祭享制度内容的重要组成。

两汉时代，在重新启用周礼之制的先蚕祭享同时，依据大一统封建国家为了突出皇权专制色彩的政治所需，对周礼的制度内容做出补充，丰富了祭享活动的制度礼仪规定的完整性，属于制度建设上的添枝加叶，而且是影响后代的重要内容。

魏晋南北朝时期，是中国历史上的一个民族融合、民族政权征战大混乱时期，北方众多少数民族崛起，一方面各尽所能力图掌控原来汉地的控制权，一方面尽可能掠夺人口，同时也在征伐中注意到汉族政权稳定政治局面的很多做法，注意到这些制度和做法对自己政权的实用性，注意到汉法治汉地的政治意义，因此，在取得土地的同时，逐渐恢复或效法了汉地政权的政治制度、典章制度。先蚕祭享之制，自然也不例外。

三国魏，由于沿袭自汉代政权，保留了汉代众多制度做法，同时也采用周礼之制，先蚕祭享活动在北郊开展。

两晋时期，对于先蚕祭享也如西汉一样，对于制度内容较之前有所不同，尤其体现在祭享活动选址，《文献通考·郊社考二十·亲蚕祭先蚕》说"晋武帝太康六年，蚕于西郊"，原因是"盖与耤田对其方也"，也就是说为了体现自汉代开始的天子亲耕耤田于国都之东而对应皇后先蚕之祭于西，与耤田相对。因此从理念本源上说，还是遵从周礼之制中的田桑方位相对的规定。

南北朝时期比较典型的是北齐一朝。

作为一个少数民族政权，北齐的天子亲耕、皇后亲桑（即先蚕祭享），不仅祭享设施和制度制定较前代细致完备，也体现出有制无行的问题（这一问题，后世也有出现），亲耕和亲蚕都没有祭享事件记载。但制度制定的完备程度，还是很突出，史书中虽未记载北齐高氏王朝亲蚕的具体事例，但对高氏王朝的亲蚕制度有着较为详细描述，可以看出北齐政权对于耕、蚕二礼制度的重视较其他政权更为到位，其中先蚕之祭大致的内容是[①]：

一、先蚕祭享设施的位置：蚕坊位于京城邺城西北方，距皇宫十八里外。与位于城东南皇帝行亲耕之礼的耤田相对。

二、先蚕祭享设施的布局及建制：蚕宫方九十步（五尺为一步），墙高一丈五尺（北齐一尺合今0.2997米），上被以棘。内有蚕室二十七间，桑台方二丈、高四尺、四出陛；先蚕坛方二丈、高五尺、四出陛。外围总长四十步，四面各一门。

三、先蚕祭享日期：每岁季春（三月）的雨后吉日。

四、先蚕祭享等级、陈设：如祀先农，用太牢（牛羊猪各一）。

五、先蚕祭享皇后仪仗等：法驾、服鞠衣、乘重翟。

六、先蚕祭享祭祀对象：黄帝轩辕氏，无配位。

七、先蚕祭享管理：由太监充任蚕坛的管理官员蚕宫令、丞。

八、躬桑之数为三、五、七、九，皇后为三，命妇中服鞠衣者五、展衣者七、褖衣者九。

九、礼毕，设劳酒，赏赐随从。

北齐体现出周礼之制、魏晋之法相交的特点，既有对周礼的继承，也有对魏晋变化的保留。应该说，唐代之前到了北齐之时，周代确定的先蚕之祭，大的原则基本得以恢复，但操作细节又有所增益。

至此，先蚕祭享的发展已经到了内容足够丰富的程度。

二、唐代：先蚕的国家祭享制度由国家之祭变为皇家私祭

唐代，在中国古代史上尤其是制度史上扮演着承上启下的重要角色，可以说，后来明清的一些制度形态，大的原则在周礼之制的指导下深受唐宋之制中的唐代之制影响。其中，唐代的先蚕祭享制度，直接影响到明清。

---

① 依照《隋书》志第二《礼仪二》。

唐代的先蚕祭享，根据开元时期成书的《大唐开元礼》所载，内容上较之唐代以前有了极大丰富，包括：

一、先蚕祭享日期：为季春吉巳日，也就是周代所定农历三月天干属吉的巳日。

二、先蚕祭享斋戒。一共斋戒五日，散斋三日、致斋二日。致斋于皇后寝宫正殿内进行，散斋于后殿内进行。其他陪祀官员，散斋在家，致斋的第一天在家、第二天在蚕坛。六尚、命妇人等也要与各自住所斋戒。

三、先蚕祭享物质准备：祀前第三天，设置祭祀用帷幔。祀前第二天，设置雅乐乐悬、建造采桑台（在先蚕神坛南二十步，方三丈，高五尺，四出陛）。祀前第一天，划定参加祭祀人等各司其职的工作位置。祭祀当天，天亮前的十五刻宰牲（唐代，作为时间计量单位的一刻，是以一个时辰分五刻计算的，所以唐的一刻约等于今天24分钟。十五刻就是6小时），以豆取毛血，马上开始烹煮牺牲；天亮前的五刻（2小时），有司于先蚕神坛上摆设先蚕氏神牌，南向。

四、皇后服鞠衣，乘车而不鸣鼓乐前往先蚕神坛。

五、皇后进行三献三拜的先蚕神祭祀。

六、皇后亲桑。皇后采三片桑叶，一品命妇各采五片，二品及三品命妇各采九片。

七、皇后车驾回宫。陪祀命妇，一品者跟随回宫，二品、三品者各自回家。

八、劳酒。皇后回宫第二天，在自己的寝宫正殿摆酒犒赏昨日随从进行先蚕祭享的命妇。

根据上述描述，我们得知参与皇后亲蚕活动的主要随从人员，其实就是皇后周边的后宫嫔妃及宫中女官，国家三省六部之类的品官没有出现。这表明，唐代的先蚕祭享已经从国家层面，降格为皇家的私祭层面，可看成是"家天下"统治观念中富于"家"之特性的祭祀活动。

根据史料记载，唐代的先蚕坛选址，已经将周代规定的位于国都之北，改为在皇家禁苑中亲桑，"唐先蚕坛在长安宫北苑中，高四尺，周回三十步"[①]。

---

① ［元］马端临：《文献通考·郊社考二十·亲蚕祭先蚕》。

虽然没有将坛址建在国都长安之北，但在宫苑中的位置却是选在宫苑之内的北部。

出现这种变化的目的，一是因为皇后身为一国之母，祭祀活动出郊外多有不便，二是因为众嫔妃为皇帝家室，更不能随意示人。实质上的含义是：女性主导的皇后先蚕祭享已经完全看成皇家的家之祭祀"私祭"，只能在自家的范围中进行，只不过照顾到祭享仪式的祭祀等级和规模，参照祭祀先农之礼的官祭。这一做法，对后代，尤其是清代的先蚕祭享之制有着直接的影响，后世清代的先蚕祭享之制，不过是唐制的延续与翻版而已。

三、唐代的先蚕祭享之变对后世的影响

唐代先蚕祭享之制对后世的影响，可以说深入到明清。

根据史料，明世宗嘉靖在位初依照大臣建议，决定建造明代的先蚕坛，《明实录·世宗实录》卷一百零九记载说："朕惟耕桑，王者重事也。古者，天子亲耕，王后亲蚕，以劝天下。朕在宫中，每有称慕。自今岁始，朕躬祀先农，与本日祭社稷，毕，即往先农坛行礼，皇后亲蚕，礼仪便会官考求古制，具仪以闻。"做出决定的这一年是嘉靖九年，即1530年。先蚕祭享礼制考证的结果，已经体现出嘉靖帝在周礼之制与唐代之制之间的矛盾与徘徊，因为有朝臣已经提出异议："皇后出郊，难以越宿，且郊外别建蚕室，则宫嫔命妇未得亲见蚕事，势难久行"①，对初步确定的按照周礼之制将先蚕坛建于都城北郊，以皇后到都城北郊距离远和距离皇宫远导致宫里的妃嫔们不能了解养蚕织作的艰辛为理由，要求重新选择坛址。尽管这时的嘉靖帝仍在考虑按照周礼之制操作，最终还是在周礼之制和唐代之制之间采取了折中之法，即将先蚕神坛、采桑台等建造于北郊安定门外的稍西侧，让皇后率公主及内外命妇前去行祭祀礼和躬桑礼，同时在西苑的西北角空地建造织堂，将北郊采得的蚕茧运进西苑，用来最终完成织造郊庙祭服的任务。嘉靖九年（1530）三月明代的第一次先蚕祭享，《国朝典汇》卷十八记载道："始立先蚕氏之祭。岁春择日，皇后祭，用少牢、礼三献、乐六奏。……公主、内外命妇陪祀。"

尽管嘉靖帝已经做出制度上的折中，但仍有大臣议论不迭。第二年的二

---
① ［明］郭正域：《皇明典礼志》卷十二。

月，就有人对嘉靖奏到①：去年皇后的亲桑之举，已经成功地为天下人示范了桑蚕之事的重要性。现在，相关的蚕坛建筑还在收尾施工，在这种情况下，还是遣官祭祀为好。又说，去年皇后娘娘出城遇到大雾弥漫，天气不是很妥当，这种情况下，根据古制，可以考虑皇后不用出宫，在皇宫里举行代祭之仪，同样也可以体察到民间织妇蚕事之艰辛，因此只要达到明察大义的目的就可以了，不一定非要年年出城亲自祭祀。在这种情况下，嘉靖顺水推舟，于是下令在西苑已有的织堂之南，重新建造先蚕神坛和采桑台（躬桑台、亲蚕台），而前一年建造的北郊先蚕祭享建筑则全部拆除。

沿袭周礼之制的北郊亲蚕，终于还是被皇帝在自家禁苑内行事所替代；唐代肇始的宫内亲蚕，至此已经彻底取代了周代皇后代表国家亲蚕，成为皇帝自家行亲蚕之礼，也就是说，原本的"太祭"已经演变为"帝祭"，国家礼仪成为皇家的自家之礼。

后世清代就更为明确，先蚕祭享祭祀等级虽为中祀、仿照先农之祭，但先蚕祭享的管理则改为由掌管皇帝家事务的内务府管理，与国家机关诸如礼部、太常寺的管理完成脱离，甚至皇后不能亲享的代祭之劳，也是内务府大臣代为进行（有清一代，内务府大臣代行祭享先蚕之礼，共计15次）。清代的先蚕祭享之礼，不过是明代做法的延续，更是先蚕祭享唐代之制的彻底实践。

（本文发表于学苑出版社出版的《北京古代建筑博物馆文丛》第六辑〔2019〕，作者董绍鹏）

---

① 《明实录·世宗实录》卷一百二十二。

明清后妃亲蚕述略

在中国长期农耕经济中，植桑育蚕占有重要地位。这在众多古文献里均有反映。《诗经·豳风·七月》"八月萑苇，蚕月条桑"，《诗经·卫风·氓》"氓之蚩蚩，抱布贸丝"，《诗经·大雅·瞻卬》"妇无公事，休其蚕织"等等，均反映了上古时代中国妇女从事蚕桑生产劳动和进行丝织品交换的情景。

不但农村劳动妇女年年忙于蚕桑织事，统治者也要令其宫妇躬亲蚕织。《礼记·祭义》说："古者，天子、诸侯必有公桑蚕室，近川而为之。"《礼记·月令》载："季春之月……后妃斋戒，亲东乡躬桑，禁妇女毋观，省妇使以劝蚕事。"《周礼·天官·内宰》谓："中春，诏后帅外内命妇始蚕于北郊，以为祭服。"《汉书·文帝纪》载：（十三年春二月）"诏曰：'朕亲率天下农耕，以供粢盛，皇后亲桑，以奉祭服。'"《汉书·景帝纪》载：（后二年夏四月诏）"朕亲耕，后亲桑，以奉宗庙粢盛、祭服，为天下先，欲天下务农桑。"《后汉书·礼仪志》上说：（永平二年三月）"皇后帅公卿、诸侯夫人蚕祠先蚕，礼以少牢。"《隋书·礼仪志》上说："后周制皇后……以一太牢亲祭，进奠先蚕西陵氏神。"《宋史》卷一〇二："真宗从王钦若请，诏有司检讨故事以闻。按开宝通礼，季春吉巳，享先蚕于公桑。"《元史》卷七十六："武宗至大三年夏四月，从大司农请，建农桑二坛。"明初（洪武二年二月壬午）虽有"皇后率内外命妇蚕于北郊"①的记载，但亲蚕之礼并未列入国家典祀。直到嘉靖九年，才确立了亲蚕礼制。

一、明代后妃的亲蚕典礼

（一）嘉靖礼制改革以亲蚕礼为先

明朝初期，先蚕之礼并未出现在皇家祭祀系统中，直至嘉靖年间，亲蚕礼制才得以实行，这是有着深刻的历史背景和政治原因的。嘉靖皇帝以藩王身份承继大统，践位不正，这在封建宗法制度下是"先天不足"。为了弥补这一缺陷，自即位之初，明世宗就掀起"大礼议"之争，以此解决了生父朱祐杬由

---

① ［清］谷应泰：《明史纪事本末》卷十四《开国规模》。

"兴献王"到"睿宗"的帝系统绪问题。之后在嘉靖九年（1530），通过北郊亲蚕礼的举行，启动了"天地分祀"的礼制改革。在改革了已历百年的大祀制度后，又以祭祀天地配位的问题实施庙制改革，以明太祖独配天地而设神位于太庙正中。进而祧迁德祖，使得天子九庙又空出一位，最终升祔其父兴献皇帝之神位进入太庙。从而弥补了自身藩王继位的政治缺陷，最终达到了加强政治合法性的目的。

明仇英绘《宫蚕图》卷（描绘了宫中仕女的养蚕过程，包括采桑、喂蚕、上蔟、缫丝、织布等劳作场景）

嘉靖九年二月，都给事中夏言上《请举亲蚕典礼疏》，请求恢复先蚕古礼，引起了满朝争论，但世宗不顾反对意见，毅然决定建坛行礼。于是大学士张璁、礼部尚书李时等人上书："请于安定门外，择建先蚕之坛，其制一准于先农坛。"[①] 詹事霍韬上疏反对建坛于北郊："今皇后出郊，难以越宿，且郊外别建蚕室，则宫嫔命妇又未得亲见蚕事，有文无实，势难久行，乞择近地便。"[②] 尔后，户部官员在勘察了北郊先蚕坛选址后，也上疏建议在禁苑建坛："安定门外近西

---

① 《明世宗实录》卷一百九。
② 《明世宗实录》卷一百九。

之地虽宽平可用，而水源不通，无浴蚕之所。初礼部议于皇城内南城西苑中有太液琼岛之水，况唐制亦在苑中，宋亦于宫中，宜从礼部初议便。"①然而嘉靖皇帝乾纲独断，仍坚持将先蚕坛建于安定门外，并且亲自制定了先蚕坛的制度与规模。钦天监卜得季春三月丁巳日大吉可以行礼，但建坛工程刚启动，于是在先蚕坛尚未建成的情况下出行北郊，祭祀先蚕氏嫘祖，躬桑饲蚕。嘉靖九年举行的这次亲蚕典礼，是北京作为帝都以来的第一次②，其开创之举意义非凡。

（二）嘉靖时期的后妃亲蚕活动

主持这次亲蚕礼祭的是嘉靖皇帝的第二位皇后张氏。据《明史·后妃传》记载："废后张氏，世宗第二后也。初封顺妃。七年，陈皇后崩，遂立为后。是时，帝方追古礼，令后率嫔御亲蚕北郊，又日率六宫听讲章圣《女训》于宫中。十三年正月，废居别宫。十五年薨，丧葬仪视宣宗胡废后。"③

张氏名七姐④，初为顺妃，以一双纤纤玉手得到皇帝的宠爱，并成功上位封后。一年多以后，这位张皇后便率领嫔妃到京城北郊亲蚕，又以身作则，每日带领妃嫔在宫中听章圣皇太后（嘉靖帝生母）讲《女训》。此后嘉靖十年四月丁巳、十一年三月己巳、十二年三月己巳的连续三次亲蚕礼，都是由这位张皇后主持在西苑完成的。直到嘉靖十三年（1534）正月，张皇后不幸被废。嘉靖十五年（1536）二月"庚子……皇后亲蚕礼亦暂罢之"。⑤同年十二月，废后张氏便郁郁而终，只以嫔妃之礼下葬金山，亦无谥号。自此以后，嘉靖一朝的亲蚕典礼，或暂停，或遣官代祭，再无皇后亲祭的大典举行。详见下表：

---

① 《明世宗实录》卷一百九。
② ［明］宋濂等：《元史》卷七十六志："今先农先蚕坛墠在籍田内……先蚕之祀未闻。"元代虽设蚕坛，但并未祭祀，辽金时代，则更无先蚕坛之设。
③ ［清］张廷玉等：《明史》列传卷二。
④ 《张楫墓志》："叔父张楫，少游泮水，卒未获棘闱之志。娶薛氏，生女讳七姐，圣德不群，及长而愈令者多矣，值嘉靖改元，继而被选，册封为顺妃，戊子冬正宫。"
⑤ 《明世宗实录》卷一百八十四。

嘉靖年间诏罢亲蚕礼的相关记载

序号	时间	内容	出处
1	嘉靖十五年二月	庚子，……皇后亲蚕礼亦暂罢之。	《世宗实录》卷184
2	嘉靖十六年二月	己巳，……诏罢亲蚕礼，其养蚕什物仍进用。	《世宗实录》卷197
3	嘉靖十八年正月	壬子，诏停皇后亲蚕。	《世宗实录》卷221
4	嘉靖十九年三月	乙巳，罢皇后亲蚕，遣女官祭先蚕之神。	《世宗实录》卷235
5	嘉靖二十年三月	癸巳，诏暂罢皇后亲蚕，命女官摄祭先蚕之神。	《世宗实录》卷247
6	嘉靖二十一年三月	癸巳，罢皇后亲蚕，遣女官祭先蚕之神。	《世宗实录》卷259
7	嘉靖二十二年三月	丁巳，暂罢皇后亲蚕礼，遣女官代祭先蚕氏。	《世宗实录》卷272
8	嘉靖二十四年闰正月	丁亥，罢皇后亲蚕，遣女官祭先蚕之神。	《世宗实录》卷295
9	嘉靖二十五年二月	丁巳，诏罢皇后亲蚕，遣女官祭先蚕之神。	《世宗实录》卷308
10	嘉靖二十六年三月	己巳，诏罢皇后亲蚕，遣女官祭先蚕之神。	《世宗实录》卷321
11	嘉靖二十七年三月	戊戌，罢皇后亲蚕，遣女官祭先蚕之神。	《世宗实录》卷334
12	嘉靖二十八年三月	辛巳，罢亲蚕礼，遣女官祭先蚕之神。	《世宗实录》卷346
13	嘉靖三十六年三月	丁巳，暂罢亲蚕礼。	《世宗实录》卷445
14	嘉靖三十八年三月	辛巳，罢亲蚕礼，遣女官祀先蚕氏。	《世宗实录》卷470
15	嘉靖四十一年二月	辛酉，诏罢亲耕亲蚕礼。	《世宗实录》卷506

先蚕礼在有明一代仅行于世宗在位时期，且于嘉靖四十一年（1562）就被搁置不行，个中缘由要结合当时的时代背景和政治变动进行考察。在传统中国，礼制从来不仅仅只是仪式和象征，更多的时候都是与政治问题相关联，先蚕礼在嘉靖朝的兴废也是如此。

作为礼制改革首案的亲蚕典礼。自嘉靖九年（1530）天地分祀成为明朝定制以后，先蚕礼就已经完成了所赋予的政治使命，也失去了其存在价值，开始流于形式。嘉靖九年的先蚕礼是明代皇后唯一一次在北郊行礼，十一年（1532）、十二年（1533）都是在西苑之内举行。十六年（1537）二月，世宗下诏罢黜亲蚕礼，只进蚕具如常，每岁遣女官祭先蚕氏。三十八年（1559），罢女官祭先蚕。四十一年（1562）二月"时耕、蚕礼久不亲行，然每岁礼馆犹以故事请上，常命户部官祭先农，女官祭蚕祇。及是复请祭蚕祇，上谕辅臣曰：

'耕、蚕二礼，昔自朕作，即亲耕，亦虚渎耳，必有实焉。'为是遂俱罢之。"①至此实行仅30余年的亲蚕之礼被废止，直至明代终结，也再未实行过。

明世宗打着恢复亲蚕礼的旗号，开始进行一系列的礼制改革，带有鲜明的政治意图，最终解决了自身藩王出身的统绪问题。嘉靖皇帝貌似恭勤的敬天法祖、务重农桑，只不过是其玩弄权术的政治工具。俟其达到加强皇统的目的后，这些由他亲自制定的国家典祀也就成了摆设。他也20余年不理朝政，致使亲耕、亲蚕礼均被废除，而张皇后等宫人也成了这场政治闹剧的牺牲品。

二、清代后妃的亲蚕典礼

清朝作为少数民族政权入主中原，坚持华夷大一统，设置礼教是清朝政府维护统治的重要工具。清初已设置祭天、亲耕、祭先农等典礼。到了乾隆时期，随着社会生产力的发展，蚕桑丝织在清朝的经济地位日益显著。丝绸作为高档消费品，在江浙地区成为经济亮点，也自然受到了统治者的重视。乾隆下令各地设立先蚕祠庙，以鼓励该区域的桑蚕丝织业发展，进而在国家层面建设先蚕坛以躬桑亲蚕，垂教天下。

（一）孝贤皇后首次亲蚕

孝贤皇后富察氏，满洲镶黄旗人，察哈尔总管李荣保之女，雍正五年（1727），被聘为皇四子弘历嫡福晋（正妃），乾隆二年（1737）十二月，册立为皇后，乾隆十三年（1748）病逝。弘历和富察氏的感情很深。她去世后，乾隆帝心情异常沉痛，竟因丧期违制，处死了江南河道总督周学健和湖广总督赛楞额。熟悉乾嘉内廷典故的宗室昭梿对富察氏有如此看法："性贤淑节俭，上侍孝圣宪皇后，恪尽妇德。正位中宫，十有三载，珠翠等饰，未尝佩戴，惟插通草织绒等花，以为修饰。又以金银线索缉成佩囊，殊为暴敛用物，故岁时进呈纯皇帝荷包，惟以鹿羔毵绒绨为佩囊。仿诸先世关外之志，以寓不忘本之意，纯皇每加敬礼。"②

先蚕礼仪以皇后亲祭为核心，由内务府负责，制定于乾隆七年（1742）。次年，规模宏大的先蚕坛落成。经过演练后，孝贤皇后于乾隆九年（1744）首

---

① 《明世宗实录》卷五百六。
② 〔清〕昭梿《啸亭续录》卷一《纯皇后之贤德》。

次正式主持先蚕礼。先蚕礼由斋戒、祭祀、躬桑和浴蚕组成。钦天监挑选暮春巳日为吉，皇后率领福晋、夫人、公主、命妇人等参加大典，执事女官四十六人，蚕母二人，蚕妇二十七人。不管规模，还是人数，都能彰显其表率妇德、劝习蚕桑的重要功能。富察皇后躬行亲蚕之礼，祭祀先蚕之神嫘祖，并当众演习缫丝育蚕之术。随着蚕丝增多，富察氏不忍浪费，下令把这些蚕丝织染上色，制成御衣，并亲自进献给皇帝。乾隆见到这些丝织御衣，十分欣喜。除对皇后大加褒扬外，还下令大小臣工崇俭去奢，并在祭祀登朝时多次穿用。①

（二）清代后妃与亲蚕典礼

据笔者统计，自乾隆七年（1742）至宣统三年（1911），共170年间，皇后亲祭先蚕占58年，其余是妃嫔（包括亲王福晋）或官员代祭。

皇帝朝年	年数	皇后亲祭	妃嫔代祭	遣官代祭
乾隆朝	60	8	35	9
嘉庆朝	25	15	10	
道光朝	30	14	5	11
咸丰朝	11	6	3	2
同治朝	13		2	11
光绪朝	34	14		4
宣统朝	3			2

笔者依据上表，就清代乾隆以下各朝祭祀先蚕的情况略加叙述。

乾隆七年是清代先蚕礼的首创定制之年，典仪十分隆重，由孝贤皇后富察氏亲自主持。自乾隆十五年（1750）八月，乌拉那拉氏被册立为皇后，到乾隆三十年（1765）闰二月，乌拉那拉氏随乾隆南巡，因触怒龙颜，几近被废，以致册宝尽被乾隆收去，第二年便郁郁而终。此后，乾隆朝一直再未册立新后，所以亲蚕典礼一直由妃嫔代替。

嘉庆元年（1796），乾隆皇帝禅位于第十五子颙琰。嘉庆册封喜塔腊氏

---

① 《清高宗实录》卷三百十二："戊午，谕礼，后躬桑，以供祭服。乾隆九年，先蚕坛成，皇后率妃嫔暨诸命妇行亲蚕礼，求桑献茧，效绩公宫。数年来，新丝告登，命官染织御衣，以朝以祭。此皆其所供也。章采犹新，祎褕遽渺。继自今，缫盆余缕，安可复得耶？爰命藏诸文笥，传示永久，以志遗徽。世世子孙，其保守之。钦哉！"

为皇后，亲祭先蚕。第二年，喜塔腊氏病故，谥号"孝淑皇后"。嘉庆六年（1801）四月，贵妃钮祜禄氏被册立为皇后。自嘉庆七年至嘉庆二十五年的19年中，皇后亲祭达14次，只有5次未能亲临先蚕坛祭祀，而改由妃嫔代行，可以说明嘉庆皇后对祭祀先蚕大典的重视程度。

道光朝的两任皇后佟佳氏、钮祜禄氏在她们正位中宫期间，一直亲临先蚕坛致祭。道光二十年（1840）钮祜禄氏崩逝以后，未再另立皇后，亲蚕典礼只能遣官代祭。

咸丰朝堪称多事之秋。咸丰继位之初，即爆发了声势浩大的太平天国运动。随后北方捻军起义，响应太平军北伐。咸丰六年（1856）又爆发了第二次鸦片战争，英法联军攻入北京，咸丰帝仓皇北狩，含恨病逝于避暑山庄。其时虽战乱频仍，但每年的亲蚕典祀并未荒废。钮祜禄皇后（后来的慈安太后）十分恪尽职守，在位期间，除三次因故未能亲自前往而由嫔妃代替外，余皆亲躬先蚕坛致祭。

同治皇帝冲龄践位，而真正的皇权却掌握在他的生母慈禧太后的手中。年幼的同治帝是不会考虑亲蚕典礼的相关事宜，仍照例由内务府指派员办理蚕坛祭祀事宜。到同治十一年（1872），同治帝与自己钟爱的阿鲁特氏完婚。婚后第二年、第三年（1873—1874），皇后却并未亲临先蚕坛主持祭礼，而是由慈禧太后喜爱的慧妃富察氏代行皇后职权。随后同治皇帝便溘然病逝，第二年（光绪元年，1875年）阿鲁特氏也撒手人寰，终生未能行使国母亲蚕躬桑的权力。

光绪皇帝也是幼年即位，至光绪帝19岁举行册立皇后的婚礼。西太后胞弟、都统桂样的之女，慈禧太后的侄女叶赫那拉氏成为皇后，但朝中实权仍然掌握在垂帘听政的慈禧太后手中。隆裕皇后虽然不为光绪帝喜爱，但她对自己应履行的躬桑亲蚕礼十分重视。主位中宫20年，她亲自主持了十四次亲蚕大典，直至光绪去世。随后在风雨飘摇的宣统三年间，内务府仍然遣官两次致祭先蚕坛，直至清朝最后寿终正寝。

三、总结

了解了明清后妃祭祀先蚕的基本情况后，我们可以得出如下的结论。

第一，清代作为少数民族政权入主中原，在对待中国传统亲蚕典礼的态度上，远比自诩中华正统的明王朝，更加虔诚恭谨、尽职尽责。明代只在嘉靖一朝因为统治需要，将亲蚕典礼作为政治工具，充当门面，随后即荒废。而清代自乾隆朝设立亲蚕礼以来，一以贯之，坚持不辍，与整个王朝相始终。即使因为战乱等原因，被迫中断，也会尽量补救，可见清代对国家典礼的重视程度远胜于前朝。

第二，清代的皇后亲蚕礼，凡中宫有后时期，皇后一般都非常看重行使自己的权力，不轻易放权给妃嫔或官员。若后宫虚位，亦每年派妃嫔、官员代祭，没有中途断祀。而明嘉靖年间的亲蚕祭祀，只不过是皇权高压下的粉饰工具，连皇后都自身难保，何谈母仪天下，率下亲蚕。

第三，后妃主持的亲蚕典礼也是明清政治斗争的修罗场。嘉靖废后、乾隆废后、道光全贵妃仪如皇后、同治皇后阿鲁特氏之死等事件，都是皇权政争与亲蚕礼之间交互作用的映射，也成为明清宫廷史研究的重要一环。

（本文发表于学苑出版社出版的《北京古代建筑博物馆文丛》第九辑〔2022〕，作者刘文丰）

三、器物研究

《孝贤纯皇后亲蚕图卷》先蚕祭器形制浅析

农耕和桑蚕一直是中国古代最为重要的生产活动，中国古人也一直遵从"男耕女织"的生产方式，因而也有了皇帝亲耕、皇后亲桑以为天下表率的政治活动。"国之大事，在祀与戎"，祭祀始终都是中国古代统治者极其重视的一项政治活动，中国古人信仰的神灵体系繁多且复杂，在各个方面都有信奉的神灵。桑蚕业顺其自然也产生了其信奉的神灵——嫘祖。按照"男耕女织"的概念，便由皇后主持蚕神祭祀，并且随着朝代更迭发展，最后形成了一套完整的先蚕祭祀体系。

清朝建立之初并没有延续明朝举行先蚕祭祀，康熙年间因皇帝个人兴趣，在西苑丰泽园东侧修建蚕舍，种植桑树，养蚕、育种、缫丝、纺丝。直到雍正十三年（1735）河东总督王士俊奏请依照古制，建立先蚕坛。

> 四月己亥，礼部议覆，河东总督王士俊奏请奉祠先蚕……周制蚕于北郊，其坛应设于北郊。祭日用季春吉巳，一切坛制祭品，俱视先农典礼。京师为首善之地，应于北郊建坛奉祀。
>
> 《大清世宗宪皇帝实录》雍正十三年闰四月、雍正十三年乙卯闰四月

雍正皇帝议准了这一建议，并着手准备修建先蚕坛。然而，这一年八月先蚕坛还未建成，雍正皇帝便离世了。乾隆元年（1736），按照大臣疏请，在京城设立先蚕祠。

乾隆元年议准停止建立先蚕坛，改立先蚕祠宇，至期遣礼部堂官一人承祭。

（乾隆）《钦定大清会典则例·礼部·仪制清吏司·亲蚕》

于是在安定门外建立先蚕祠，定为群祀，每年农历三月遣太常寺官员祭祀。

乾隆七年（1742）大学士鄂尔泰编纂《国朝宫史》，梳理各项典章制度，以"古制，天子亲耕南郊，以供粢盛；后亲蚕北郊，以供祭服……今逢重熙累洽、礼明乐备之时，亲蚕大典，关系农桑，自应遵旨举行，以光典礼"为由，上奏乾隆请求创建先蚕坛，实行皇后亲桑享先蚕。乾隆八年（1743），先蚕坛建成。自此，皇后亲享先蚕正式列入清代国家祭祀，定为中祀，包括亲祭礼、躬桑礼、献茧缫丝礼三项内容。每年季春三月吉巳举行。

乾隆九年（1744）农历三月初三，"皇后亲享先蚕坛，翼日行躬桑之礼"，由皇后富察氏按照先蚕仪程仪轨进行了清代开国第一次亲桑享先蚕。此次祭先蚕意义重大，当年，乾隆皇帝命宫廷画师郎世宁等人绘制了《孝贤纯皇后亲蚕图》，以为纪念。图卷共四卷，内容分别描绘孝贤纯皇后富察氏诣坛、祭坛、采桑、献茧四步仪程。乾隆皇帝曾题《先皇后亲蚕图承命弆藏茧馆并志以诗》御制诗于图卷后。

直至清朝灭亡，皇后亲行先蚕祭祀、躬桑共计54次，如图卷中所绘流程完备次数屈指可数。该图卷为研究清代先蚕祭祀文化提供了重要丰富的证据，其重要程度可见一斑。

《孝贤纯皇后亲蚕图》其中第二卷《祭坛》绘制的是乾隆九年（1744）皇后亲祭先蚕之神的场景。此次先蚕之祀祭器规制应是以《国朝宫史》中所记"先蚕坛享祀仪"进行："届日鸡初鸣，内务府总管及宫殿监率内监入坛具器，陈牛一、羊一、豕一、登一、铏二、簠簋各二、笾豆各十、炉一、镫二。东设一案，西向，陈青色制帛一、香盘一、尊一、爵三。设福胙于尊案之旁，加爵一。牲陈于俎，帛实于篚，尊实酒，承以舟，疏布幂勺具。"[①]图卷中可见，先

---

① ［清］鄂尔泰：《国朝宫史·典礼二》。

蚕神位前怀桌上设白色瓷盏，笾豆桌上除筐外，所有祭器只有白瓷盘和白瓷碗两种形制。在另一幅描绘雍正年间皇家祭祀的图卷《雍正帝祭先农坛图卷》中，雍正皇帝祭祀先农之神所用祭器也均为白瓷盘、白瓷碗。由于清代在建立之初祭祀制度多沿用明代旧制，亲蚕图卷中所反映的应为明代先蚕之祀的祭器制度。

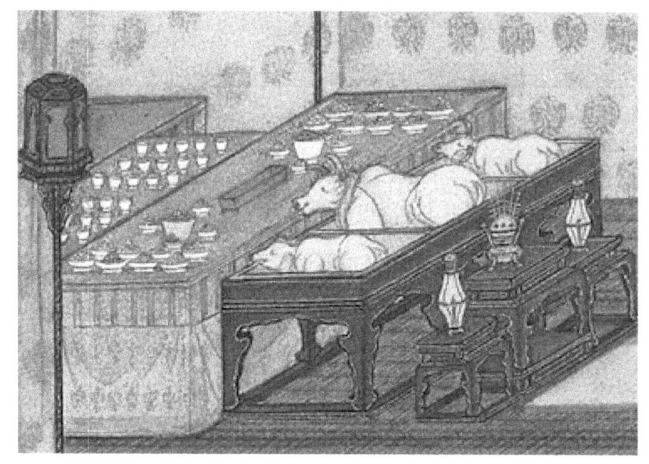

《孝贤纯皇后亲蚕图卷》第二卷《祭坛》中所绘先蚕祭祀祭器形制

明朝建立以后，朱元璋决议恢复周礼，同时采唐宋之制，确立典章，考订前代五礼，最终形成了《大明集礼》。朱元璋个人"不喜虚文、重本尚诚"的性格特点对明初祭祀礼制的建立产生了很大影响。朱元璋认为礼仪程序过于繁杂，华而不实，不能体现对神灵的诚敬，只会令人感到疲惫。

> 若揩礼设仪，饰过事生，礼繁人倦，而绘祀之神弗安，非礼也。朕因周旋神所十有一年，见其未当，于是更仪殊式，合祀社稷，既祀，神乃欢。今洪武十二年，合天地而大祀，上下悦。
>
> 《明太祖文集·敕·大祀礼成谕中书》

于是将天地分祀、社稷分祀改为天地合祀、社稷合祀之制。与唐宋礼制相比，洪武时期还简化了许多礼制内容和祭祀流程，先蚕之祀在此时就并未被恢复。这些调整中就包括了一系列关于祭器制度的内容。

明代在建立初期并没有遵循前代制度恢复先蚕之祀，《明会典》中记载："国初无亲蚕礼。"直到嘉靖九年（1530）给事中夏言上奏请求恢复亲蚕礼。嘉靖皇帝随即采纳了这一建议，于嘉靖九年（1530）二月，在北郊建先蚕坛，并于建成后的第二个月，举行皇后亲蚕礼。很快嘉靖皇帝以北郊路远不便、无浴蚕水源为由又下令在西苑西北角再建先蚕坛和采桑台。嘉靖十年（1531）三月，新的先蚕坛建成。同年四月，举行皇后亲蚕。

祭祀是中国古时一项重要的社会活动。在原始社会就已经出现了祭祀性质的活动，随着人类文明的进步，祭祀制度逐渐得到完善，祭祀各类器用也逐渐产生。《礼记·曲礼》中说："凡家造，祭器为先、牲赋为次、养器为后。无田禄者，不设祭器；有田禄者，先为祭服。君子虽贫，不粥祭器；虽寒，不衣祭服……大夫士去国，祭器不逾竟。"可见，祭器对于古人的重要程度。新石器时代就已经出现陶质祭祀礼器。随着生产力的发展，夏、商、周时期古人熟练掌握了青铜冶炼技术，各类青铜祭祀礼器应运而生。到了宋代，制瓷技术飞速发展，宋元丰六年（1083）"详定礼文所言：……非尚质贵诚之义……又篮、尊、豆皆非陶器，及用龙勺，请改用陶，以为勺"①。自此，瓷质礼器开始被考虑进入国家祭祀范畴，直到南宋初年才真正实行。或是受到宋代开瓷质祭祀礼器之始的影响，明代礼官认为此举遵循传统，符合古意。《明会典》卷一六〇记载，洪武二年（1369）定太庙所用祭器皆为瓷质。很快，洪武三年（1370）这一改变就覆盖到全部国家级祭祀，祭器均采用瓷质。

> 礼部言："《礼记·郊特牲》曰'郊之祭也''器用陶匏'，尚质也。《周礼·笾人》'凡祭祀供簠、簋'之实，《疏》曰：'外祀用瓦簠。'今祭祀用瓷，合古意。惟盘盂之属，与古簠、罍、簋、登、铏异制。今拟凡祭器皆用瓷。"
>
> 《大明实录·大明太祖高皇帝实录·洪武二年八月》

洪武二年（1369），朱元璋下令宗庙祭器形制依照平日所用器物形制，不必拘泥于古制。

---

① 《宋史》卷九八《礼志一》。

上欲在宗庙金器，因谕礼官曰："礼缘人情，因时宜，不必泥于古，近世祭祀皆用古笾豆之属。宋太祖曰：'吾先人亦不识此。'孔子曰：'事死如事生，事亡如事存。'其言可法。今制宗庙祭器只依常时所用者，于是造酒壶盂盏之属，皆拟平时之所用，又置椑椸枕簟筐笥帷幔之属，皆象其平生焉。

《大明实录·大明太祖高皇帝实录》洪武二年六月至七月》

天下州府县，合祭风雷雨、山川、社稷、城隍、孔子及无祀鬼神等，有司务要每岁依期致祭。其坛墠庙宇制度，牲礼祭器体式，具再洪武礼制。今列于后：祭器笾、豆、簠、簋，俱用瓷碟；酒尊三，用瓷尊爵六，用磁盘；铏一，用瓷碗。

（万历）《明会典·群祀四》

这形成明代特殊的祭器制度，除了爵还保留前代礼器形制外，其他祭祀礼器登、铏以瓷碗代替，簠、簋、笾、豆都均用瓷盘代替，尊则用瓷罐代替，各类祭器只存其名，不存其形，祭器造型均参照日常生活用器形制烧制。

据《大明会典·工部二十一·织造·器用》载："（嘉靖）九年，定四郊、各陵瓷器：圜丘青色，方丘黄色，日坛赤色，月坛白色，行江西饶州府如式烧解。计各坛陈设：太羹碗一、和羹碗二、毛血盘三、著尊一、牺尊一、山罍一、代笾簠簋笾豆瓷盘二十八、饮福瓷爵一、酒钟四十。"

到了嘉靖时期，各类祭祀祭器依旧按照明初形制，采用瓷碗、瓷盘代替。另外，嘉靖时期在祭祀礼器上做出了一项重大改变，即确立了各郊坛所用祭器的颜色。但是此次新制只涉及四郊祭祀，而其他坛庙祭祀所用祭器仍采用白色，还是也规定了相应的颜色，文献并没有明确记载。

礼制的本质即是为皇权服务，统治者通过祭祀神祇为天下臣民作出表率，增加仪式感，以稳固政权，加强统治。祭祀制度不拘泥古制也并不是朱元璋一家之说，宋徽宗为《政和五礼新仪》作序中曾写道："复命有司循古之意而勿泥于古，适今之宜而勿牵于今……有不可施于今，则用之有时，示不废古；有不可用于时，则唯法其义，示不违今。"灵活采用古制，以示遵循传统，皇权传承有序，但不被古制所束缚，取之适度，适应当时，才是统治者遵循古制的核心思想。

关于祭祀所用祭器形制用白瓷碗、盘代替是否适宜，要不要遵循古制，是否要考证前代礼器形制规范祭器器型，其实在明代初期就是一直被争论的问题。洪武三年（1370），礼官在建议"祭器皆用瓷"的同时，也认为"其式皆仿古簠、簋、登、豆，惟箧以竹"。但是很明显这一建议只采纳了祭器材质全部改瓷的部分，而规范器型的建议未被采纳的原因极大可能仍旧和朱元璋个人务实的思想有关。宣德皇帝也曾下令考据古制，铸造祭器。

> 朕念郊坛宗庙，内廷所在，陈设鼎彝，式范猥鄙，不足以配典章，故敕尔工部铸造。昨览进呈，诸种鼎彝深合古制大，洽朕怀，卿等勤劳可嘉，敕赐白金、文绮，各升三级俸。其外如应补铸簠、簋、壶、尊、俎、豆诸器，可仿古范铸造。
>
> 《宣德鼎彝考·敕赐两京各衙门鼎彝名目》

根据大臣上奏统计，"应该补铸一应大小鼎、彝、壶、尊、俎、豆、簠、簋、卤簿诸器合计一万五千六百八十四件"。从嘉靖时期祭器依旧为瓷质来看，宣德皇帝这个想法应该没有被大规模付诸实践。铸造如此数量庞大的铜质祭器，时间周期长，成本高，待宣德铜器铸造之风过后，很难被后代坚持采用。

《嘉靖祀典考》中记载，嘉靖皇帝认为祭祀所用白瓷盘、白瓷碗不能体现对神灵的崇重，但经过了与大臣的一系列讨论之后，以"如再改行，或恐致有误"为由，便放弃了这一想法，仍然选择沿用明初制度。

清代经历了初期的建设与完善，政治和经济都逐渐得到很好的发展，从而统治者逐渐具备完善各种礼制的基础条件。《孝贤纯皇后亲蚕图卷》所绘之时，清代先蚕礼制建设尚未完备，在此次亲祀先蚕之后，关于先蚕祭祀的众多制度才逐步完善。乾隆皇帝时，开始对京城皇家坛庙祭祀建筑规格、祭祀礼器，以及祭祀礼仪制度等各个方面都进行了整合和再确定。乾隆十三年（1748），重新制定了新的祭器制度：

定祀典祭器，谕："国家敬天尊祖，礼备乐和，品物具陈，告丰告洁，所以将诚敬、昭典则也。考之前古，笾、豆、簠、簋诸祭器，或用金玉，以示贵重，或用陶匏，以示质素，各有精义存乎其间。历代相仍，去古浸远。至明洪武时，更定旧章，祭品、祭器，悉遵古，而祭器则惟存其名，以瓷代之。我朝坛庙，陈设祭品，器亦用瓷，盖沿前明之旧。皇考世宗宪皇帝时，考按经典，范铜为器，颁之阙里，俾为世守。曾宣示廷臣，穆然见古先遗则。朕思坛庙祭品，既遵用古名，则祭器自应悉仿古制，一体更正，以备隆仪。着大学士会同该部，稽核经图，审其名物度数、制作款式，折中至当，详议绘图以闻。朕将亲为审定，敕所司敬谨制造，用光禋祀，称朕意焉。寻议，凡祭之笾，竹丝编，绢里，髹漆。坛庙纯漆……豆、登、簠、簋，郊坛用陶……登亦用陶。铏，范铜饰金，贮酒以尊，郊坛用陶……日、月、先农、先蚕各坛之爵。社稷、日、月、先农、先蚕，豆、登、簠、簋、铏、尊，均用陶……凡陶必辨色。圜丘、祈谷、常雩青，方泽黄，日坛赤，月坛白，社稷、先农黄。太庙登用陶，黄质，饰华采，余皆从白。盛帛以篚，竹丝编，髹漆，亦如器之色。铏式大小深广，均仍其旧。载牲以俎，木制，髹丹漆。毛血盘用陶，从其色。"皆由内务府办理。从之。

《大清高宗纯皇帝实录》乾隆十三年正月上·乾隆十三年戊辰春正月

对于祭器制度，乾隆皇帝做了三个方面的规范：第一，确定各坛庙各类祭器使用的材质；第二，循仿古制考订各类祭器的器型；第三，明确各坛庙所用祭器的颜色。此次礼制改革的结果形成了《皇朝礼器图式》一书，书中详细记录了每件器物的尺寸、质地、纹样以及使用品级，图文对照，条理清晰。《皇朝礼器图式》中明确记载了先蚕祭祀祭器制度：

陶爵三，同地坛从位，用黄色瓷。通高四寸六分，深二寸四分。两柱高七分。三足相距各一寸八分，高二寸。腹为雷纹饕餮形。

盏三十，同先农坛，用白色瓷。高一寸八分，深一寸五分。口径三寸五分，底径一寸二分。

登一,同地坛正位,用黄色瓷。通高六寸一分,深二寸一分。口径五寸。校围六寸六分。足径四寸五分。口为回纹,中为雷纹,柱为饕餮,足为垂云纹。盖高一寸八分,径四寸五分。顶高四分,上为星纹,中为垂云纹。口亦为回纹。

铏一,同地坛从位,用黄色瓷。高三寸九分,深三寸六分。口径五寸。底径三寸三分。足高一寸三分。两耳为牲形。口绘藻纹,次回纹,腹绘贝纹。盖高二寸五分,绘藻纹、回纹、雷纹。上有三峰,高九分,饰以云纹,足纹同。

簠二,同地坛正位,用黄色瓷。通高四寸四分,深二寸三分。口纵六寸五分,横八寸。底纵四寸四分,横六寸。面为夔龙纹,束为回纹。足为云纹。两耳附以夔龙。盖高一寸六分。口纵横与器同。上有棱。四周纵四寸八分。横六寸四分。亦附以夔龙耳。

簋二,同地坛正位,用黄色瓷。制圆而椭。通高四寸六分,深二寸三分。口径七寸二分。底径六寸一分。口为回纹,腹为云纹,束为黻纹,足为星云纹。两耳附以夔凤。盖高一寸八分。径与口径同。面为云纹,口为回纹。上有棱四出。高一寸三分。

笾十,同地坛正位,编竹为之,以绢饰里。顶及缘皆髹以漆,黄色。通高五寸八分,深九分。口径五寸,足径四寸五分。盖高二寸一分。径与口径同。顶正圆,高五分。

豆十,同地坛正位,用黄色瓷。通高五寸五分,深一寸七分。口径五寸。校围六寸六分。足径四寸五分。腹为垂云纹、回纹,校为波纹、金钑纹,足为黻纹。盖高二寸三分。径与口径同为波纹、回纹。顶为绚纽,高六分。

尊一,同地坛正位,用黄色瓷。纯素。通高八寸四分,口径五寸一分。腹围二尺三寸七分。底径四寸三分。足高二分。两耳为牲首形。

乾隆皇帝此举使清代祭祀礼制的走向程式化、系统化、等级化,先蚕祭祀祭器制度也被确定下来,所定祭祀制度一直被后世沿用至清朝灭亡。

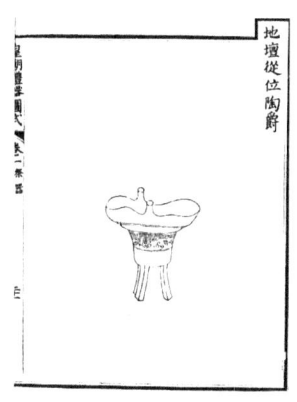 

先蚕坛陶爵（同地坛从位爵）　　先蚕坛琖（同先农坛琖）　　先蚕坛登（同地坛正位登）

 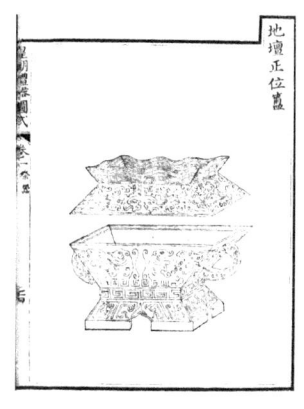 

先蚕坛铏（同地坛从位铏）　　先蚕坛簠（同地坛正位簠）　　先蚕坛簋（同地坛正位簋）

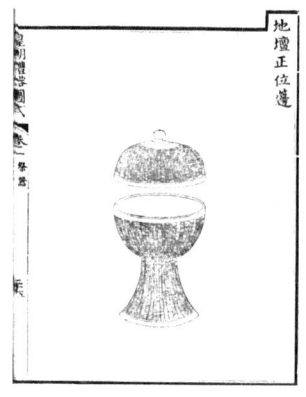  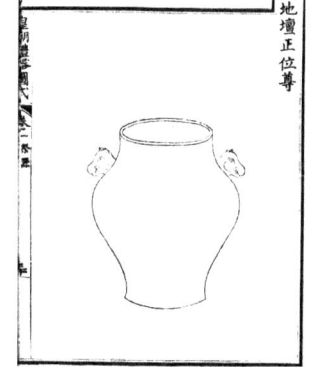

先蚕坛笾（同地坛正位笾）　　先蚕坛豆（同地坛正位豆）　　先蚕坛尊（同地坛正位尊）

《皇朝礼器图式》

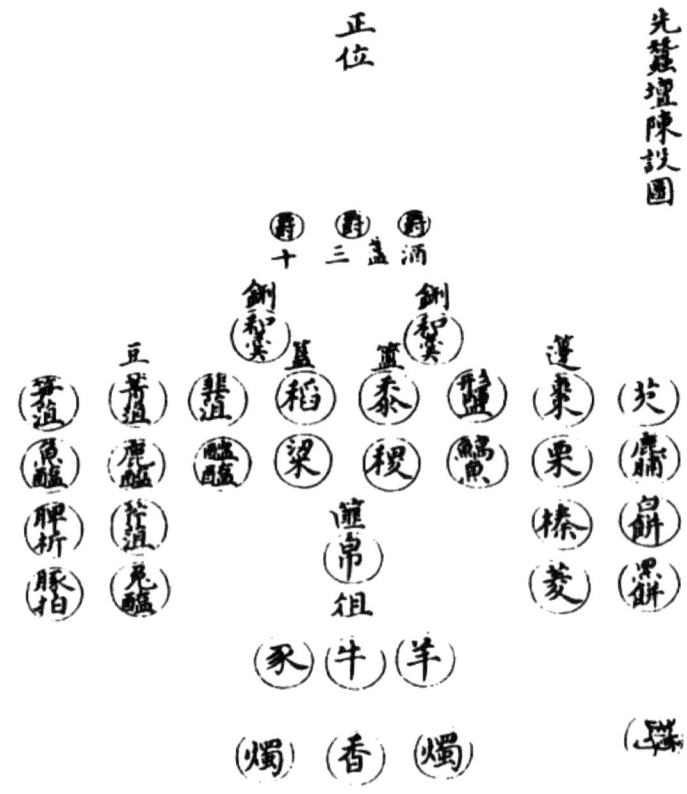

（乾隆）《清会典·礼部·祠祭清吏司·中祀三》先蚕坛陈设图

通过对历史文献的分析，《孝贤纯皇后亲蚕图卷》第二卷《祭坛》中所体现的祭器形制制度可以追溯到明代初期。由于明代祭器制度留存下来的文字资料，尤其是图像资料非常稀少，明代文献也并未像清代文献记载得那样详细、系统，想要明确了解明代真实的先蚕祭器制度，还需要我们不断在历史文献中找寻线索。《孝贤纯皇后亲蚕图卷》为研究清初和明代的祭祀制度提供了很好的图像资料，为研究清代承袭明代祭祀制度，在其基础上的再理解、再思考提供了线索。

（本文发表于学苑出版社出版的《北京古代建筑博物馆文丛》第八辑〔2021〕，作者陈媛鸣）

《孝贤纯皇后亲蚕图卷》冠服制式初考

　　农耕和桑蚕一直是中国古代最为重要的生产活动，中国古人也一直遵从"男耕女织"的生产方式，因而也有了皇帝亲耕、皇后亲桑以为天下表率的政治活动。"国之大事，在祀与戎"，祭祀始终都是中国古代统治者极其重视的一项政治活动，中国古人信仰的神灵体系繁多且复杂，在各个方面都有信奉的神灵。桑蚕业顺其自然也产生了其信奉的神灵——嫘祖。按照"男耕女织"的概念，便由皇后主持蚕神祭祀，并且随着朝代更迭发展，最后形成了一套完整的先蚕祭祀体系。

　　清朝建立之初并没有延续明朝举行先蚕祭祀，康熙年间因皇帝的个人兴趣，在西苑丰泽园东侧修建蚕舍，种植桑树，养蚕、育种、缫丝、纺丝。直到雍正十三年（1735）河东总督王士俊奏请依照古制，建立先蚕坛。

　　　　四月己亥，礼部议覆：河东总督王士俊奏请奉祠先蚕……周制蚕于北郊，其坛应设于北郊。祭日用季春吉巳，一切坛制祭品，俱视先农典礼。京师为首善之地，应于北郊建坛奉祀。
　　　　　　　　　《清实录·大清世宗宪皇帝实录·雍正十三年闰四月·
　　　　　　　　　　　　　　　　雍正十三年乙卯闰四月》

雍正皇帝议准了这一建议，并着手准备修建先蚕坛。

　　　　雍正十三年，议准京师于北郊择地建先蚕坛，每岁以季春吉巳日，遣礼部堂官一人承祭。
　　　　　　　　（乾隆）《钦定大清会典则例·礼部·仪制清吏司·亲蚕》

　　然而，先蚕坛还未建成，这一年八月雍正皇帝便离世了。乾隆元年（1736）按照大臣疏请在京城设立先蚕祠。

　　　　春正月癸卯，直隶总督李卫疏请出蚕省份，建立先蚕坛。总理事务王大臣议覆，为坛以祀先蚕，经传未闻，未便各省城通立，应于京师建祠奉祀，至期，遣礼部堂官一员承祭。从之。

《清实录·大清高宗纯皇帝实录》乾隆元年正月上·乾隆元年丙辰春正月

乾隆元年议准停止建立先蚕坛，改立先蚕祠宇，至期遣礼部堂官一人承祭。

（乾隆）《钦定大清会典则例·礼部·仪制清吏司·亲蚕》

于是在安定门外建立先蚕祠，定为群祀，每年农历三月遣太常寺官员祭祀。乾隆七年（1742），大学士鄂尔泰负责编纂《国朝宫史》，梳理各项典章制度，以"古制，天子亲耕南郊，以供粢盛；后亲蚕北郊，以供祭服……今逢重熙累洽、礼明乐备之时，亲蚕大典，关系农桑，自应遵旨举行，以光典礼"为由，上奏乾隆请求创建先蚕坛，实行皇后亲桑享先蚕。乾隆八年（1743），先蚕坛建成。《日下旧闻考》记载了先蚕坛的形制：

先蚕坛在西苑东北隅。先蚕坛乾隆七年建，垣周百六十丈（512.00米）。南面稍西正门三楹，左右门各一。入门为坛一成，方四丈（12.80米），高四尺（1.28米），陛四出，各十级。三面皆树桑柘。西北为瘗坎。我朝自圣祖仁皇帝设蚕舍于丰泽园之左，世宗宪皇帝复建先蚕祠于北郊，嗣以北郊无浴蚕所，因议建于此。

坛东为观桑台。台前为桑园，台后为亲蚕门，入门为亲蚕殿。

观桑台高一尺四寸（0.45米），广一丈四尺（4.48米），陛三出。亲蚕殿内恭悬皇上御书，额曰"葛覃遗意"，联曰："视履六宫基化本；授衣万国佐皇猷。"

亲蚕殿后为浴蚕池，池北为后殿。

后殿恭悬皇上御书，额曰"化先无斁"，联曰："三宫春晓觇鸠雨；十亩新阴映鞠衣。"屏间俱绘《蚕织图》，规制如前殿。

宫左为蚕妇浴蚕河。南、北，木桥二，南桥之东为先蚕神殿，北桥之东为蚕所。

浴蚕河自外垣之北流入，由南垣出，设闸启闭。先蚕神殿，西向。

左、右,牲亭一,井亭一,北为神库,南为神厨。垣左为蚕署三间,蚕所亦西向,为屋二十有七间。

院内殿宇、游廊、宫门、井亭、亲蚕门、墙垣均为绿琉璃瓦屋面,蚕署和蚕所均为灰筒瓦屋面。

自此,皇后亲享先蚕正式列入清代国家祭祀,定为中祀,包括亲祭礼、躬桑礼、献茧缫丝礼三项内容,每年季春三月吉巳举行。

乾隆九年(1744)农历三月初三,"皇后亲享先蚕坛,翼日行躬桑之礼",由皇后富察氏按照先蚕仪程仪轨进行了清代开国第一次亲桑享先蚕。此次祭先蚕意义重大,当年,乾隆皇帝命宫廷画师郎世宁等人绘制了《孝贤纯皇后亲蚕图》,以为纪念。

《孝贤纯皇后亲蚕图》(后文中简称《亲蚕图》或图卷),绢本设色,51厘米×590.4厘米,现存于台北故宫博物院,由郎世宁、金昆、程志道、丁观鹏等宫廷画师合作绘制。图卷共四卷,内容分别描绘孝贤纯皇后富察氏诣坛、祭坛、采桑、献茧四步仪程。乾隆皇帝曾题《先皇后亲蚕图承命弆藏茧馆并志以诗》御制诗于图卷后。

直至清朝灭亡,皇后亲行先蚕祭祀、躬桑共计54次,如图卷中所绘流程完备次数屈指可数。该图卷为研究清代先蚕祭祀文化提供了重要丰富的证据,其重要程度可见一斑。

服饰制度是历代礼仪制度的重要内容之一。服装的款式、质地、纹样、色彩等代表着穿着者的身份和地位。在清代各等级服饰中,最具代表性的当数皇帝和皇后的服饰。皇帝冠服分为礼服、吉服、常服、便服、行服。皇后冠服礼制上与皇帝差别不大,只是在形式上有男女区别。《大清会典》中记载皇后冠服的只有礼服和吉服。清代皇后冠服从款式、质地、纹样、颜色到各种装饰,都有严格的规定。

《孝贤纯皇后亲蚕图》绘制的是乾隆九年(1744)祭祀先蚕的场景,此时清代先蚕祭祀制度还并未完备,图中所绘皇后穿着冠服样式应为乾隆九年(1744)之前所定制式。清代皇后祭祀先蚕创立于乾隆七年(1742),为清朝开国首创,在此之前并没有皇后祭祀先蚕之例,先蚕冠服制式更无从参照。且乾隆以前文献对于皇后冠服的记载较为简单，康熙朝《大清会典》中皇后冠服"凡庆贺大典，冠用东珠镶顶，礼服用黄色秋、香色、五爪龙缎、妆缎、凤凰翟鸟等缎，随时酌量服御"①。仅此一句，无更多描述。乾隆以前《会典》记载冠服样式并不能为确定《亲蚕图》中皇后冠服制式提供过多参考。

此文中关于《孝贤纯皇后亲蚕图》中冠服样式，笔者是以《国朝宫史》中的记载为主要参考。《国朝宫史》为乾隆七年（1742）内廷大学士鄂尔泰、张廷玉等奉敕编纂，收录了从顺治至雍正朝的圣训、皇上（乾隆皇帝）的谕旨，以昭垂内廷的法制。其中"典礼"卷记录了内廷典礼、仪节、规制、冠服、舆卫之制。奉敕编纂具有可信度和权威性，且修书时间与孝贤纯皇后祭先蚕时间最为接近，所以笔者认为此书中所记载冠服制式最可能接近图卷所绘，遂以为参考。

《孝贤纯皇后亲蚕图》四卷中，除第一卷《诣坛》中描绘皇后仪仗，皇后形象没有在画中出现外，其余三卷中皆绘有皇后形象。通过对三幅图卷对照，三幅中孝贤纯皇后所穿着冠服样式皆不相同，祭坛、采桑、献茧三个环节各有其规制冠服。笔者根据文献记载和图卷中冠服样式对照，并结合一些现存皇帝、皇后冠服，认为《亲蚕图》中皇后穿着冠服制式如下：

第二卷《祭坛》

> 皇后御礼服乘凤舆出宫……右赞引，左对引女官二人恭导皇后入具服殿少俟……皇后出具服殿，盥。
>
> 《国朝宫史》卷六《典礼二·先蚕坛享祀仪》

皇后礼服（即朝服）包括朝冠、朝褂、朝袍、朝裙、金约、领约、耳饰、朝珠、采帨等，在祭祀和重大庆典时穿用。穿着时，朝裙在里，再穿朝袍，外加朝褂。

皇后冠服

青绒朝冠　并缀红缨，正中顶一座，三层，贯三等东珠各一，皆承以金凤。饰二等东珠各三，四等珍珠各一，小珍珠各十六。上衔三等大东珠

---

① 康熙《大清会典·礼部·仪制清吏司·冠服》。

一。红缨上周缀金凤七,饰二等东珠各九,小珍珠各二十一,猫睛石各一。后金翟一,饰小珍珠十六,猫睛石一。翟尾垂珠,五行二就,共四等珍珠三百有二,每行二等珍珠一。中间金桃花一,衔青金石,两面饰二等东珠六,三等珍珠六,末缀珊瑚。冠后护领垂明黄绦二,末缀宝石。青缎为带。

金约　周围金云十三,衔二等东珠各一,间以青金石,红片金为里。后系金衔松石结,珠下垂,五行三就,共四等珍珠三百二十四,每行二等珍珠一。中间青金石方腾二,两面衔二等东珠各八,三等珍珠各八。末缀珊瑚。

朝褂　并用石青色,片金缘,前绣行龙四,后正龙一、行龙二,下幅"八宝平水"。领后垂明黄绦。

朝袍　并用明黄色,披领及袖俱石青色,片金缘。前后绣正龙各一,两肩行龙各二,下幅行龙五。间以五色云,周围"八宝平水"。披领行龙二,袖端正龙一。袖相接处行龙各二。领后垂明黄绦。

朝裙　并用红色织金寿字,下镶石青行龙妆缎。片金缘,皆正幅。有襞积。

图1　第二卷《祭坛》中皇后冠服

石青缎绣金龙棉朝褂（图2），清乾隆，现存于故宫博物院，清宫旧藏。

褂丝质，圆领，对衿，左右开裾，片金缘。石青缎地上绣两条上升的金龙，并彩绣流云飞蝠、海水江崖等纹饰，间以缉珍珠、珊瑚米珠团寿字，外环缀捶鲽花卉嵌珊瑚、绿松石、金板，以钉珊瑚、珍珠排珠相连。朝褂上缀银鎏金錾龙纹扣9枚。内挂红色暗团云龙金寿字织金缎里，中间薄施棉絮。

此朝褂为清乾隆帝孝贤纯皇后秋冬季御用，将其套在朝袍外，与以下明黄缎绣金龙皮朝袍为一套之物，共同构成礼服，用于元旦、万寿、冬至三大圣节以及其他重大典礼场合。

明黄缎绣金龙皮朝袍（图3），清乾隆，现存于故宫博物院，清宫旧藏。

此服丝质，圆领，披肩，肩部加缘，大衿右衽，马蹄袖，裾后开，片金缘，缀铜鎏金錾花扣三、铜鎏金光素扣二十四、黄缎盘花扣三。袖端内施貂皮，其余部分边镶染银鼠皮出锋。袍内亦用皮毛，上为羊皮，下用天马皮。

此朝袍是清乾隆帝孝贤纯皇后的御用礼服，为皇后在重大典礼时穿着。肩部饰缘和披肩上的金龙、金凤，嵌以翡翠、青金石、珊瑚、孔雀石和绿松石等珍贵宝玉石。

图2　石青缎绣金龙棉朝褂　　　　图3　明黄缎绣金龙皮朝袍

第三卷《采桑》

图 4　第三卷《采桑》中皇后冠服

巳初刻，宫殿监转奏，皇后吉服乘舆出宫，从桑妃、嫔咸吉服乘舆从，诣西苑。皇后入具服殿少俟……典仪奏请皇后行躬桑礼，皇后出具服殿，前引、后从如常仪。

《国朝宫史》卷六《典礼二·皇后躬桑仪》

皇后吉服有吉服冠、吉服褂（龙褂）、吉服袍（龙袍）、吉服朝珠等，常朝和一般节日时穿用。

青绒吉服冠　并缀红缨，顶衔三等东珠一。

吉服袍　用明黄色，领袖俱石青色，绣金龙九。间以五色云、福寿文。下幅"八宝平水"。领前后正龙各一，左右及交襟处行龙各一。袖如朝袍，左右开裾，以袭吉服褂。缎绸纱裘，随时所宜。

明黄缎绣云龙纹吉服袍（图 5），清乾隆，现存于故宫博物院，清宫旧藏。

图 5　明黄缎绣云龙纹吉服袍

袍以明黄色缎地绣云龙纹为面，月白色绸里。圆领，右衽大襟，袖由袖身、中接袖、接袖及马蹄形袖端组成，左右开裾式双层长袍。右襟钉银鎏金水纹錾花扣四枚。领口拴黄纸签，上墨书："乾隆三十三年五月初五日收明黄金龙夹袍一件。"袍身共绣五爪正面金龙九条，其中胸、背及两肩正龙各一，下襟正龙四，里襟正龙一。另在石青色领的前后绣金正龙各一，左右及交襟处绣行龙各一，石青色中接袖绣金行龙各二，马蹄袖端绣正龙各一。下摆绣八宝立水。周身点缀五彩流云及万字、蝙蝠、磬、如意、书、瓶、灵芝等杂宝纹。

皇后穿着吉服应包括吉服冠、吉服褂、吉服袍，此图卷中皇后仅戴吉服冠，穿着吉服袍，未穿着吉服褂的原因，还需要笔者对清代冠服制度做进一步了解。

第四卷《献茧》

> 及蚕成，蚕母、蚕妇择茧贮筐以献，皇后遂以献于皇帝、皇太后。乃择吉日，皇后行缫三盆手礼，采桑妃、嫔从缫。是日，乘舆出宫如常仪。至织室缫盆前，妃、嫔侍立，蚕母渍茧于盆，以手出绪，握其总，跪进皇后。皇后受总，亲缫三，少退，立。妃、嫔进缫，以五为节，遂布于蚕妇之吉者使缫。礼毕，乘舆还宫，警跸如来仪。
>
> 《国朝宫史》卷六《典礼二·皇后躬桑仪》

其中关于献茧时皇后所穿着冠服样式并未提及。通过图卷中皇后所穿冠服样式，推测出为以下制式：

皇后冠服

青绒吉服冠　并缀红缨，顶衔三等东珠一。

吉服褂　用石青色，绣八团金龙。下幅五色"八宝平水"。袖端行龙各二。春秋以缎绸，夏以纱，冬以裘，随时所宜。

吉服袍　用明黄色，领袖俱石青色，绣金龙九。间以五色云、福寿文。下幅"八宝平水"。领前后正龙各一，左右及交襟处行龙各一。袖如朝袍，左右开裾，以袭吉服褂。缎绸纱裘，随时所宜。

图6　第四卷《献茧》中皇后冠服

缂丝石青地八团龙棉褂（图7），清乾隆，现存于故宫博物院，清宫旧藏。

龙褂为石青色，圆领对襟，平口袖，后开裾，以圆金线缂织四团正龙和四团行龙，周围用五彩丝线织流云海水点缀，下摆织寿山福海及杂宝纹样。这件龙褂正合于《钦定大清会典》典章定制。应为皇太后或皇后在祝寿、赐宴等

图7　缂丝石青地八团龙棉褂

265

重要典礼场合时穿着。

虽然《国朝宫史》中没有记载献茧时皇后冠服，但是《钦定大清会典则例》中记载了乾隆九年献茧时皇后冠服：

> 九年奏准蚕事既毕，据报茧成后择吉奏请皇后亲诣蚕宫。是日质明，蚕宫令献酒果祭告先蚕之神，设缫丝器具于织室正殿。皇后常服乘舆出宫，不设仪驾，妃嫔皆常服乘舆从。皇后至坛门外降舆，前引命妇十人导皇后至茧馆，妃嫔随入。
>
> （乾隆）《钦定大清会典则例·内务府·掌仪司二》

此处记载皇后所穿为"常服"，抵达蚕坛后，没有到具服殿更换服饰，直接到达茧馆。嘉庆朝、光绪朝《钦定大清会典》皆记载皇后献茧诣坛御常服：

> 茧成之日，由府择日奏请皇后亲诣先蚕坛行献茧缫丝礼。皇后常服乘舆出宫，妃嫔亦常服乘舆从。至坛降舆，诣织室御座。
>
> （嘉庆）《钦定大清会典·内务府·掌仪司一》

皇后常服在服制中不见记载，但从文献记载和实物来看是存在的。它的形式应和皇帝常服相类似，即常服袍的颜色及花纹随所御，常服褂色用石青。

> 常服袍无定色，表衣色用青，织文用龙凤翟鸟之属，不备采朝珠如采服制。
>
> （乾隆）《钦定大清会典·礼部·仪制清吏司·冠服》

《国朝宫史》中只有文字记载皇后冠服样式，没有图片。所以笔者此处参考了《皇朝礼器图式》中皇帝常服的样式。《皇朝礼器图式》为清允禄、蒋溥等奉敕初纂，乾隆二十四年（1759）完成，是记载典章制度类器物的政书，图文并茂。其中卷四至卷七为冠服，每器皆列图于右，系说于左。每件器物的详细尺寸、质地、纹样以及与相应官职品级的对照，无不条理清晰，记载详备。

《皇朝礼器图式》成书年代晚于《孝贤纯皇后亲蚕图》，其中记载与图卷所绘之时皇后冠服制式或有不同，相同制式冠服即使调整，风格应该变动不大，可以用来引用推测。

  皇帝夏常服冠 谨按本朝定制，皇帝夏常服冠御用之期与朝冠同，红绒结顶，余俱如夏吉服冠。

  皇帝常服褂 谨按本朝定制，皇帝常服褂色用石青，花文随所御棉夹纱裘各惟其时。

  皇帝常服袍 谨按本朝定制，皇帝常服袍色及花文随所御，裾左右开，棉夹纱裘各惟其时。

《皇朝礼器图式·冠服一·皇帝冠服》

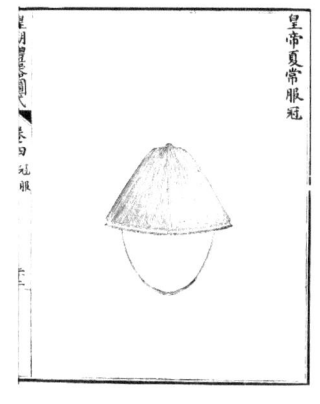  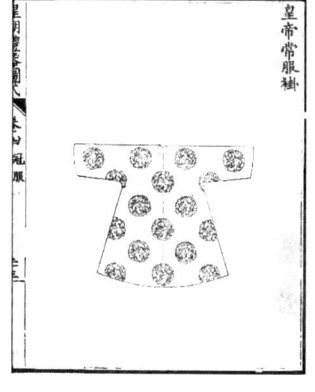

图8 皇帝常服冠（《皇朝礼器图式》） 图9 皇帝常服袍（《皇朝礼器图式》） 图10 皇帝常服褂（《皇朝礼器图式》）

石青色缎常服褂（图11），清乾隆，现存于故宫博物院，清宫旧藏。

此为乾隆帝皇后春秋两季穿着的常服之一，圆领，对襟，平袖，裾后开。缀铜鎏金錾花扣一枚，拴系扣袢四枚。月白缠枝小花暗花绫里。领口系墨书黄纸签二，一书"石青缎夹褂一件"，一书"览石青缎女夹褂一件，乾隆三十四年十月十五日收，王常贵呈"。

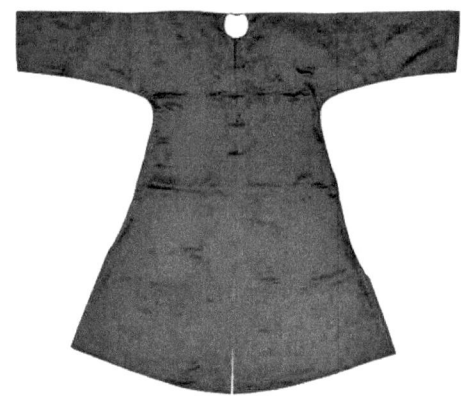

图 11　石青色缎常服褂

石青色暗花缎常服袍（图 12），清乾隆，现存于故宫博物院，清宫旧藏。

此袍为乾隆帝皇后春秋两季常服之一，用于严肃、庄重等场合，圆领，对襟，平袖，裾后开。石青团龙暗花缎面料，缀铜鎏金光素扣一，铜鎏金錾花扣四。月白色缠枝菊暗花绫里。领口系墨书黄纸签二，一书"石青缎棉褂一件"，一书"览石青缎夹褂一件，乾隆五十年四月初四日收，敬事房呈"。

图 12　石青色暗花缎常服袍

通过文献记载、实际文物和相关学者研究了解，帝后常服样式基本相同，无绣工与各样彩色缘边装饰，均为素织或织暗花纹样。但是《亲蚕图》献茧一卷中，皇后所穿冠服外褂上团龙纹饰明显，且为彩色织绣。内袍下摆处"八宝

下编 研究编

立水"彩色织绣纹样也清晰可见。其颜色、图案和《皇朝礼器图式》中所绘皇帝常服样式,以及现存帝后常服素织、暗花样式差别较大。可见《献茧》卷中所绘冠服并不是常服,通过与《皇朝礼器图式》中记载皇后冠服样式对比,笔者认为与皇后吉服样式更为接近。

真实历史当中,皇后献茧时冠服制式到底为何,这一问题还有待继续讨论。但笔者认为应以文献记载为首要参考,为乾隆朝《钦定大清会典则例》记载的"常服",即皇后献茧时穿着常服。

《孝贤纯皇后亲蚕图》为祭蚕事后绘制,并不是当场绘制,作画官员在皇后献茧时不太可能在当场,极大可能是通过对仪式过程了解之后的艺术加工,且宫廷画中所绘内容与实际情况不完全相符的情况也偶有出现,所以《亲蚕图》不是对祭祀场景的百分之百无误差的还原,可能出现与历史事实有谬误的情况。

还有一种可能是,乾隆九年(1744)举行典礼当时,因是首次举行皇后祭祀先蚕,当时皇后祭蚕冠服样式可能还未完全形成定制。

乾隆七年(1742),"八月,辛卯。定亲蚕典礼";乾隆十一年(1746),"正月。庚午。钦定祭祀中和乐章名"。在此次祭祀先蚕之后,关于先蚕祭祀的众多制度才逐步完善。乾隆皇帝十分重视祭祀礼制,又于乾隆十四(1749)年开始对京城皇家坛庙,不管是祭祀建筑规格、祭祀礼器这些物质方面,还是在祭祀礼仪制度这种精神方面,都进行了整合和再确定,使祭祀内容更加制度化、规范化。直到乾隆十五年(1750)时,清代关于先蚕坛的相关制度才最终得以确立。在这过程中,先蚕祭祀制度逐渐完善,才确定下来皇后献茧时穿着常服。

> 乾隆九年,先蚕坛成,皇后率妃嫔暨诸命妇行亲蚕礼,求桑献茧,效绩公宫。数年来,新丝告登,命官染织御衣,以朝公宫。此皆其所供也,章采犹新,祎褕遽渺。
>
> 《大清高宗纯皇帝实录》乾隆十三年四月上·乾隆十三年戊辰夏四月

除了上文所写,皇后冠服还包括配饰,形成一套完整的冠服体系:

珥：左右各三，以金为龙形，末锐下曲，各衔头等东珠二。

领约：周围金云十一，衔二等东珠各一，间以珊瑚及三等东珠、二等珍珠各四。垂明黄绦二，中贯珊瑚、背云各一，末缀松石各二。

朝珠：中左右共三盘，中以三等东珠，左右以珊瑚、佛头、记念、背云、大小坠珠宝杂饰，惟其宜，绦俱明黄色。

彩帨：以绿色绸为之，绣"五谷丰登"，佩箴管、觿帙之属，绦皆明黄色。

综合上文所说，笔者认为《孝贤纯皇后亲蚕图》中所绘皇后冠服分别为：第二卷《坛》皇后御礼服（即朝服。朝服冠、朝服褂、朝服袍），第三卷《采桑》皇后御吉服（吉服冠、吉服袍），第四卷《献茧》皇后御吉服（吉服冠、吉服褂、吉服袍）。第四卷《献茧》中皇后虽然穿着吉服，但根据文献记载，应为常服（常服冠、常服褂、常服袍）。

历史文献中并没有单独记录清代皇后祭先蚕所穿冠服，只在叙述皇后祭先蚕流程中简单涉及冠服。且皇后冠服和皇帝冠服相比，在文献中记载并不全面，我们只能通过在历史文献中找寻线索，找到最可能接近合理情况的原由。笔者不是专门从事清代服饰制度的研究，仅仅通过文献和一些文物样式推断出结果，并不能给出确定的结论，以待日后在查阅更多的历史文献后，再得出更加合理的推论。

（本文发表于学苑出版社出版的《北京古代建筑博物馆文丛》第七辑〔2020〕，作者陈媛鸣）

四、其他研究

先蚕祭祀部分相关职能部门简述

自周代始就已经被纳入国家典章活动的先蚕之神祭祀，经过2000多年历代的发展，到了清代已形成了一套相对成熟的祭祀流程，再经过乾隆皇帝对皇家坛庙祭祀制度的一系列完善调整之后，最终在乾隆十五年（1750）确立了包含亲祭礼、躬桑礼、献茧缫丝礼三项内容的清代先蚕祭祀制度。从农历二月或三月吉巳之日的亲祭礼开始，直到农历四月或五月时蚕经过三眠、吐丝作茧的献茧缫丝礼为止，皇后亲桑享先蚕的流程详尽、仪式隆重，参与陪祀、为祭典服务的人员众多。仅以乾隆九年（1744）为例，仅祭祀女官就有四十六人，包含典仪二人，赞引二人，传赞六人，司香二人，司帛二人，司爵二人，奉福酒四人，奉福胙四人，对引二人，前引十人，相仪二人，补缺八人，并且还涉及多个职能部门，共同保障整个祭祀活动的顺利进行。

这其中内务府下辖的奉宸苑和织染局在整个祭典过程中承担了非常重要的角色。清朝建立之初，设置内务府。顺治十一年（1654），裁撤内务府，转而设置十三衙门，分别为司礼监。尚方司、御用监、御马监、内官监、尚衣监、尚膳监、尚宝监、司设监、兵仗局、惜薪司、钟鼓司、织染局。顺治十三年（1656），改织染局为经局。顺治十八年（1661），又裁撤十三衙门，仍设置内务府，其所属有广储司、会计司、掌仪司、都虞司、慎刑司、营造司、织染局。

奉宸苑由内务府管辖，设立于康熙二十三年（1684），前身是清代沿袭明代制度而设立的上林苑。奉宸苑设总理大臣，卿二人，奉宸苑郎中一人，员外郎四人，主事、委署主事各一人，六品库掌一人，六品苑丞三人、苑副十八人。奉宸苑总管景山、瀛台长河、玉泉山稻田厂、南苑、圆明园、畅春园、清漪园等处苑囿事务。设置官员便包含圆明园郎中一人，主事、委署主事、六品掌库各一人，六品苑丞六人，七品苑丞二人，七品苑副六人，八品苑副十人。畅春园员外郎一人，颐和园、静宜园、静明园郎中、员外郎共各一人。六品苑丞十人，七品苑丞三人，七品苑副十人，八品苑副七人，稽查内务府御史一人，笔帖式满洲七十五人。

奉宸苑在先蚕祭祀流程中发挥着十分重要的作用。在祭祀前一日，奉宸苑要进行提前准备，奉宸苑卿率领下属打扫祭坛上下，设置坛上黄幄，并在坛台西北瘗坎处铺设棕垫。在皇后和妃嫔致祭先蚕后，奉宸苑卿带领蚕母、蚕妇饲养蚕只，再将所得蚕丝重量呈报内务府。当遇到皇后不行亲蚕之时，奉宸苑堂官还需要和内务府、太常寺堂官一起负责致祭先蚕的职责。

在清代先蚕祭祀流程中，当蚕开始吐丝作茧时，皇后会再次前往先蚕坛，在具服殿进行献茧缫丝礼，拣选所得中的优质蚕茧，在织室金盆内缫丝三次，从祭妃嫔缫丝五次。皇后行缫丝礼只是为了给天下女性作出表率，象征性缫丝三次，而剩余缫丝的工作由蚕妇们继续进行。最后，将所得的蚕丝交由织染局，由织染局完成接下来的织造、染色等流程，以得供郊庙祭祀时所用的祭服：

> 恭逢亲蚕盛典庆成，称丝效功。由内务府具本送交内阁具题。钦天监择吉，将所得丝斤，交织染局制造，染以朱、绿、元、黄，以供郊庙祭祀之服。
>
> （光绪）《钦定大清会典事例·内务府十八·典礼》

恭照乾隆二十四年三月二十四日始，至四月二十七日，伏蒙皇后亲诣先蚕坛致祭，竭诚尽敬，大典庆成。所得丝斤，例由臣衙门具本题达，由钦天监择吉，恭交该处敬谨收藏，朱绿之、元黄之，以供郊庙祭祀之服……请将丝九斤十两恭交织造处，伏乞皇上睿鉴施行，谨题请旨。

中国第一历史档案馆档案02-01-005-022906-0004

织染局负责丝织品的织造和染色，以供宫廷使用。织染局位于今地安门内嵩祝寺北侧，各项作房八十间，染房九间，库房七间。康熙三年（1664），织染局交由内务府总管管理，设置员外郎一人，笔帖式三人，领催六人。康熙九年（1670），设司库一人，库使六人。康熙六十一年（1722），设司匠二人。乾隆十六年（1751），移织染局于万寿山，裁员外郎，其相关事宜由总理万寿山大臣兼管办理，员外郎由该大臣奏委。乾隆十七年（1752），定领催内，增设委署催领一人。乾隆二十四年（1759），改催领为司匠。乾隆三十五年（1770），派内务府员外郎一人管理。

乾隆十六年（1751），因其使用多年，砖瓦木料都已糟旧不堪，难以翻盖，而且使用房屋过多，在内城多有不便，内务府请求将织染局移至万寿山附近。于是，便将织染局移至万寿山西侧，毗邻稻田。万寿山织染局前为织局，后为络丝局，北为染局，西为蚕户房，环绕其周围种植桑树：

> 织染局移到万寿山附近……实难早晚应候官差，仰懋圣恩，每人各赏给官房一间……共盖造小房八十余间，每人赏房一间。但此项房间若盖连房，似觉未宜，请交该工于局作附近地方，合其形势，或二三间、三四间不等，布成村落，以标幽致，即于该匠役房间空间之地，种植桑株，以养丝蚕，如此则匠役等既得栖止之地，而村居蚕桑点缀山水之间，益著园亭之盛也。
>
> 中国第一历史档案馆　奏销档

昆明湖北岸的西侧、织染局南侧还设立有蚕神庙，每年九月，由织染局专司祈祀，清明日则在蚕神面之后的水村居设祀。

道光二十三年（1843），或因一直以来织染局所得蚕丝数量和品质都不足以满足宫廷所用，或更多承担起皇家织造任务的职责实为江南三织造，便下令裁撤织染局：

> 呈为咨行事。所有本府酌拟裁撤织染局衙署一折、附片一件，于道光二十三年五月十一日具奏。奉旨："依议，钦此。"
>
> 中国第一历史档案馆档案 05-08-001-000052-030
>
> 十八年，奏准耕织图养蚕处所得丝斤稍为粗脆，除本局挑选备织官用

屯绢外，余交营造司为幔帐带条之用。

（嘉庆）《钦定大清会典事例·内务府十九》

直到光绪十二年（1886），奕譞奏请恢复昆明水操，于是开始在清漪园水村居和耕织图的基址上修建海军衙门水操内外学堂，其中便包含前织染局房舍。

在织染局、奉宸苑之下，更多直接负责先蚕坛祭祀中日常实操工作的实为奉宸苑管理的蚕户。雍正七年（1729）始，在圆明园养蚕，设立首领内监和内监各一人，管理蚕事。乾隆九年（1744），建先蚕坛，设内监二人，园户二十名。先蚕坛所供事的蚕妇、蚕母均在内务府三旗内挑选，但其不知晓如何饲蚕，便从圆明园内挑选五户养蚕民妇，前往先蚕坛，带领蚕妇、蚕母共同进行蚕事，确保先蚕祭祀礼仪顺利完成。因考虑到这些民妇居住在圆明园，往来先蚕坛路途不便，于是在船坞附近修建房屋，每家两间供其居住，方使她们到先蚕坛蚕室与蚕妇、蚕母共同演练蚕事。

乾隆十年（1745），先蚕坛五户蚕户候补为奉宸苑园户，负责坛内的日常看守和打扫等事务。在每年养蚕时，仍然负责养蚕。圆明园蚕户每名分例为：每人每年支银十二两，米二十四斛。冬天发给煤炭和棉布，五年发给一次狐皮帽领羊裘。奉宸苑园户分例为：每人养赡家口分地六十亩。每年支银十二两，五年发给一次十张羊皮和粗布二丈。此五户蚕户补为园户。

乾隆十七年（1752），圆明园十三户蚕户移往万寿山归入织染局管理。每名每年给食银十二两，米二十四斛，夏季蓝布单袍褂各一件，冬季蓝布棉袍褂袄裤各一件。五年一次，冬给狐皮帽领布面羊裘一件。织染局所属五户养蚕蛮子，八户种稻蛮子，都作为园户差使。

乾隆三十一年（1766）起，万寿山织染局十三户园户又都归并到稻田厂种稻，不再作为织染局园户。其中的五户蚕户，平时归稻田厂种稻。到养蚕时，由织染局传唤。每年清明时负责修整养蚕器具。到谷雨日浴蚕时，蚕出，即负责采桑饲养。三眠后入夏，令蚕长分箔。小满前后，蚕上山，成茧抽丝，得丝后，蚕户等仍归稻田厂。这些蚕户，不论是归属圆明园，还是织染局，在每年皇后亲祭或遣妃致祭先蚕之时，都会选择五户前往先蚕坛养蚕，为祭祀典礼进行前期准备：

> 奉宸苑呈为咨行事。据蚕坛苑丞桂荣呈称，查得本年三月致祭先蚕坛恭奉皇后躬桑，所有蚕户五家向在稻田厂当差，届期接取伊等家眷到坛养蚕，用车五辆，差完送回用车五辆，拉运稻草用车二辆，共用车十二辆。
> 中国第一历史档案馆档案 05-08-032-000045-0018

蚕户不仅要负责先蚕坛祭祀期间、织染局的日常工作，还需要负责圆明园北远山房养蚕工作。北远山房院落周围种有桑树，是圆明园内主要的养蚕之地。乾隆二十六年（1761），从万寿山织染局养蚕蛮子中选择两户暂时调到圆明园北远山村养蚕，所得蚕丝交由织染局应用，蚕事完毕后，蚕户仍回织染局当差，到养蚕时再行传唤。

（本文发表于学苑出版社出版的《北京古代建筑博物馆文丛》第九辑〔2022〕，作者陈媛鸣）

外两篇

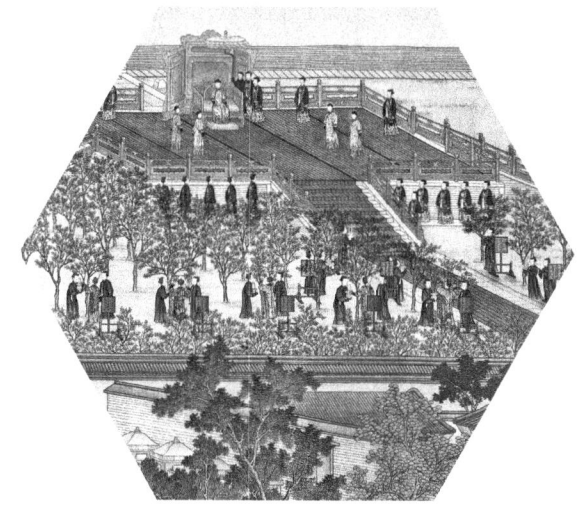

清代先蚕坛祭祀用乐

自古以来,亲桑之典与耕耤并重。《春秋》载:"天子亲耕,王后亲桑。"《周礼》也载:"后桑于北郊"。而"汉晋而后,间一举行,然或有名而无实,或旋举而辄废,典礼皆无足观"①。

至明"嘉靖九年,建先蚕坛于北郊。皇后亲祀,公主及内外命妇陪祀毕,诣采桑台行采桑礼"②,并定"皇后祭,用少牢,礼三献,乐六奏,去舞。公主、内外命妇陪祀,先期内尚仪奏祭祀,皇后内执事皆致斋,蚕宫令陈祭物,乐女生陈乐器"③。"十年,改筑坛于内苑,以仲春上巳日行事,二十七年罢"④。自嘉靖帝改制后,虽定祭祀先蚕制度,但鲜见皇后亲蚕的记载。

清代入主中原,顺治、康熙二帝继位之时尚幼,皇后亲蚕自然提不到日程上来。而"自圣祖仁皇帝以来,内苑养蚕,以缫以织,用知民间作劳。世宗宪皇帝十三年,允礼臣议,京师直省建先蚕祠比先农"⑤。这意味着清代立国近百年,也无皇后致祭先蚕之事。

乾隆元年(1736),仍循旧制,"先蚕祠每年以季春巳日,遣太常寺卿一员呈祭"。至乾隆七年(1742),皇后亲蚕之礼才正式提到日程上来。首先解决的是坛址,"今相度蚕地,建立蚕坛、蚕宫、从室之处,内务府会同工部等衙门办理,乃建先蚕坛于西苑之东北隅",同时将一应祭仪加以拟定,其中包括:"每年季春之月,皇后亲享先蚕坛,礼部预札钦天监,选择三月吉巳日致祭,具题请旨","皇后不行先蚕之年,奏遣内务府、奉宸苑、太常寺堂官致祭先蚕","皇后亲享先蚕,不读祝文,行三献礼,饮福受胙","宫殿监督领侍先期选委内监演礼"⑥。礼仪的议定,仍然是在明代的基础上略作调整。乾隆九年(1744),先蚕坛工程告竣,孝贤皇后才首次举行了祭祀大典。

---

① 《御制律吕正义后编》卷二十六。
② 《太常续考》卷八。
③ 《天府广记》卷八。
④ 《太常续考》卷八。
⑤ 《御制律吕正后编》卷二十六。
⑥ 以上所引,均见道光《钦定太常寺则例》卷六十四。

在诸多的祭祀中，先蚕坛则具有一定的特殊性，其仪程有三：1. 行祭祀礼；2. 行躬桑礼；3. 行献茧缫丝礼。又因为是皇后主持祭祀，且一应执事均用女性，它具有内廷祭祀的性质。

"母仪天下"的皇后，由皇帝册立，妃嫔则由皇帝册封，皇后虽有金册金印，但从未见以皇后的名义发布任何的政令，即便于后宫，亦是如此。皇帝具有男权及皇权的双重属性，而皇后于宫中，其地位不高，这种象征意义上的祭祀于礼虽重，但执行起来却大打折扣。"每年皇后亲蚕，或遣妃恭代，礼部照例双请具题，如遇遣妃恭代之年，着内务府请旨"。谁来祭祀，由皇帝说了算。乾隆十年（1745）"奉旨：明年不必举行"①，次年皇后并未致祭，而是遣妃恭代。乾隆十三年（1748），孝贤皇后病逝，次年祭祀先蚕，而乌拉纳喇皇贵妃的"册封典礼于本年三月后举行，其亲蚕礼，俟正位中宫后，该部照例奏请"。"皇贵妃未经正位中宫，则亲祭之礼尚不当举行"。乾隆十六年（1751），"值圣驾南巡，尚未回銮，拟遵照皇后不亲祭之年，请遣妃一人恭代行礼。奉旨：'皇后行礼后，再遣妃恭代行礼。'"②。皇后亲祭先蚕，始于乾隆九年（1744），纵观以后先蚕祭祀，皇后亲祭者所占比例不大，一般以遣妃恭代，而以遣官代祭为多。

明清祭祀均由太常寺执掌，然而由于皇后致祭先蚕的特殊性，则由内务府负责实施，且一应参与祭祀者均为女性及太监。临祭"前期一月，内务府交宫殿监督领侍等，奏派妃嫔二位，内务府将咨取福晋、夫人、命妇名单奏请，钦点七人，恭从躬桑"③。至于皇后及遣妃致祭所用女官，"均于宫人选充，如不敷用，于内府及八旗命妇能国语者充之，均由内务府遴选具奏"④。"典仪、赞引、对引女官各一人，传赞女官六人，司香、司帛、司爵、奉福酒、奉福胙、接福酒、接福胙女官各一人，前引女官十人，司拜褥、相仪女官各二人，唱乐、掌燎女官各一人。预备女官八人"⑤。参与祭祀的执事女官，连同备用人员多达40余人。另外尚有养蚕三个月的蚕母、蚕妇22人，这些人在内务府三旗中择其夫有顶戴、能清

---

① 《御制律吕正后编》卷首下。
② 以上所引，均道光《钦定太常寺则例》卷六十四。
③ 《钦定总管内务府现行则例·掌仪司》卷一。
④ 道光《钦定太常寺则例》卷六十四。
⑤ 道光《太常寺则例》卷六十五。

语者充补，并于内监中置蚕宫令一人、丞一人，专司蚕坛、茧馆诸务。

既为祭祀，并非全与太常寺无涉，祭前的一应陈设等工作均由其负责。前一日，太常寺官至神库先蚕西陵氏神位前上香，并"将陈设神位，及应设祭品帛爵等物并陈设之仪，指示掌仪司太监、内务府堂官、宫殿监督领侍。莅之事毕，太常寺官出。内务府官撤交掌仪司太监、蚕宫、令丞，敬谨收存"①，次日致祭，再由掌仪司太监等重新陈设于祭坛，并交代执事女官。

至于祭祀中的礼仪，则由掌仪司"派出太监，令太常寺官演习，太监转交女官"②。祭祀礼仪繁缛，对于承应宫内祭祀的掌仪司太监而言并不难，难在转教少有祭祀经历的女执事们，可能要经过一段较长时间的学习，当然，祭前还要经过多次的联合演练才能胜任。

皇后亲祀或遣妃恭代，均由女执事们执掌。如遣官祭祀，多由内务府堂官行礼，一应执事均用太常寺官员预备。

乾隆七年（1742）在建先蚕坛的同时，除议定祭祀仪程外，其用乐制度也一并拟定，仍依明制，礼三献，乐六奏，且不用乐舞。至于所用乐队，乾隆帝下旨："不用乐悬，但比小祀《庆神欢》加隆可也。"③所谓乐悬，指的是中和韶乐。既然不用乐悬，就得重新组建乐队，在群祀所用《庆神欢》乐队的基础上增加乐器。《庆神欢》所用乐器为云锣、鼓、拍板各一，笙、管、笛各二。而中和韶乐用编钟、编磬各十六枚，建鼓、柷、敔、麾各一，搏拊二，排箫、埙各二，篪六，箫、笛、笙、琴各十，瑟四。（镈钟、特磬两件乐器，于乾隆二十六年冬至祭才天始使用）。经过改造的乐队乐器为"方响十有六，云锣与瑟、杖鼓、拍板各二，琴四，箫、笛、笙各六，建鼓一"④。宫中用乐惯例，凡规格较低的乐队，其中以云锣代替编钟，以方响代替编磬。而中和韶乐的麾、搏拊、柷、敔、篪、排箫、埙等乐器没有列入其中，其数量也大为减少。

乐器	琴	瑟	箫	笛	笙	管	鼓	建鼓	杖鼓	方响	云锣	拍板
先蚕坛乐队	4	2	6	6	6			1	2	16枚	2架	2
庆神欢乐队				2	2	2	1				1架	1

① 《钦定总管内务府现行则例·掌仪司》卷一。
② 《钦定总管内务府现行则例·掌仪司》卷一。
③ 《御制律吕正后编》卷首下。
④ 《钦定大清会典事例》卷五三〇。

此编制界乎"中和韶乐"与"庆神欢"乐之间,雅乐与俗乐乐器并用,因而升平署档案有"先蚕坛乐器半份"的记载,即使用中和韶乐一半的乐器,乐队共用32人,比中和韶乐所用人数少了一半。皇帝祭祀先农,使用全套的中和韶乐乐器,所谓耕耤与亲桑并重,其中便可看出差别之所在,这也算乾隆帝的发明吧。

先蚕坛既具有内廷祭祀的性质,自然由负责宫内祭祀的掌仪司承应。乾隆朝,"中和乐处"这一机构尚设在掌仪司,此乐有别于太常寺所掌之中和韶乐,专为朝会及宫中祭祀所设,人员均为太监。乾隆七年(1742)设立乐部,是管理皇家一应用乐的机构(戏曲除外),因而,"祀前一日,乐部率掌仪司内监,陈乐于坛下,东西分列,均北向"①,致祭之时,则由掌仪司太监演奏,"乐工、歌工,俱以内监充"②。这一点又与明代有所不同,明时皇后致祭先蚕,由教坊司女乐生承应,顺治年废女乐,宫中无女性乐舞者。

祭祀乐谱如下:

迎神　咸平之章
仲吕为宫　大吕起调

1=A

6 1 3 1 2	0· 0· 0· 0·	5 3 1̇ 6 5	0· 0· 0· 0·
轩 辕 御 篆 时,		西 陵 位 正 妃。	

1 2 3	0· 0· 0·	5 1 2	0· 0· 0·
柔 桑 沃,		载 阳 迟。	

3 5 1 2 1̇ 6 5	0· 0· 0·	3 1 6 3 3	0· 0· 0·
黼黻玄黄供祀事,		称茧更缲丝。	

1 2 6 5	0· 0· 0·	3 3 1 6̣	0· 0·　0·
龙 精 报 贶,		椒 屋 宗 祎。	

---

① 道光《钦定太常寺则例》卷六十五。
② [清]鄂尔泰:《国朝宫史》卷六。

奠帛爵初献　承平之章

1= A

6 1 2 5 3 | 0: 0: 0: | 6 5 1 2 3 | 0: 0: 0: |
春 堤 柳 绽 金，　　　　仓 庚 有 好 音。

1 6 3 | 0: 0: 0: | 2 3 2 | 0: 0: 0: |
衣 祎 翟，　　　　致 精 忱。

6 5 3 3 5 3 2 | 0:0:0: | 6 3 5 6 5 | 0:0:0: |
后 月 躬 应 教 织 纴。　　析 馆 式 燕 心。

1 2 3 5 | 0: 0: 0: | 3 2 1 6 | 0: 0: 0: ||
黄 流 初 祚，　　　　朕 盅 如 临。

亚献　均平之章

1= A

6 1 2 5 3 | 0: 0: 0: | 1 2 3 2 3 | 0: 0: 0: |
清 和 日 正 长，　　　　灵 坛 水 一 方。

6 5 3 | 0: 0: 0: | 3 1 2 | 0: 0: 0: |
纡 香 陌，　　　　执 筵 筐。

5 3 6 5 6 1 6 | 0:0:0: | 5 3 1 3 2 | 0:0:0: |
桑 叶 阴 浓 风 澹 荡，　　八 有 普 嘉 祥。

3 5 1 6 | 0: 0: 0: | 3 2 1 6 | 0: 0: 0: ||
五 醴 再 陈，　　　　降 福 穰 穰。

终献　齐平之章

1= A

6 1 2 5 3 | 0: 0: 0: | 6 5 1 6 5 | 0: 0: 0: |
神 皋 接 上 园，　　　　葭 芦 绿 浪 翻。

3 3 2 | 0: 0: 0: | 3 6 5 | 0: 0: 0: |
莺 声 滑，　　　　藕 花 繁。

6 5 3 3 5 1 2 | 0:0:0: | 5 6 5 3 2 | 0:0:0: |
天 棘 丝 丝 初 引 蔓，　　三 春 洁 蘋 蘩。

3 5 1 2 | 0: 0: 0: | 3 2 1 6 | 0: 0: 0: ||
云 依 宝 扇，　　　　露 泡 旌 幡。

撤馔 柔平之章

1=A

6 1 3 1 2 |0: 0: 0: |3 5 1̇ 6 5 |0: 0: 0: 0:|
公宫古礼成，　　　　　有斋奉豆登。

1 2 5 |0: 0: 0: |3 3 2 |0: 0: 0:|
僮 僮 祓，　　　　　　肃 肃 升。

6 5 1 2 3 5 6 |0:0:0:|5 3 2 1 2 |0:0:0:|
庶 撰 毋 迟 咸 祗 敬，　　法 坎 不 常 盈。

1̇ 6 5 6 |0: 0: 0: |3 2 1 6 |0: 0: 0:||
万 方 衣 被，　　　　　百 福 其 朋。

送神 洽平之章

1=A

6 1 2 1 2 |0: 0: 0: |3 5 1̇ 6 5 |0: 0: 0: 0:|
神 风 拂 广 筵，　　　灵 香 下 肃 然。

3 5 3 |0: 0: 0: |1 2 3 |0: 0: 0:|
仪 不 忒，　　　　　礼 无 愆。

1 2 3 5 6 3 5 |0:0:0:|3 5 1̇ 6 5 |0:0:0:|
禺 马 流 星 相 煽 缚，　玉 𬭚 亘 平 川。

1 2 3 |0: 0: 0: |3 2 1 |0: 0: 0:||
彤 管 司 职，　　　　瑞 茧 登 编。

祭祀后行躬桑礼，即采摘桑叶。祭前，皇后于宫中交泰殿阅视筐、钩等采桑用具，后用龙亭抬至祭坛，旗仗前导，奏导迎乐《僖平之章》，歌词为："戴胜告时，西陵肇典。爰举懿筐，爰临柘馆。御鞠衣，登瑞茧。金钩陈，嘉仪展。"导迎乐乐器为导迎鼓、拍板各一，笙二、云锣各二，笛四，管六，是宫中应用最多的一支小型乐队，在各种场合使用时，均撰有歌词，但只演奏乐曲，而不演唱歌词。

采桑台于祭坛之东不远处，台前种植桑树是为桑园。皇后于采桑台升座，陪祀妃嫔分列左右，命妇立于台下，采桑歌的乐队立台前东西，五色彩旗列于桑畦外东西。皇后开始采桑，彩旗招展，金鼓齐鸣，歌采桑辞。皇后采桑后，妃嫔、命妇等采桑，直至采桑结束，其场面是非常热闹的。

执彩旗者共用 40 名太监，着画金钱五色缎面贯钱袄。乐队用金、鼓、拍板各二，箫、笛、笙各六，共 24 名太监，演唱者用 10 名小太监，共用太监 74 名。"采桑歌"依祭祀先农所用之"禾词"撰拟歌词，其演唱风格与"禾词"相同而短。

曲谱如下：

采 桑 歌

```
1=C 2/4

3 2 | 1 2 6 3 | 3    | 1 2 | 5 6 | 1 1 |
躬 耕  礼 成 诏 躬    桑，  蚕 月  吉 巳  迎 辰
2    | 5 3 | 5 6 | 1 2 | 3    | 1 6 | 3 5 |
祥。  金 华  紫 嗣  五 耀  光，   瑞 云  彩 映
2 1 | 2   (3 5 | 6 1 | 3 2 | 1)
椒 涂  黄。

3 3 | 5 6 | 1 6 | 5    | 5 3 | 5 6 | 1 1 |
坛 南  肃 戒  惟 宫  张，   西 陵  展 事  摇 珂
2    | 3 3 | 5 6 | 1 2 | 3    | 2 2 | 1 1 |
璜。  肅 肃  丕 敬  采 雍  彰，   金 钩  绿 筐
2 6 | 1   (6 5 | 5 1 | 1 2 | 3)
簇 筥  筐。

6 3 | 5 6 | 5 | 2 | 3 3 | 6 5 | 3 6 |
尚 宫  司 制  奉 以  将，  柔 条  在 东  涵 露
5    | 3 3 | 2 2 | 1 1 | 1    | 1 2 | 3 5 |
香。  鞠 衣  三 摘  鸣 鸠  翔，   月 灵  协 费
1 2 | 3   (2 1 | 6 2 | 1   | 5 3 | 5)
龙 精  昌。

3 5 | 1 2 | 2 6 | 1    | 5 6 | 1 6 | 3 6 |
繭 藏  五 色  质 且  良，   昭 事  上 帝  祠 黑
5    | 6 1 | 1 2 | 3 2 | 1    | 6 5 | 6  |
裳。  仪 刑  宇 宙  帅 妃  嫱，   衣 食  滋 殖
5 3 | 2   (5 6 | 3 2 | 1   | 6 5 | 6)‖
被 万  方。
```

乾隆九年（1744）四月，先蚕坛告竣，孝贤皇后首次亲诣蚕坛祭先蚕西陵氏。"蚕生，皇后躬桑，奏采桑歌。茧成，皇后复诣蚕坛，献茧缫丝，分布蚕妇，卒功，仍献茧于皇帝、皇太后。礼成乐举，实意流行，有周巨典，乃复见于今日矣"[①]。此举，乾隆帝是相当满意的，特命清宫画家郎世宁、金昆等绘制

---

① 《御制律吕正后编》卷二十六。

了《孝贤纯皇后亲蚕图》。"皇后亲蚕图成,命弆藏蚕馆,并系以御制七律,以志追怀贤懿之意"①。

蚕成茧之日,蚕官报明内务府,择吉具奏,皇后至蚕坛织室,即养蚕之所,将蚕茧圆洁者及缫茧出丝者选出,献于皇帝、皇太后。此礼不用乐。嘉庆以后,献茧缫丝礼逐渐取消,只举行祭祀仪式,间或行躬桑礼。

清代,遣官祭祀先蚕是常态,均由内务府堂官代祭。太常寺"前期行文内务府,将祀日应行作乐之处,转交掌仪司按例预备"②。蚕坛用乐由掌仪司执掌,所奏乐曲为《庆神欢》,这是一支小型乐队(乐器见前表),为等级最低的群祀所用。而致祭先蚕列为中祀,皇后及遣妃祭祀所用乐器已经减少,至遣官代祭时却使用《庆神欢》,由此可见清代祭祀先蚕的等级是较低的。

群祀所用《庆神欢》,各祭均撰有歌词,如同导迎乐一样,只演奏音乐,而不唱歌词。其所用乐章,乾隆七年(1742)即由词臣重新撰拟,"为皇后不行亲蚕之年,遣太常寺堂上官致祭所用"③。但文献中未见《庆神欢》歌词。乐曲很短,只有三四个乐句,用于祭祀,只能是无限反复的演奏,直至祭程结束而止。

曲谱如下:

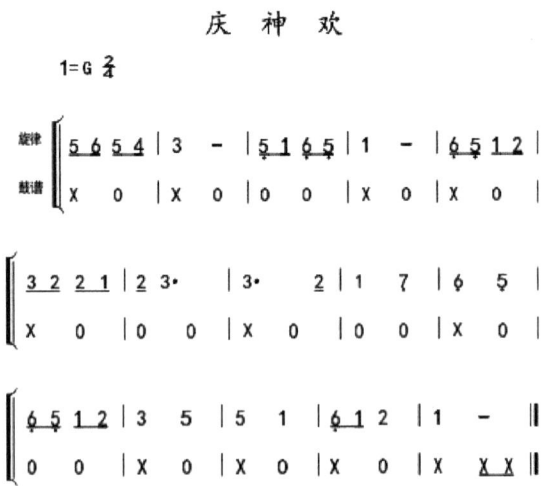

---

① [清]吴振棫:《养吉斋丛录》卷七。
② 道光《钦定太常寺则例》卷六十五。
③ 《御制律吕正义后编》卷首下。

皇后祭祀先蚕制度，只有在清代乾隆朝才真正建立起来，皇后亲祀虽少，但遣妃或遣官恭代的一直持续下来，可见其重视。

宫中惯例，冬至祭天后，皇帝后妃们便移居圆明园，供其娱乐的南府一同随往。嘉庆年间，"中和乐处"自掌仪司转由南府执掌，因而祭祀先蚕之差即由南府太监承应。每年祭期，"中和乐伺候乐章，首领太监五十名，按例行马五十匹"①，由圆明园乘马赶往蚕坛，差毕仍回御苑。按祭祀、采桑两处用乐，共需用乐工66人，道光朝参与人数50名，勉强够用。咸丰帝为避祸，逃亡热河，升平署所属200余人随往。咸丰十一年（1861）"三月初五日祭先蚕坛伺候乐，差毕，于三月初十日，中和乐首领太监回至热河"②。中和乐一行30余人，由承德赶往京城致祭先蚕，此时慈安皇后不能亲祀，则由王福晋恭代。随着国力不断的衰落，人员多为减少，至光绪年间，乐队只有20余名，但仍坚持举行。

至晚清，祭祀先蚕出现了戏剧性的变化。自同治朝至清亡，实际的统治者为慈禧太后，光绪十五年（1889）大婚后的静芬皇后，直至光绪三十四年（1908）的20年中，亲祀先蚕达14次之多，这大约与女性主权有关。

（本文未发表过，作者黄海涛）

---

① 《升平署档案》。
② 《升平署档案》。

台湾先蚕坛档案史料举要

先蚕坛位于北海公园东北隅，占地面积1.7万平方米，是明清国家典祀的"九坛八庙"之一，具有十分重要的历史文物价值。本文通过调查台北故宫与"中研院"史语所保存的有关先蚕坛的文物档案，梳理出该处文物的历史信息，希望对进一步研究有所裨益。

一、档案南迁概况

清代的先蚕坛建于乾隆七年（1742）九月至乾隆八（1743）年九月，历时整一年。乾隆七年八月，先有户部尚书海望进呈先蚕坛总图及烫样模型，经乾隆皇帝御览，同意照样准做①。乾隆九年（1744）三月初三日，举行了清代首次祭祀先蚕的典礼。清室对这次大典极为重视，由孝贤皇后亲自主持。乾隆皇帝特命宫廷画师将典礼全程付诸丹青，绘制了巨幅画作《孝贤纯皇后亲蚕图》四卷，以期传之久远。1925年故宫博物院成立，《孝贤纯皇后亲蚕图》成为博物院的藏品。1931年"九一八事变"后，华北危急，为避免文物遭受日本帝国主义的劫掠，故宫博物院理事会决定文物南迁，《孝贤纯皇后亲蚕图》名列其中。抗战胜利后，《孝贤纯皇后亲蚕图》又随同一批皇家档案，一同运至台湾，保存于台北故宫博物院。

台湾"中央研究院"史语所现存的明清档案约31万多件。这部分档案原藏内阁大库。宣统元年（1909）大库屋坏，将所藏档案移出。当时大学士管学部事务张之洞奏请以大库所藏书籍，设学部图书馆藏之，即今日之国家图书馆，其余档案概以"旧档无用"，奏请焚毁。当时学部参事罗振玉被派赴内阁接收书籍，见到奏准被焚之物都是宝贵的史料，于是请张之洞奏罢焚毁之举，将所有档卷运归学部，藏于国子监南学和学部大堂后楼两处。民国初年，这部分档案由教育部历史博物馆筹备处管理，并移于端门门洞中存放。1921年，历史博物馆因经费困难，除拣出一部分较整齐的外，将其余档案装入八千麻袋计十五万斤，以四千元的价钱卖给同懋增纸店。同懋增纸店准备作造纸原料，正

---

① 中国第一历史档案馆《奏销档》206册。

运往定兴、唐山两地时，被罗振玉访知。罗氏以三倍价钱将原物买回，并招聘十余人进行了检理，终因财力的限制而不得不中止。后来罗振玉又以一万六千元的价钱，将这部分档案卖给收藏家李盛铎。1928年历史语言研究所成立后，以一万八千元的价钱，将这部分档案从李氏手中购回。当时档案重量只有十二万斤，这中间损失了三万斤。史语所购回这批档案后，即组织二十多人进行了整理，1932年将全部档案整理上架，同时，成立一个明清史料编辑委员会，曾编印《史料丛书》一种和《明清史料》四册。1935年由于日寇侵华，平津危急，史语所将这部分档案择要装一百箱，运往长沙。以后又迁存于昆明、李庄和南京。1949年运往台湾。史语所在南港定居后，由李光涛继续进行《明清史料》的编辑刊印工作。1981年史语所又决定通盘整理所存档案，逐步影印出版了《明清档案》324册。

二、先蚕坛宇图样

先蚕坛宇图样（见图1）绘制于乾隆八年（1743）九月二十七日，是先蚕坛的规制平面图。由内务府海望、三和等奉旨建造先蚕坛，工期起止时间为"乾隆七年九月二十日兴工，至乾隆八年九月二十七日告竣"。同时于竣工之日，由样式房绘制此图，"宣付史馆，以垂永久"①。

此图长111.3厘米，宽115厘米，纸本卷轴墨线绘制，所有殿宇房间名称都用黄签贴注，右上角钤有"中央研究院历史语言研究所藏明清史料"的红色印章，现存于台湾"中研院"历史文物陈列馆内阁大库档案区展陈。根据此图的时代特征、风格形式，可以肯定，此图出于清代皇家建筑设计机构"样式房"。样式房为雷氏家族长期掌管，他们担任皇家建筑、陵寝和园林设计师历时约200年。样式房遗留的图纸、烫样（立体模型）和文献等，统称"样式雷图档"，是中国建筑史上最直观的文物资料，2007年已列入世界记忆遗产名录。

清末国势衰微，样式房衰落，样式雷图档流入民间。至今幸存者，大部分收藏于中国国家图书馆、第一历史档案馆和故宫博物院等处。"中研院"历史语言研究所这张"先蚕坛宇图样"藏品，在以前论述样式雷的资料中未作提及，足见其史料价值。

---

① 台湾"中研院"历史语言研究所藏，档案号038314。

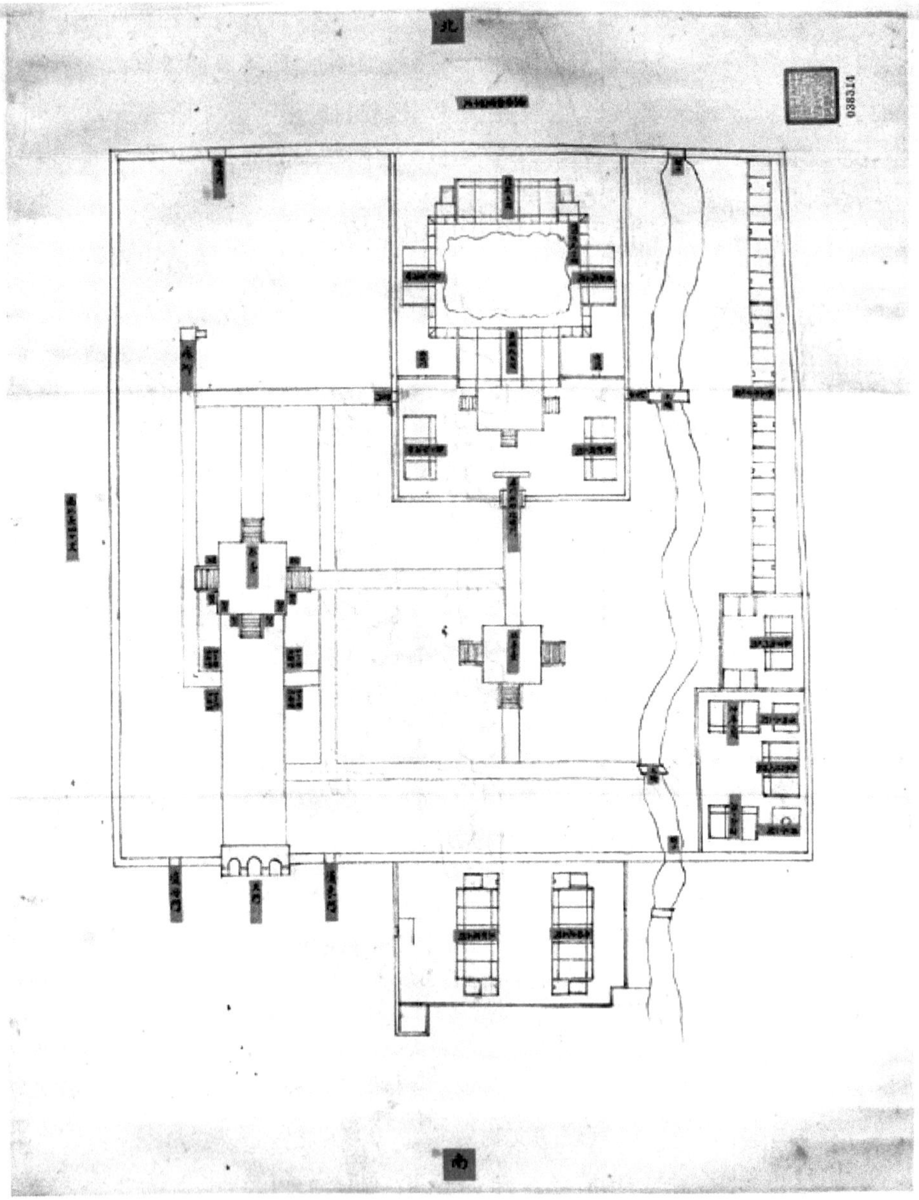

图 1　先蚕坛宇图样

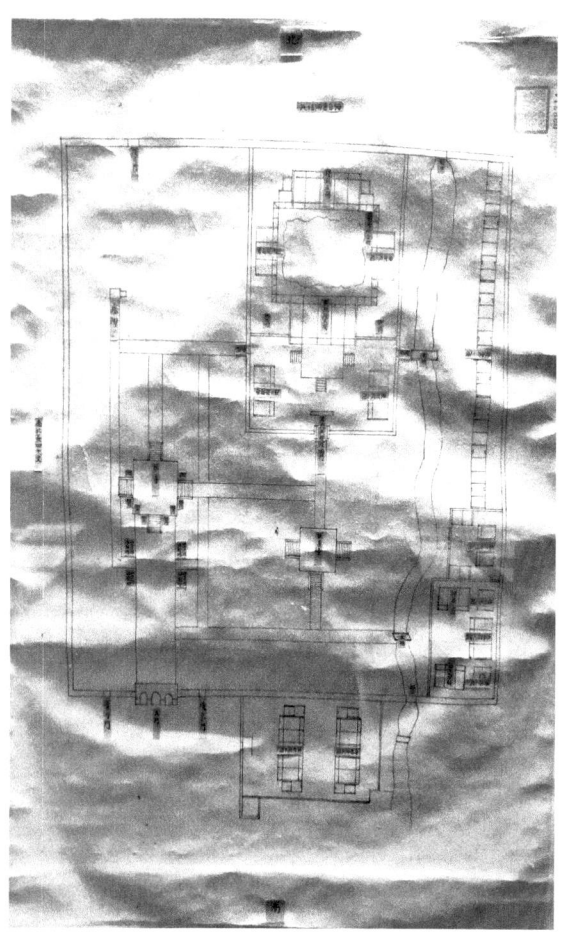

图 2　天门、先蚕坛台、瘗所部分

该图样上北下南，标注方位。西墙、北墙外标注长宽均为四十丈。先蚕祭台、瘗所与天门（即坛门三座）位于西侧轴线上（见图 2）。主轴线上自南而北依次标注：王妃处、命妇处各五间（南小院），采桑台（三出陛），琉璃门及屏门照壁、具服殿五间、东西配殿三间及东西角门（各二），后殿五间、东西配殿三间及周围游廊二十间。主轴线以东为浴蚕河南北贯通流过。跨河有两座木桥通往养蚕房、先蚕神殿院。东侧则为坐东朝西的养蚕房二十七间，蚕宫衙门七间（先蚕坛祠祭署正殿三间、配殿各二间），先蚕神殿院十一间（西陵氏神殿、神厨、神库各三间，省牲亭、井亭各一间，见图 3）。

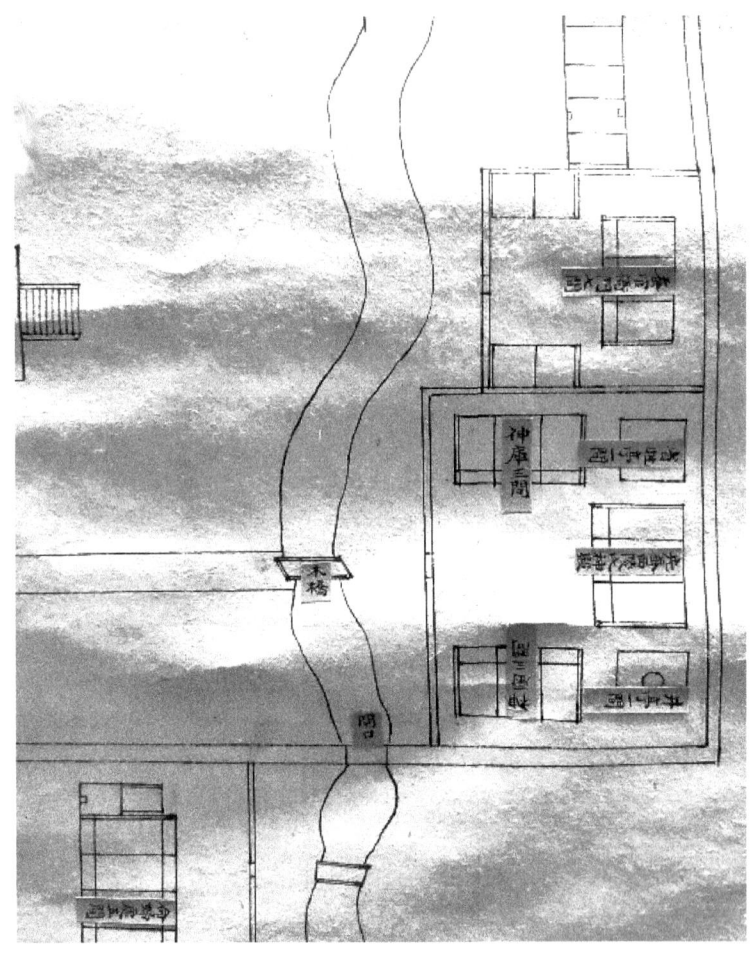

图 3 蚕宫衙门、先蚕神殿部分

该图真实地反映了乾隆八年先蚕坛初建时的整体风貌。除部分殿宇建筑名称与《会典》所记不同外,其南侧的王妃、命妇院落本位于浴蚕河西岸。至嘉庆年间,浴蚕河东岸已建起新的围墙连接原有院墙,这样便将一小段浴蚕河(约 27 米)包入该院之中。这可与嘉庆朝《会典》图中对比印证。另外,先蚕祭台南侧御路两旁,共置有四方形砵油朝灯两对,祭台东、西、南三面台阶两侧及转角处共置有铜鼎八尊。这在《孝贤纯皇后亲蚕图》祭坛、采桑两卷中都有真实的描绘。而具服殿院标注的屏门照壁现已不存,其建筑形制参考历史照片可知,应与现存故宫东西六宫的屏门相似。

三、《孝贤纯皇后亲蚕图》

亲蚕礼是后妃躬行蚕桑农事，为天下表率。《孝贤纯皇后亲蚕图》（见图4）由清乾隆朝郎世宁、金昆等十位御用画师合作。该图共四卷，分别描绘清乾隆九年孝贤皇后行亲蚕礼的诣坛、祭坛、采桑、献茧四个场景。该图现藏于中国台北故宫博物院，《献茧卷》末有乾隆帝于乾隆十六年怀念孝贤皇后的行书拖尾。

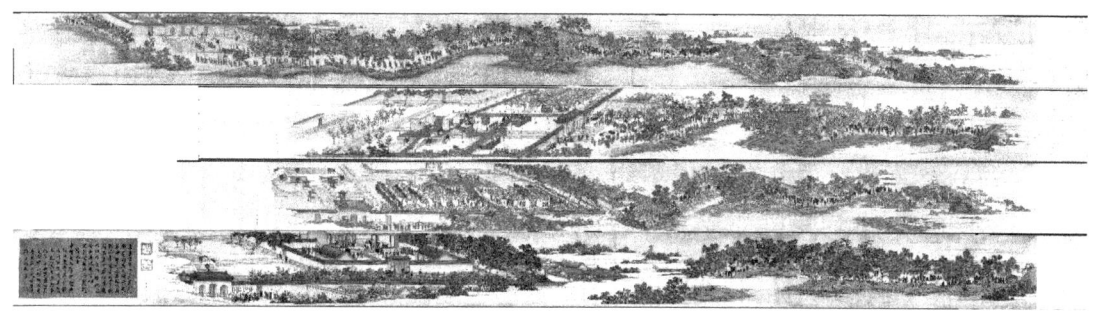

图4 《孝贤纯皇后亲蚕图》四卷

第一卷诣坛部分，描绘孝贤皇后驾临先蚕坛，沿途经陡山门、琼华岛、船坞等景观，卤簿仪仗400多人行列整齐，威仪甚盛。此卷尺寸：51厘米×762.8厘米。卷末题：臣郎世宁、臣金昆、臣吴桂、臣曹树德合笔恭画，钤印：合笔、恭画。

第二卷祭坛部分，描绘皇后莅坛致祭，祭台之上摆设神牌、神幄、笾豆案、三牲祭品等。台下孝贤皇后立于御路中间，前后有导引扈从，南侧有歌工、乐工演奏唱和神乐。此卷尺寸：51厘米×576.2厘米。卷末题：臣郎世宁、臣金昆、臣卢湛、臣陈永价合笔恭画，钤印：合笔、恭画。

第三卷采桑部分，描绘皇后盛装坐于观桑台屏风御座之上，向南观看诸王妃、命妇用钩筐采摘桑叶情状。此卷尺寸：51厘米×590.4厘米。卷末题：臣郎世宁、臣金昆、臣程梁、臣丁观鹏合笔恭画，钤印：合笔、恭画。

第四卷献茧部分，描绘皇后坐于具服殿上，由蚕母跪进奉上优质蚕茧，由皇后拣选。此卷尺寸：51厘米×639.7厘米，拖尾40.6厘米×83.4厘米。卷末题：臣郎世宁、臣金昆、臣程志道、臣李慧林合笔恭画，钤印：合笔、恭画、乾、隆、五福五代堂古稀天子宝、八徵耄念之宝。

《献茧卷》末有乾隆御笔行书拖尾七言诗:"农桑并重以身先。创举崇祠荐吉蠲。秋叶哀蝉惊一旦,春风浴茧罢三年。宛看盆手成新卷,益觉椎心忆旧弦。柘馆萧条液池上,分明过眼阅云烟。"诗后有跋曰:"先蚕坛兆于西苑。乾隆九年,孝贤皇后肇称懿典。嗣此岁尝举行,鞠衣将事,钩筐具仪。命图以志之,藏于茧馆。辛未长夏,载一展阅。念缥素犹新,而音徽久闷,不胜怆然,爰题是作,御笔。"下钤"乾""隆"玺二方,"辛未"是乾隆十六年(1751),即孝贤皇后亡故后第三年。乾隆帝的这段诗跋,旨在抒发其对亡妻的伤怀之情,感念孝贤皇后于乾隆十三年(1748)随御驾南巡,返跸山东德州途中崩逝。其情深意切,在无情的帝王之家属实难得。历代王朝由于礼制的需要,都曾经在宫廷内容纳众多的画家,以绘制记录皇室生活及重要政治历史事件。此图为典型宫廷纪实绘画,场面宏大,人物众多,画中主要人物皇帝、皇后肖像由郎世宁(1688—1766)主绘,其他部分则由画院一等画画人金昆、二等画画人吴桂等人奉命合作而成。

《孝贤纯皇后亲蚕图》虽然迁至中国台北故宫保存,但其画柜则仍留在北京故宫博物院中。2010年,北京故宫博物院在清查家具资料中,发现一件罩金漆座屏式四隔画柜。该木柜通高87厘米,面宽67厘米,进深42厘米,金丝楠木质地,通体饰以凤戏牡丹纹,雕刻刀法娴熟,线条流畅自然。画柜正面中间长方形开光内填金漆隶书"鞠衣懿典"四字。画柜内四个匣屉分别填金漆隶书"元—诣坛""亨—祭坛""利—采桑""贞—献茧"字样,且在匣屉的上端均有"亲蚕图"字样。综合该画箱的文字、纹饰、材质和尺寸,可以断定该木柜即是《孝贤纯皇后亲蚕图》的原装画柜。只是由于画作南渡,原画柜不便携带,故仍保留在北京故宫之内[①]。

四、文书档案

宣统元年(1909)因清宫内阁大库整修,将一批档案、文书等移出。清亡后,这批文档几经转手,一度装入八千麻袋,被卖入同懋增纸厂作还魂纸,最后在傅斯年等人的多方奔走下,于民国十八年(1929)由李盛铎手中购入中央

---

① 详见2013年《故宫学刊》第355页,李芝安《亲蚕图画柜与乾隆帝先蚕礼述论》。

研究院。这批档案有四千多件明代文书,三十多万件清代档案,包括内阁收贮的制诏诰敕、题奏本章、朝贡国表章、内阁各厅房处的档案、修书各馆档案、试题、试卷、沈阳旧档等。内阁大库档案内容多涉及一般行政事务,而许多案例并不见于会典或则例,是研究制度史的重要材料,同时对于社会史、经济史或法制史等的研究也极具价值。抗战时期,这批档案保存于昆明、李庄等地。随后政局转变,这批档案随史语所从南京迁至台湾保存,其中保存有先蚕坛史料十余件。

(一)工部为恭建先蚕坛工程需用琉璃瓦料先行支领银壹万五千两预行烧造

奏为奏请钱粮事。臣等查得恭建先蚕坛工程需用琉璃瓦料,先经工程处奏明向工部取用等因,知照臣部在案。今据臣部琉璃窑监督王雅图等呈称,查该工已于九月内动土兴工,备办物料,所需瓦料此时若不及时办造,恐致迟误。前至工所,查明共用瓦料十九万一千余件,计值银二万七千余两。乞先领银二万两,以便购买柴土,先行烧造。其余不敷银两,俟应用时,再行支领,如有节省,于工完之日,据实呈报等情。臣等查修理内庭各工应用琉璃瓦料,所需价值银两,俱经臣部奏明,在于户部库内支领在案。今建造先蚕坛工程所需琉璃瓦料,应行先时备办所需银二万七千余两。理合奏明在于户部库银内先行支领银一万五千两,给发该监督预行烧造,其余不敷银两,俟应用时再行支领。至所领银内,如有余剩,仍缴回户部,俟命下之日,行文户部支领,统于工竣之日,汇总销算可也。为此谨奏请旨。乾隆七年十一月初六日奏,本日奉旨:"知道了,钦此"。御前大臣信勇公臣哈达哈等。①

(二)礼部奏议和硕庄亲王所陈亲蚕典礼事

该臣等会议得和硕庄亲王等奏称蚕织之事。皇后躬先茧成,自应皇后恭献皇上、皇太后。若令蚕母等先献皇上,次献皇太后,以及皇后,于礼稍未合等语。臣等恭照亲蚕之典,以供郊庙祭祀之服,用昭诚敬,并教天下以妇顺衣被万方,典制甚重,应如所奏蚕母等先献皇后,皇后恭献皇上、皇太后,以昭郑重蚕桑之至意。又奏称茧成之日皇后亲至蚕坛告祭先蚕,妃嫔、王妃、命妇等随行,礼文太繁,既难妥协,况先农之典重于先蚕,帝籍所收藏于神仓,不过

---

① 张伟仁主编《明清档案》第116册46条,台北联经出版事业公司影印,1987年。

顺天府尹具本送阁，皇帝并不躬诣先农坛阅视。今皇后亲至坛受茧，则是其礼重于先农矣。应于茧成之日，内务府具本送阁，奉宸苑官奉茧筐迎至内务府。内务府堂官送乾清门，交内殿监转奏。皇后至交泰殿，宫殿监陈设，恭请皇后阅视。皇后择茧恭献皇上、皇太后。其本由内阁批发等语，臣等伏查先农之典助耕终亩，即于本日礼成。先蚕之典岁单而后，尚有献茧、缫丝，方为蚕功告竣。况先蚕坛即在内廷，皇后亲莅蚕坛，总与先农坛有别。纵使未至献茧之时，而于蚕眠上簇之际，皇后不时亲莅阅视，亦所以昭敬勤，于礼无碍也。献茧、缫丝，自宜仍照原议，亲莅蚕坛为便。惟是亲耕为大廷之礼，亲蚕为宫中之礼，义虽一致，而体不同。献茧、缫丝，除执事女官外，其余王妃、命妇等，无庸更令齐集。茧成之日，蚕母以告蚕宫令，蚕宫令告内务府大臣转奏皇后。届期，皇后率领妃嫔前往蚕坛受茧。是日质明，蚕宫令以酒果告于先蚕之神。其祭品上香行礼，俱同告祭常仪。皇后到坛后，蚕母献茧，皇后受茧，女官捧盆注水，蚕妇濯茧佐，助皇后缫丝。皇后亲分茧于妃嫔，蚕妇佐助妃嫔缫丝。并择茧之圆洁者，皇后恭献皇上、皇太后。及回宫之后，诣皇上、皇太后前，行礼之处种种，皆系宫中仪节。应令内务府大臣转传宫殿监督领侍，逐一请旨遵行。至礼成之后，应如所请内务府具本送阁，由内阁批发可也。为此谨奏请旨等因缮折，于乾隆九年二月二十九日交奏事员外郎萨哈岱等转奏，奉旨："知道了，钦此。"①

（三）内务府总管永瑢题报蚕事告成交纳丝斤数目

管理总管内务府事务多罗质郡王臣永瑢等谨题，为蚕事告成交纳丝斤事。恭照乾隆十一年二月二十五日大学士等议奏遣妃致祭先蚕坛一疏，内开先蚕坛遣妃行礼，其养蚕交奉宸苑蚕宫令丞，率蚕母、蚕妇饲养所得丝斤数目，仍照例呈报内务府具题等因在案。臣等遵照原议交奉宸苑蚕宫令丞，率蚕母、蚕妇等，于乾隆五十二年三月初三日始至四月十三日，饲养得丝十一斤十二两。其所得丝斤，例由臣衙门具本题达，由钦天监择吉恭交该处敬谨收藏，朱绿之，元黄之，以供郊庙祭祀之服。今交丝吉期，札据钦天监谨择得六月初六日吉等因前来，理合遵例具本奏闻。请将本年所得丝十一斤十二两，恭交织造处收贮，如敷织造祭服之用，令其即行织造祭服，伏乞皇上睿鉴施行，为此谨题

---

① 张伟仁主编《明清档案》第129册95条，台北联经出版事业公司影印，1988年。

请旨。

乾隆五十二年五月二十三日。臣永瑢等①

（四）大学士管礼部王杰题报备办亲蚕典礼各项事宜

经筵讲官太子太保东阁大学士管理礼部事务臣王杰等谨题为请旨事。本年二月初六日，臣部将祭祀先蚕。或皇后亲诣行礼或遣妃恭代之处具题，初八日，奉旨："皇后亲诣行礼，钦此钦遵。"谨查乾隆七年七月臣部议覆大学士等奏准亲蚕典礼一折，内开季春巳日皇后亲祀先蚕。臣部将钦天监选择吉巳日具题，恭请皇后亲祀先蚕。前期皇后致斋二日，陪祀妃嫔、公主、福晋以下文武大臣命妇，俱各斋戒二日。太常寺堂官进斋戒牌铜人于乾清门，内务府堂官转交宫殿监侍陈设于交泰殿。前期一日，礼部、都察院、太常寺、光禄寺官诣坛监视宰牲、瘗毛血。太常寺官诣先蚕西陵氏神位前上香，将供奉神位及所办祭品帛爵等物并陈设之仪，指示掌仪司太监、内务府堂官、宫殿监侍莅之。至日，皇后乘舆诣坛，具礼服，亲祭先蚕，礼毕还宫。致祭之明日，如蚕未生，内务府具奏；如蚕已生，即于是日内务府堂官进筐钩、彩亭迎至乾清门，宫殿监督领侍受之陈于交泰殿。奏请皇后具礼服，视筐钩毕，授蚕宫令安彩亭内，导引乐作，迎至坛内。是日，皇后散斋，不进铜人。阅筐钩之明日，皇后具龙袍，乘舆诣坛，至采桑位，升御座。妃嫔以下，各就采桑位，典仪奏请采桑，皇后行躬桑礼毕，复升御座，阅妃嫔以下，以次采桑毕，典仪跪奏礼成，请皇后还具服殿，更礼服，升御座，妃嫔以下大臣命妇从采桑者排班行礼毕，皇后还宫。茧成之日，蚕宫令报内务府具折奏闻，请定献茧、缫丝良日。蚕母率蚕妇择茧贮筐献之，以告蚕事之登。皇后复诣蚕坛，亲临织室，行缫丝三盆手礼，礼毕还宫。其亲蚕前期一月，内务府行取亲王福晋以下文官副都御史、武官副都统及凡二品大臣命妇以上无事故者，列名奏请，钦点福晋以下镇国公夫人以上三人、大臣命妇四人，宫殿监督领侍等奏派妃嫔二位，共九人从蚕采桑。至亲祭陪祀内外命妇不拘员额，将无事故者，一并奏请，令其陪祀。俟奉旨之后，各该衙门知照福晋命妇等于亲祭前期二日，躬桑前期一日，一体斋戒。届期，诣坛执事又应需女官四十六人，由内务府奏派演习所用乐章及琴瑟

---

① 张伟仁主编《明清档案》第248册14条，台北联经出版事业公司影印，1992年。

笙箫等，并唱采桑歌词。由各该衙门预备应用等因具题，奉旨："依议，钦此钦遵"在案。该臣等谨议得钦天监选择得本年三月二十三日己巳，祭先蚕吉等语。是日恭请皇后亲祀先蚕。前期皇后于正殿致斋二日，陪祀妃嫔、公主、福晋以下文武大臣命妇俱各斋戒二日。太常寺堂官进斋戒牌铜人于乾清门。内务府堂官转交宫殿监侍陈设于交泰殿。前期一日，礼部、都察院、太常寺、光禄寺官诣坛监视宰牲、瘗毛血，太常寺官诣先蚕西陵氏神位前上香。将供奉神位及所办祭品帛爵等物并陈设之仪，指示掌仪司太监。内务府堂官、宫殿监侍敬谨将事。至日，皇后乘舆诣坛，具礼服，亲祭先蚕，礼毕还宫。致祭之明日，如蚕未生，内务府具奏；如蚕已生，即于是日内务府堂官进筐钩、彩亭，迎至乾清门。宫殿监督领侍陈于交泰殿，奏请皇后具礼服视筐钩毕，授蚕宫令安彩亭内，导引乐作，迎至坛内。是日，皇后散斋，不进铜人。阅筐钩之明日，皇后具龙袍，乘舆诣坛，至采桑位升御座。妃嫔以下，各就采桑位典仪，奏请采桑。皇后行躬桑礼毕，复升御座阅妃嫔以下，以次采桑毕。典仪跪奏礼成，请皇后还具服殿，更礼服，升御座。妃嫔以下大臣命妇从采桑者排班行礼毕，皇后还宫。茧成之日，蚕宫令报内务府具折奏闻，请定献茧、缫丝良日。蚕母率蚕妇择茧贮筐，献皇帝，遂献皇后，以告蚕事之登。皇后复诣蚕坛，亲临织室，行缫三盆手，礼毕还宫。其亲蚕前期一月，内务府行取亲王福晋以下文官副都御史、武官副都统及凡二品大臣命妇以上无事故者，列名奏请钦点，福晋以下镇国公夫人以上三人、命妇四人，宫殿监督领侍等奏派妃嫔二位共九人，从蚕采桑至亲祭。陪祀内外命妇，不拘员额，将无事故者，一并奏请，令其陪祀。俟奉旨之后，各该衙门知照福晋、命妇等于亲祭前期二日，躬桑前期一日，一体斋戒。届期，诣坛执事又应需女官四十六人，由内务府奏派演习所用乐章及琴瑟笙箫等，并唱采桑歌词，暨坛宫内外一切应办事宜，俱由各该衙门敬谨备办。所有亲祭仪注，届期由内务府会同太常寺缮折具奏。躬桑仪注，届期由内务府会同臣部缮折具奏。俟命下之日，臣部行文各该衙门钦遵办理，臣等未敢擅便，谨题请旨。

嘉庆元年二月二十四日 ①

---

① 张伟仁主编《明清档案》第271册58条，台北联经出版事业公司影印，1994年。

(五)修建先蚕寺等处用银

二十一日,奴才海望、三和谨奏,为奏闻销算用过银两事。奴才等先经遵旨建造先蚕坛,并永安寺承光殿及添建山门、大殿西新宫楼台宫殿,改建石桥牌楼、西安门内盖造铺面楼房,筑打甬路,添建琉璃门座……先蚕坛添做养蚕器具,成搭炕铺,栽植桑树,并西新宫地面钻油培补山势,栽种树木,修理泊岸等项,约计工料银六千五百二十余两。请将前项存剩银内留用,实时办料外,尚余剩银七千六百八十八两九钱九分一厘,理合奏明。内库谨将各项工程用过工料银两细数,缮造黄册清单,一并恭呈御览。为此谨奏,乾隆八年十一月二十一日,海望、三和将先蚕坛奏销黄册一本、奏折一件、随单一件,交太监张玉转奏,奉旨:"知道了,钦此。"

先蚕坛等处工程销算银两总数开后,计开:先蚕坛销算物料银四万四千二百八十三两六钱九分五厘,工价银二万四千五百六两二分四厘,成堆山石云步并现匠现夫工价银一千三百九十六两三钱七分六厘,铜锡金银铁工价银九百五十五两三钱二分四厘。坐褥靠背工料银十二两七钱六分,拉运旧木石砖块车价银二千八百六十一两五钱四分五厘,激桶银一百十二两,共销算银七万四千一百二十七两七钱二分二厘。

乾隆八年十一月二十一日①

(六)约估瀛台丰泽园等处工程银两事

本日奴才、三和、英廉、四格谨奏为奏闻事。乾隆三十一年五月内经奉宸苑折奏,内开查得瀛台、丰泽园、春耦斋、万善殿、承光殿、永安寺以及积水潭等处所有宫殿房间内有头停渗漏,柱木歪闪,椽望糟朽,墙垣臌裂坍塌,以及各处门口板墙栏杆糟朽损坏,并中海东西大墙二道多有酥碱臌裂坍塌之处,皆因年久,若不及时修理,诚恐日久倾圮,糜费转多。请旨交总理工程大臣等详细踏勘,妥协修理等因具奏。奉旨:"知道了,钦此钦遵在案。"奴才等遵即前往该处详细覆勘,逐一查验,自瀛台以南,北至闸福寺,以及积水潭等处殿宇、游廊、亭座、房间头停渗漏,椽望糟朽,油饰爆裂……先蚕坛天门油饰见新,工料银二百十九两七钱三分。②

---

① 《内务府奏销档案》210册,微缩胶卷页数88—98。
② 《内务府奏销档案》286册,微缩胶卷页数183—199。

(七)奏为景山等处工程需工料银片

初十日,奴才三和、英廉、刘浩、四格谨奏为奏闻事。经奉宸苑折奏景山、永安寺、阐福寺、瀛台等处殿宇房间有渗漏处所,应行粘修。查瀛台永安寺等处,现在油画见新,即将渗漏之处,就近交该工一并查勘粘修等因,于乾隆三十六年八月初四日,附报具奏。初五日,奉旨:"知道了,钦此钦遵。"

奴才等亲奉宸苑所属殿宇游廊内应行粘修者,计有二百八十六间。恭查寿皇殿系乾隆十四年修建,虽于上年油饰过一次,并未修理头停,且今岁雨水稍勤,所有大殿九间、宫门五间、配殿十间、神库五间、永思殿五间、后虎座三间、永思门三间、关帝殿三间、抱厦三间、真武殿三间,渗漏之处过多,难以粘补,必须揭瓦头停,始属妥协……蚕坛大墙坍塌闪裂三段,凑长十八丈七尺,中海船坞北边院墙坍塌二段,凑长十五丈八尺,瀛台膳房院墙坍塌三段,凑长十九丈五尺。并永安寺前石洞渗漏,拆墁海墁,补筑灰土,券内铲抹黄泥提浆。院内甬路海墁,挑墁破碎砖块。阅古楼东边坍塌太湖石一段,照旧补堆添换巡杖栏杆三堂。北海船坞北边龙王庙地面沉洼,补筑灰土,照旧铺墁,拆砌神台,粘修神像,以及蚕坛木桥二座拆换糟朽,承重桥板照旧油饰见新等项,估需工料银二千九百十三两五钱二分九厘,请向广储司支领。需工料银两,分晰细数,另缮清单,一并恭呈御览。为此谨具奏闻等因缮片,于九月初一日具奏,奉旨:"知道了,钦此。"广储司笔帖式云保抄去木植银一百三十二两四分八厘,石料银一两一钱五分一厘,砖瓦银二百八两七钱六分九厘,灰斤银七百五十五两七钱三分四厘,绳麻银二百六十二两八钱三分六厘,钉铁银六两三钱七分三厘,杂料银一百五十两一钱五分二厘,大木作工价银十九两六钱六分九厘,南木作工价银八两九钱三分二厘,石作工价银二两三钱五分九厘,瓦作工价银五百八十一两八钱五厘,搭材作工价银四百七两八分八厘,山子作工价银一百二十三两四钱八分,土作工价银十七两四分八厘,油饰工料银二十五两八钱九厘,粘修神像装颜工料银八十三两一钱六分九厘,拉运架木车脚银五十一两八钱,出运渣土银七十五两三钱七厘,共估需银二千九百十三两五钱二分九厘。

乾隆三十六年九月十日[①]

（八）约估银两数目事

二十日奴才傅恒、三和、吉庆谨奏，为奏闻约估银两数目事。前经奴才等原奏，将景山西门外，往北起至板桥东西两边铺面房间参差不齐，有碍街道，理应拆修，其东边后层房间多有临河盖造，再板桥往北至先蚕坛后进水闸两边住房，亦有临河盖造，均碍泊岸，应行拆去，添砌宇墙，整齐修理。原查买铺面房并住房五百八十六间，约估房价银十万七千五百两，再拆挪铺面房间，并修理筒子河泊岸桥座，清挖河底添砌粘修暗沟等项，原约估物料工价银四万五千四百五十六两八钱九分五厘二，共银六万二千九百五十六两八钱九分五厘，业经奏请在案。今又遵旨续添挪砌先蚕坛东边起至雪池冰窖后大墙一道，长一百九十七丈五尺，东西添砌大墙长四十二丈，添安闸桥一座，所需办买石料、砖、灰、绳、麻、杂料，并给发各作匠夫，工价运价共约需银一万四千七百一两八钱二分七厘。再墙外有碍地基房八百五十一间，理应拆去，照例编列等次给价官买，共房价银二万一百八十两五钱二，共银三万四千八百八十二两三钱二分七厘。查景山西门外原奏请过银两，内有先蚕坛东边至新闸桥北边筒子河拆砌泊岸一段。今此一段泊岸已归入先蚕坛，南边新工项下估计修理，应减去物料工价银三千三百八两六钱六分九厘。并将墙外拆卸房间木料砖瓦，拣选抵用银五千四百六十两五钱二分四厘二，共银八千七百六十九两一钱九分三厘。应将此项银两在于续添挪砌先蚕坛南边至陟山门北边大墙工程项下抵除外，净续添房价并物料工价银二万六千一百十三两一钱三分四厘。请向广储司支领应用，统俟工竣，将实用过银两详细查销，据实奏闻。谨将约估银两分晰细数，另缮清单，一并恭呈御览，为此谨具奏闻等因缮写折片具奏，奉旨："知道了，钦此。"

乾隆二十二年五月二十日[②]

（九）初六日催总邓八格来说太监胡世杰传旨珐琅处画珐琅南匠九名现今无差，着邓八格拨几名帮金昆画木兰图、蚕坛图

于本月初七日邓八格遵旨拟派得李慧林、余熙章、党应时、邹文玉等四

---

① 《内务府奏销档案》305册，微缩胶卷页数68—72。
② 《内务府奏销档案》237册，微缩胶卷页数：61—65。

名缮写折一件持进交太监胡世杰奏，奉旨："准给金昆帮画木兰图、蚕坛图，钦此。"

乾隆十三年四月六日①

（十）初七日司库白世秀由军机处抄来汉字旨意帖一件，内开苏州织造图拉织就御用宝蓝缎祭服、明黄缎祭服、大红缎祭服、月白缎祭服各一件

于本月初五日，奉上谕"礼后躬桑，以供祭服。乾隆九年，先蚕坛皇后率妃嫔诸命妇，行亲蚕礼，求桑献茧，效续公宫。数年来，新丝告登，命官染织御衣，以朝以祭，此皆其所供也。章采犹新，祎褕邈渺，继自今缫盆余缕，安可复得也。爰命藏诸文筥，传示永久，以志遗徽，世世子孙，其保守之，钦哉。"内务府总管和硕庄亲王臣允禄等承旨恭纪，图拉送到皇后亲蚕新丝染织御衣，奉旨收藏，传示永久，谨遵谕旨，拟写进呈，恭候钦定，俟发下后，交内务府造办处收谨，制匣收藏，其匣式及镌刻字样应如何拟造之处，令其先行拟定恭呈御览，候旨颁造谨奏。

于本月二十六日，司库白世秀来说太监胡世杰交茧馆遗徽字样一件，传旨："将字样刻在装祭服匣上，钦此。"

于六月二十四日，司库白世秀、七品首领萨木哈、催总达子将做得合牌匣样一件，持进交太监胡世杰呈览，奉旨："照样准做黑漆地画金凤，钦此。"②

（十一）二十二日，副催总佛保持来画院管理事务金昆等押帖一件

事由：二十二日，副催总佛保持来画院管理事务金昆、七品官黑达塞、催总花善押帖一件，内开为十三年四月初四日，太监胡世杰传旨："着金昆画亲祭蚕坛图四卷。如有不明白处，问傅恒、三和，先起稿呈览钦此。"于初五日金昆拟得第一卷《诣坛》、第二卷《祭坛》、第三卷《采桑》、第四卷《献茧》奏闻，"知道了，钦此。"

乾隆十四年四月二十二日③

（本文未发表过，作者刘文丰）

---

① 《清宫内务府造办处档案总汇》16册，205页。
② 《清宫内务府造办处档案总汇》16册，206页。
③ 《清宫内务府造办处档案总汇》17册，160页。

附图

附 图

清乾隆帝《孝贤纯皇后亲蚕图·诣坛卷》

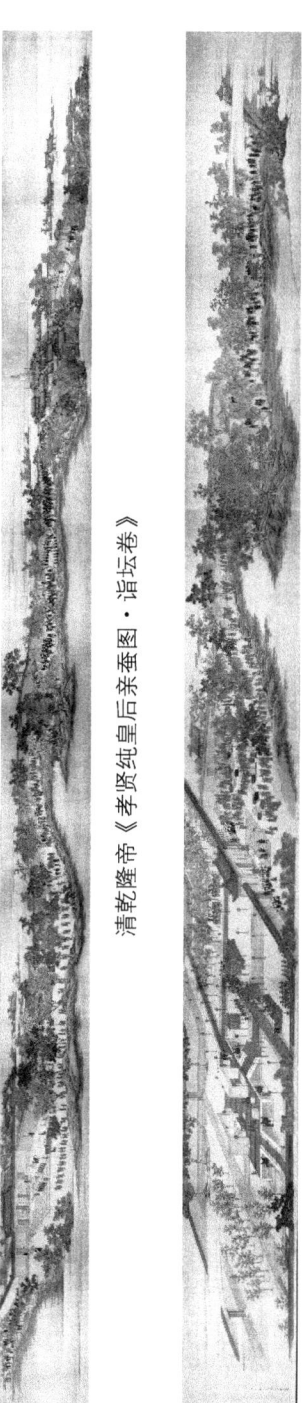
清乾隆帝《孝贤纯皇后亲蚕图·祭坛卷》

清乾隆帝《孝贤纯皇后亲蚕图·采桑卷》

清乾隆帝《孝贤纯皇后亲蚕图·献茧卷》

農桑益重以身先刲
举棠祠蔦吉蠋秋蚕
衰蝉驚一旦春风浴繭
罷三年宵盲盒手戚
新蚕益覺推心憶舊
絲柘餧蕭條溦池上
今明過眼閱雲煙
先蠶壇飛於西苑乾
隆九年
孝賢皇后肇稱慈典
嗣此歲嘗舉行鞠
衣将事鉤筐具儀
命圖以志之藏於
館辛未長夏載一展
閱念縹素猶新而音
徽久閟不勝悵然爰
題是作御筆

清乾隆帝《孝贤纯皇后亲蚕图卷》题跋

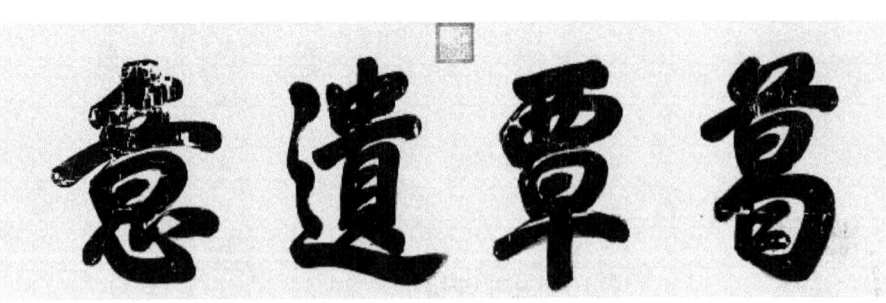

清乾隆御笔"葛覃遗意"匾额

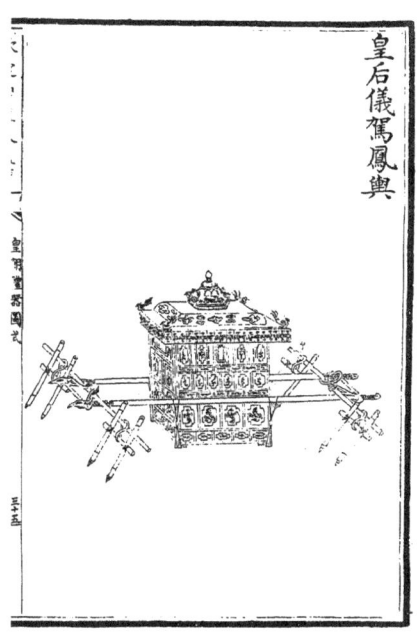

皇后亲蚕仪驾凤舆

北京先蚕坛具服殿内的皇后宝座

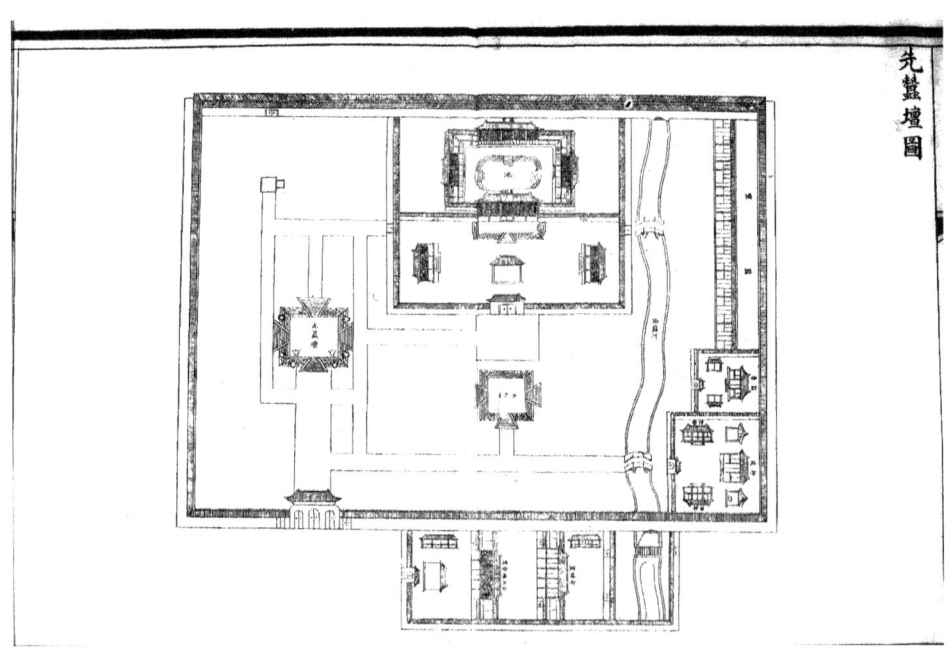

先蚕坛图（光绪《钦定大清会典图》）

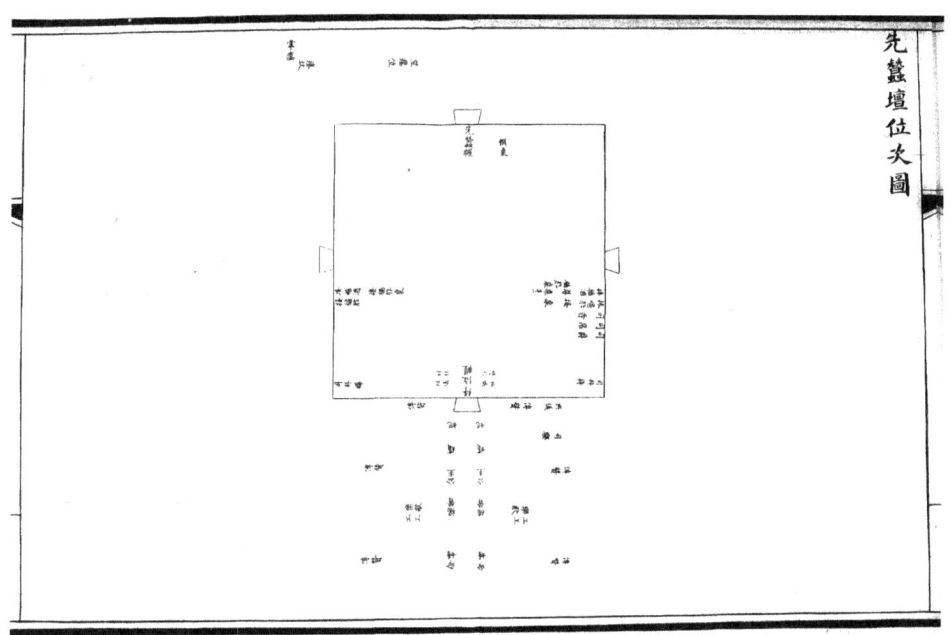

先蚕坛位次图（光绪《钦定大清会典图》）

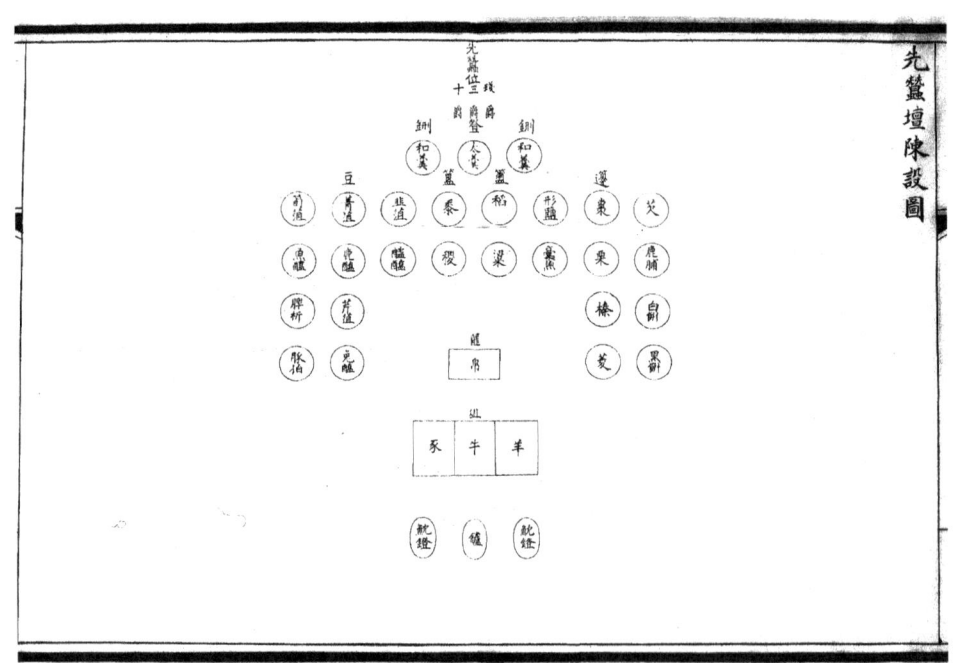

先蚕坛陈设图（光绪《钦定大清会典图》）

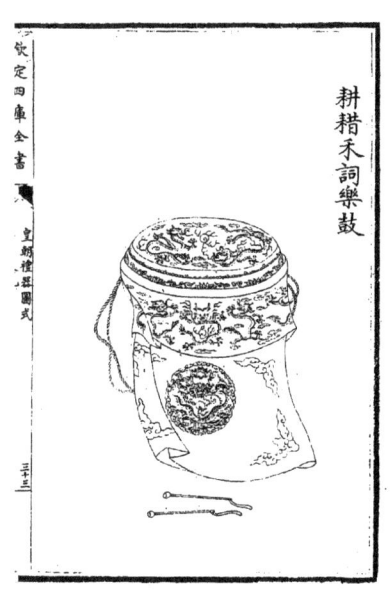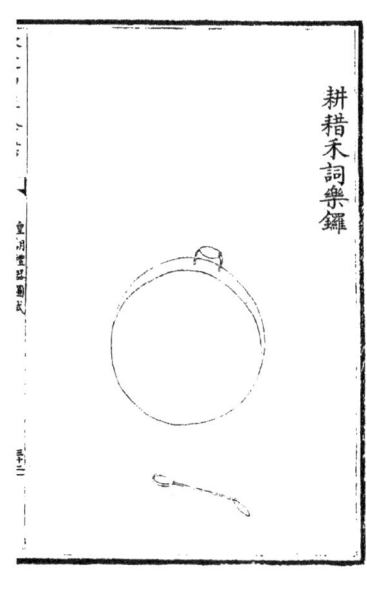

先蚕坛采桑歌鼓（同先农坛耕耤禾词乐鼓。《皇朝礼器图式》）　　先蚕坛采桑歌锣（同先农坛耕耤禾词乐锣。《皇朝礼器图式》）

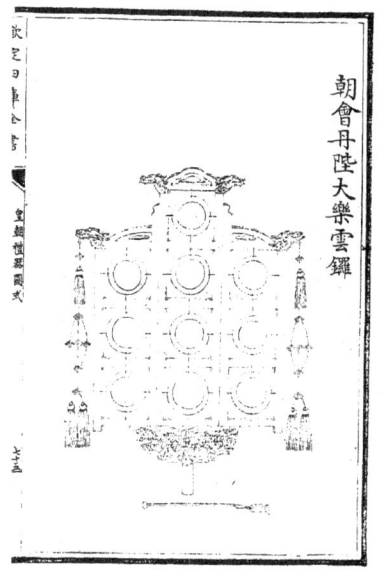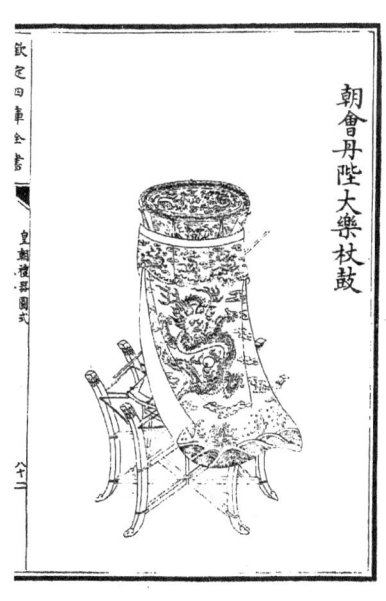

先蚕坛祭乐云锣（《皇朝礼器图式》）　　先蚕坛祭乐杖鼓（《皇朝礼器图式》）

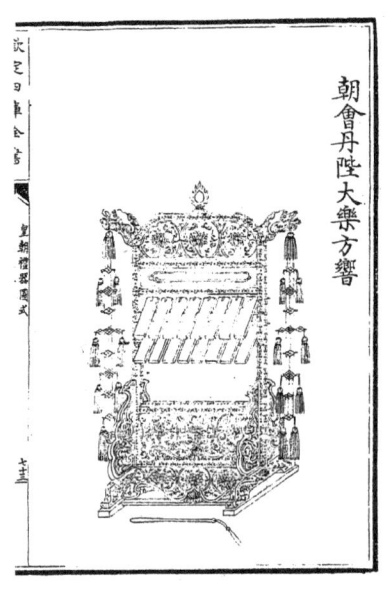 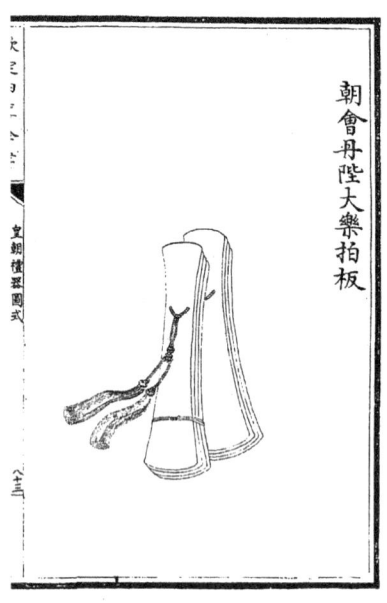

先蚕坛祭乐方响（《皇朝礼器图式》）　　先蚕坛祭乐拍板（《皇朝礼器图式》）

清乾隆帝孝贤纯皇后像（北京故宫博物院藏）

后 记

这个作品成型，凝聚着我们课题组三位成员和指导老师吴梦麟先生、朱祖希先生、周苏琴老师的共同心血。

把北京先蚕坛的文献整理成册，把一些认识到的问题进行诠释，这个工作应该是为北京史地文化研究、北京明清皇家坛庙研究，更为中轴线的历史文化介绍、历史文化诠释，又添加了一把不错的柴火。

本来作为昔日的皇家坛庙，还是稀有的女性祭祀文化场所，就十分神秘，又有几十年来的不开放，这层面纱就越显厚重。揭开面纱，让世人再一次了解它、熟知它，是我们文物工作者的历史使命。

我们完成这个使命，心理有无比的轻松感、成就感。

全书上编史料编，史料文献由董绍鹏、刘文丰进行查询核定，陈媛鸣进行录入。下编研究编是我们三人各自的相关研究文章集锦，有发表过的，也有未发表的。

当然，这是一次抛砖引玉，相信还有更多的人能够用我们的这个作品继续剖析北京先蚕坛和它的文化的各个方面，实现丰富北京历史文化研究的目的。这个作品面世后，还有许多工作要做，我们的工作只是开始，远非完结。

鉴于水平所限，错误难免。因此，也欢迎广大人士批评指正不足，以利共同进步。

著　者
2023 年 1 月